四国

MAP

付録 街歩き地図

四国

四国北部
しこくほくぶ

周辺図 本書P.2-3

0 — 5 — 10km
1:470,000
N

凡例
- ★ 観光・見どころ
- 卍 寺院
- 神社
- 教会
- R 飲食店
- C カフェ・甘味処
- S ショップ
- SC ショッピングセンター
- H 宿泊施設
- i 観光案内所
- 道の駅
- ビーチ
- 温泉
- バス停
- 空港
- 乗船場
- 00 00 札所

府中市

広島県

尾道北

尾道市

福山西

備後赤坂駅

松永駅

2

西瀬戸尾道

高屋JCT

375

山陽本線

河内

広島空港

本郷

三原久井

三原市

尾道JCT

尾道

新尾道駅

尾道駅

尾道大橋

1

東広島市

山陽自動車道

山陽新幹線

2

本郷駅

三原駅

糸崎駅

185

安芸幸崎駅

須波駅

山陽本線

317

松永湾

岩子島

向島

細島

百島

田島

東広島駅

安芸津駅

吉名駅

竹原市

竹原駅

大乗駅

忠海駅

呉線

佐木島

観音崎

梶ノ鼻

横島

風早駅

三津湾

賀茂川

竹原港

生野島

三原瀬戸

高根島

因島北

317

因島

芸予諸島

臼島

大芝島

長島

大崎上島

津久賀島

塚崎

P.81
大山祇神社
大崎上島町

大三島

今治市

生口島北

生口島

生口島南

鶴島

岩城島

佐島

生名島

弓削島

上島町

2

三津口湾

大崎下島

豊島

伯方島

津波島

豊島

宮ノ越鼻

呉市

小大下島

下大下島

大下島

竹ノ鼻

大島

今治市 村上海賊ミュージアム
P.81

魚島

豊浜

P.99
今治市サイクリングターミナル
サンライズ糸山 ★

大角鼻

波方駅

津島

大島北

★ 瀬戸内しまなみ海道 P.23

道の駅 よしうみいきいき館 P.99

斎島

斎

小部湾

波止浜駅

波止浜

来島瀬戸

317

大島南

長瀬ノ鼻

梶島

明神島

美濃島

★ 亀老山展望公園 P.81

P.98 コンテックス
タオルガーデン 今治 S

今治北

延命寺

今治港

今治

54

55

南光坊

小比岐島

★ 来島海峡大橋 P.99

大西駅

196

56

今治

★ 今治城 P.98/P.111

ITOMACHI
HOTEL P.21

臍島

浅海駅

帆立岩

大浦駅

鹿島

柳原駅

粟井駅

光洋台駅

堀江駅

予讃線

菊間駅

伊予亀岡駅

今治市

泰山寺

317

栄福寺 57

58 仙遊寺

伊予富田駅

59 国分寺

平市駅

伊予桜井駅

今治湯ノ浦

予讃線

今治小松自動車道

伊予三芳駅

壬生川駅

御代島

多喜浜駅

新居浜駅

中萩駅

新居浜市

予讃線

新居

S うつぼ屋 本店 P.85

高縄山

P.98 タオル美術館 ★

愛媛県

P.4-5

松山市

石手川ダム

東予丹原

香園寺 61

伊予氷見駅

伊予西条駅

石鎚山駅

いよ西条

西条市

いよ小松北

いよ小松JCT

伊予小松駅

63 64 前神寺

62 宝寿寺

吉祥寺

マイントピア別子
P.100

井原市　岡山県
玉島

鴨方
里庄町　新倉敷駅
浅口市
金光駅
鴨方駅
笠岡市
帆崎
神島　青佐鼻
黒上瀬戸
福山港御崎　高島

倉敷市
植松駅　宇野線
水島
水島駅
三菱自工前駅
福南山トンネル
瀬戸大橋
水島港
水島灘
瀬戸中央自動車道
児島港
児島

岡南飛行場
宇野線
彦崎駅
宇野線
玉野市
宇野駅

直島 P.17上図

醉島
白石島　縦島
北木島
備後灘
袴島　真鍋島
走島　大飛島　小飛島
宇治島
笠岡市
六島

三崎
箱崎
古三崎

手島
広島
茂床島　小手島 **P.68 香川県立 東山魁夷**
せとうち美術館
佐柳島 **P.49 本格手打うどん おか泉 R**
塩飽諸島
高見島

本島
坂出市
郷照寺 78
天皇寺高照院 79
八十場駅
鴨川駅
国分駅
讃岐府中駅
坂出 11

多度津町
P.48 石川うどん R
志々島
多度津駅
海岸寺駅　金蔵寺駅
津島ノ宮駅　甲山寺
弥谷寺　曼荼羅寺
詫間駅
丸亀駅
坂出JCT
77
道隆寺
76 金倉寺
善通寺
善通寺駅
善通寺市
高松自動車道
綾川駅　陶駅
丸亀市
岡田駅
羽間駅
栗熊駅
高松琴平電鉄
綾川町

P.27 紫雲出山 ★
大蔦島
71
72
73
75 善通寺 P.69
R 山下うどん P.49
山越うどん R
P.49
138

三豊鳥坂
P.24 父母ヶ浜 ★
高瀬駅　予讃線
比地大駅
P.26 高屋神社 ⛩
P.69 観音寺 69
神恵院 68
琴弾公園
P.69
伊吹島
財田川
70
本山寺
本山駅
讃岐財田駅
観音寺駅
11
杵田川
P.69 菓子工房 遊々椿 S

琴平 P.16上図
琴電琴平駅
琴平電鉄
琴平町
香川県
さぬき豊中
塩入駅
黒川駅　32
讃岐財田駅
377
渦流池
まんのう町

P.10 ▶

大野原
67 大興寺
豊浜駅
箕浦駅
三豊市
土讃線
阿波池田
箸蔵駅
佃駅

三好市

股島
余木崎

観音寺市

川之江駅
伊予三島駅
11 192
川之江JCT
川之江東JCT
高知自動車道
法皇トンネル
66 三縄駅
井川池田
辻駅
吉野川S
P.165 雲辺寺
祖谷口駅
三好市

撫養街道　徳島線
三加茂駅
阿波加茂駅

伊予寒川駅
仏崎
赤星駅
関川
関川駅
予讃線
三島川之江
三島川之江
65
三角寺
土居
319
金砂湖
銅山川
319
新宮
笹ヶ峰トンネル
四国中央市

P.8-9 ▲

192
川之江東JCT
松山自動車道

祖谷 P.34-35下図
阿波川口駅

小歩危駅
★ 祖谷渓 P.160
土讃線
徳島県 P.163
大歩危駅
落合集落 ★

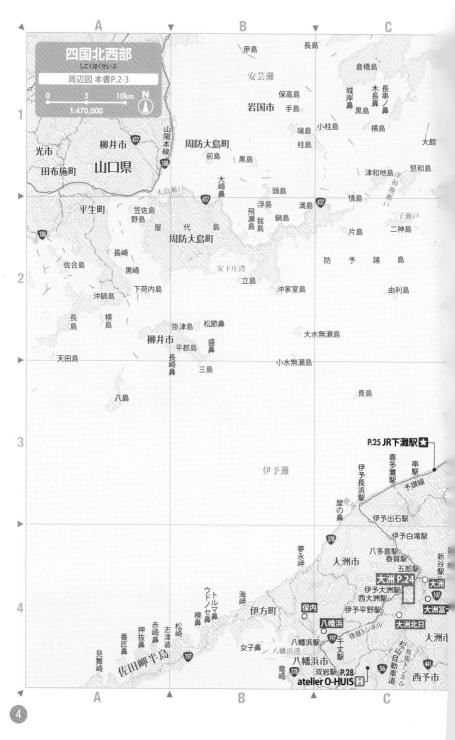

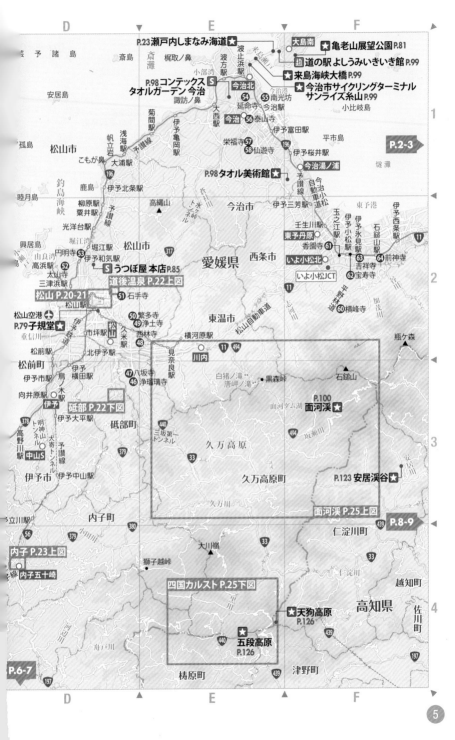

P.23 瀬戸内しまなみ海道 ★
大島南
★ 亀老山展望公園 P.81
道の駅 よしうみいきいき館 P.99
来島海峡大橋 P.99
今治市サイクリングターミナル
サンライズ糸山 P.99

P.98 コンテックス
タオルガーデン今治 S

今治北
波止浜駅
小部湾
長部瀬戸

大島港
小比岐島

斎島
梶取ノ鼻
斎灘

安居島
菊間駅
帆立岩
大浦駅
諏訪ノ鼻
西大寺
大西駅
54 延命寺
今治駅
55 南光坊
56 泰山寺
今治
予讃線

栄福寺 57
58 仙遊寺
伊予富田駅
伊予桜井駅
196
平市島
燧灘

P.2-3 ▶

孤島

松山市
こもが鼻
大浦駅
鹿島
196
伊予北条駅

今治湯ノ浦
P.98 タオル美術館 ★
今治市
伊予三芳駅
予讃線
東予港
伊予西条駅

高縄山
下水峠トンネル

釣島海峡
柳原駅
粟井駅
予讃線
光洋台駅
堀江駅

壬生川駅
玉之江駅
東予氷原
香園寺 61
いよ小松北
いよ小松JCT

伊予小松駅
伊予氷見駅
63
吉祥寺
宝寿寺
64 石鎚山駅
前神寺
11

興居島
由良湾
円明寺
高浜駅
太山寺
三津浜駅
52
53 伊予和気駅
松山市
松山 P.20-21
松山駅
S うつぼ屋 本店 P.85
道後温泉 P.22上図

愛媛県
西条市
11
志河川

加茂川
60 横峰寺
62
横峰寺

松山空港 ✈
P.79 子規堂 ★
重信川
市坪駅
松山
久米駅
51 石手寺

50 繁多寺
49 西林寺
48 浄土寺

東温市
横河原駅
松山自動車道
石鎚山
瓶ケ森

松前駅
北伊予駅
松前町
伊予横田駅
木駅
伊予市
向井原駅
伊予

47 八坂寺
46 浄瑠璃寺
砥部 P.22下図

見奈良駅
川内
11 494
白猪ノ滝
唐岬ノ滝
黒森峠
面河ダム湖

P.100
面河渓 ★

伊予大平駅
砥部町
379

高野川駅
370
明神山トンネル
犬寄トンネル
中山 S
予讃線
伊予中山駅
中山町

三坂第一トンネル
440

33
久万高原

久万高原町
久万川

P.123 安居渓谷 ★

内子町
380

大川嶺
獅子越峠

33
面河渓 P.25上図
仁淀川町
439
P.8-9 ▶

56
379
内子 P.23上図
内子五十崎

四国カルスト P.25下図
天狗高原 ★
P.126

★ 五段高原
P.126
440

椿原町

仁淀川

33
越知町
高知県
佐川町

P.6-7 ◀
197

津野町
439
197

D   E   F

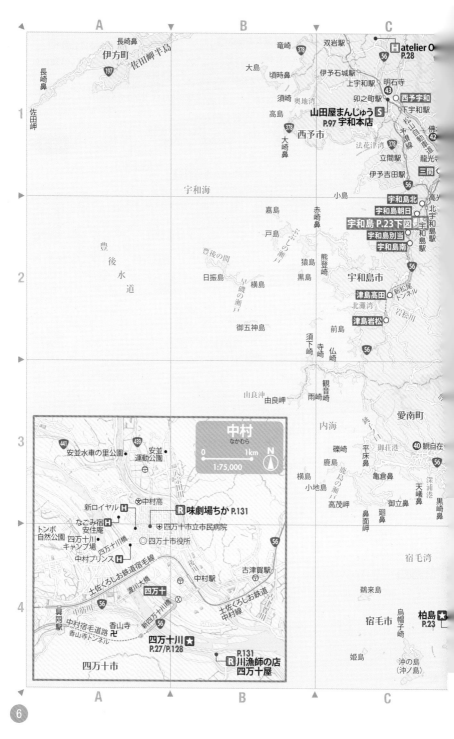

長崎鼻
伊方町
佐田岬半島
197
長崎鼻
佐田岬

竜崎
大島
頃時鼻
双岩駅
378
伊予石城駅
上宇和駅
明石寺
H atelier O P.28
56
C

須崎
奥地峠
43
西予宇和
卯之町駅
下宇和駅

奥尻湾
高島
山田屋まんじゅう **S**
P.97 宇和本店
松山自動車道

大崎鼻
378
西予市
42
佛光

大崎鼻
法花津湾
378
立間駅
龍光

伊予吉田駅
三間

宇和海
小島
56
高

嘉島
赤崎鼻
宇和島北
北宇和
宇和島朝日
島駅

戸島
ふぐしまの瀬戸
熊登崎
宇和島 P.23下図
宇和
島駅

豊後の間
猿鳴崎
宇和島別当
宇和島南
56

日振島
横島
黒島
宇和島市

豊後水道
早埼の瀬戸
津島高田
新松屋
トンネル

御五神島
北灘湾
谷松川

須下崎
前島
津島岩松

寺崎
仏崎
56

由良沖
由良岬
観音崎
愛南町

雨崎崎
内海
御荘港
40
観自在

礒崎
平床鼻
56

鹿島
亀倉鼻

横島
小地島
天嶬鼻
深浦港
黒崎鼻

高茂岬
鹿島の瀬戸
御立鼻
廻鼻
鼻面岬

宿毛湾

鵜来島

宿毛市
烏帽子崎
柏島
P.23

姫島
沖の島
(沖ノ島)

中村
なかむら

0   1km

1:75,000

N

441
安並水車の里公園
439
安並運動公園

新ロイヤル **H**
なごみ宿
安住庵
中村高
R 味劇場ちか P.131

トンボ自然公園
四万十川
キャンプ場
四万十川橋
四万十市立市民病院
四万十市役所

中村プリンス **H**

土佐くろしお鉄道宿毛線
渡川大橋
中村駅
古津賀駅

貝同
56
中筋川
四万十
四万十
新四万十川橋
土佐くろしお鉄道中村線

中村宿毛道路
香山寺
香山寺トンネル
56
四万十川 ★
P.27/P.128

R 川漁師の店 P.131
四万十屋

四万十市

1

2

3

4

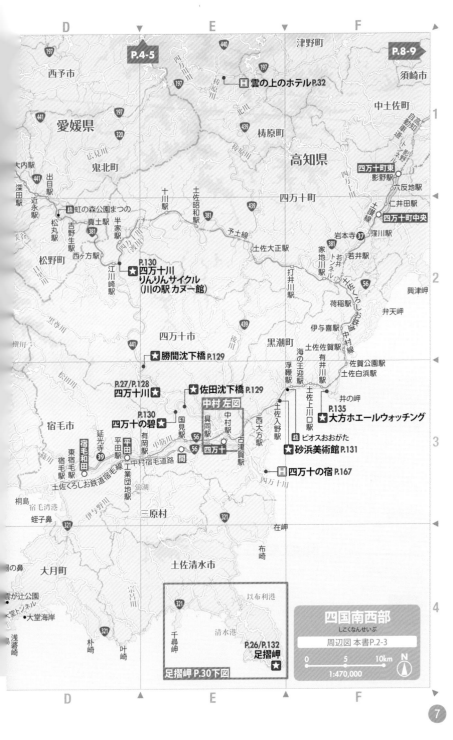

西予市

津野町

須崎市

中土佐町

雲の上のホテル P.32

愛媛県

高知県

鬼北町

椿原町

四万十町

四万十町東
影野駅

六反地駅

仁井田駅

四万十町中央

出目駅
深田駅

虹の森公園まつの

十川駅

土佐昭和駅

岩本寺

窪川駅

若井駅

松丸駅

半家駅

貫土駅

予土線

土佐大正駅

家地川駅

若井トンネル

松野町

西ヶ方駅

P.130
四万十川
りんりんサイクル
（川の駅 カヌー館）

江川崎駅

打井川駅

興津岬

弁天岬

四万十市

後川

伊与喜駅

土佐佐賀駅

中村 左図

黒潮町

海の王迎駅

佐賀公園駅

★勝間沈下橋 P.129

浮鞭駅

有井川駅

土佐白浜駅

P.27/P.128
四万十川★

★佐田沈下橋 P.129

井の岬

具同駅

中村駅

土佐上川口駅

P.135
大方ホエールウォッチング

P.130
四万十の碧 ★

国見駅

四万十

宿毛市

有岡駅

中筋駅

西大方駅

ビオスおおがた

★砂浜美術館 P.131

宿毛和田

平田駅

中村宿毛道路

古津賀駅

延光寺

東宿毛駅

土佐くろしお鉄道宿毛線

工業団地駅

四万十川

四万十の宿 P.167

桐島

宿毛湾港

三原村

在岬

蛭子鼻

布崎

大月町

土佐清水市

以布利港

清水港

雲が辻公園

堂トンネル・大堂海岸

千尋岬

P.26/P.132
足摺岬 ★

浅黒崎

叶崎

林崎

足摺岬 P.30下図

四国南西部
しこくなんせいぶ

周辺図 本書P.2-3

0　5　10km

1:470,000　N

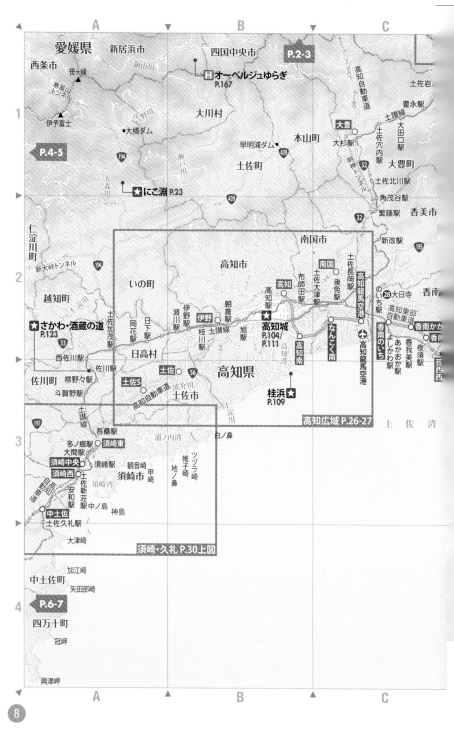

愛媛県　新居浜市
西条市
笹ヶ峰
寒風山トンネル
伊予富士
P.4-5

四国中央市　P.2-3

オーベルジュゆらぎ
P.167

大川村

大橋ダム
早明浦ダム
本山町
土佐町

高知自動車道
土佐岩

豊永駅
土讃線
大田口駅
大豊駅
大豊
大杉駅
土佐穴内駅

明神トンネル
土佐北川駅
角茂谷駅
繁藤駅
香美市

にこ淵 P.23

仁淀川町
新大峠トンネル
越知町

いの町

高知市

南国市
新改駅

高知
南国
布師田駅
土佐大津駅
後免駅
土佐長岡駅
高知龍馬空港

のいち駅
大日寺
香南かか

さかわ・酒蔵の道
P.123

伊野駅
朝倉駅

★高知城
P.104
P.111

なんごく南
高知龍馬空港

高知東部自動車道
香南かか
香南かか
あかおか駅
よしかわ駅
香南
夜須駅
芸西西

高知南
高知港

日下駅
土佐加茂駅
岡花駅
西佐川駅
佐川駅
日高村
枝川駅
旭駅

高知県
高知自動車道

桂浜 ★
P.109

高知広域 P.26-27

佐川町
襟野々駅
斗賀野駅

土佐S

波介川
土佐市
仁淀川

土　佐　湾

吾桑駅
多ノ郷駅
大間駅
須崎東
須崎中央
須崎駅
須崎西
土佐新荘駅
安和駅
中ノ島
神島
中土佐
土佐久礼駅

白ノ鼻
浦ノ内湾
観音崎
甲崎
地ノ鼻
帷子崎
ツヅラ崎
須崎市
須崎湾

須崎・久礼 P.30上図

中土佐町
加江崎
矢田部崎

P.6-7

四万十町
冠岬
興津岬

8

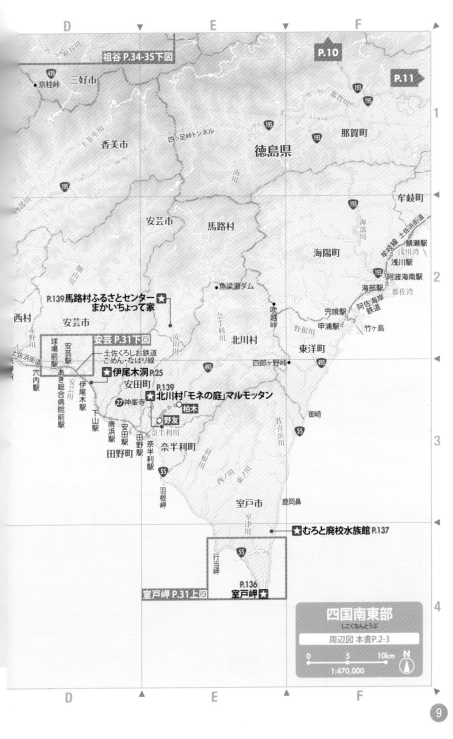

祖谷 P.34-35下図

P.10

P.11

三好市

439 京柱峠

香美市

四ツ足峠トンネル

195

195

193 那賀町

徳島県

195

193

牟岐町

安芸市

馬路村

海陽町

牟岐線 土佐浜街道
鯖瀬駅
浅川湾
浅川駅
阿波海南駅
海部駅
那佐湾
阿佐海岸鉄道

195

西村

安芸市

P.139 馬路村ふるさとセンター ★
まかいちょって家

魚梁瀬ダム

北川村

吹越峠
野根川
穴喰駅
甲浦駅

竹ヶ島

東洋町

安芸 P.31下図
球場前駅
安芸駅
あき総合病院前駅
穴内駅

土佐くろしお鉄道
ごめん・なはり線
★ 伊尾木洞 P.25

安田町

P.139
★ 北川村「モネの庭」マルモッタン

四郎ヶ野峠

493

493

御崎

55

伊尾木駅
下山駅
唐浜駅

27 神峯寺

柏木

安田町
安田駅
田野駅

○野友

佐喜浜川

田野町

奈半利川
奈半利駅

奈半利町

55

室戸市

鹿岡鼻

羽根岬

西ノ川
東川

室津川

★ むろと廃校水族館 P.137

室戸岬 P.31上図

行当岬

55

P.136
室戸岬 ★

四国南東部
しこくなんとうぶ

周辺図 本書P.2-3

0   5   10km
1:470,000   N

9

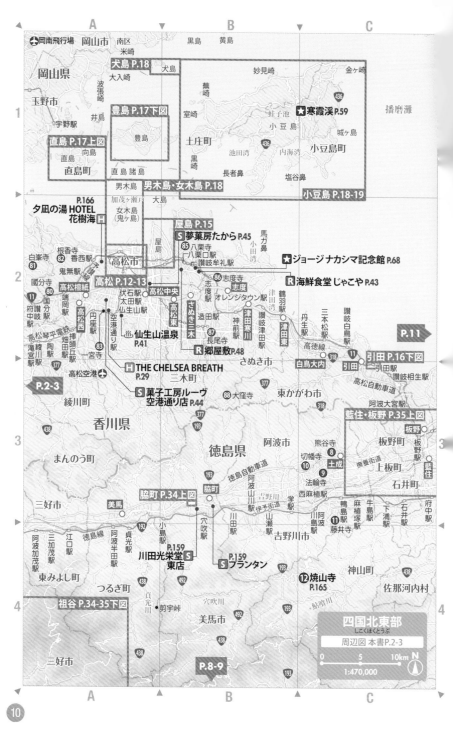

四国北東部
しこくほくとうぶ
周辺図 本書P.2-3
0   5   10km   N
1:470,000

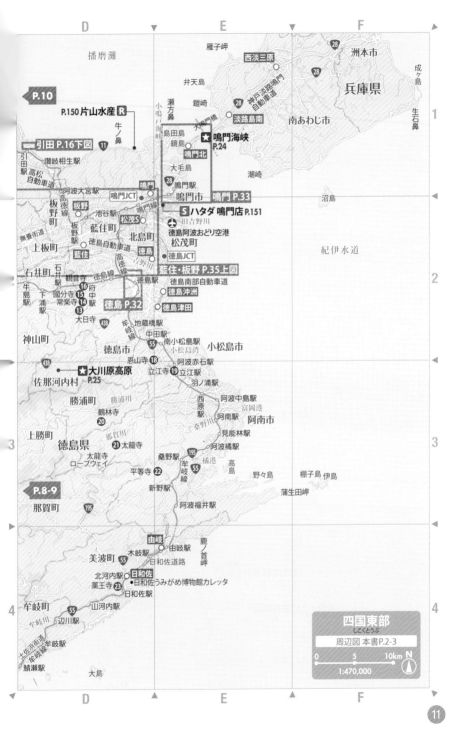

◀ P.10

P.150 片山水産 R

━ 引田 P.16下図

播磨灘

雁子岬

西淡三原

弁天島

鎧崎

瀬方鼻

小鳴門海峡

島田島
鏡島

鳴門北

大毛島

牛ノ鼻

讃岐相生駅

引田駅

高松自動車道

阿波大宮駅

鳴門JCT

高徳線

高徳道

鳴門線

板野

板野町

池谷駅

松茂S

藍住町

北島町

徳島自動車道

徳島

藍住

板野町

石井町

石井駅

神山町

観音寺 16

國分寺 15

常楽寺 14

大日寺 438

府中駅

德島駅

徳島南部自動車道

德島沖洲

德島津田

德島 P.32

下浦駅

牛島駅

佐那河内村

★大川原高原 P.25

438

德島市

地蔵橋駅

中田駅

南小松島駅

小松島湾

小松島市

勝浦町

勝浦川

恩山寺 18

立江寺 19 立江駅

羽ノ浦駅

鶴林寺 20

西原駅

阿波中島駅

富岡港

德島県

21 太龍寺

那賀川

阿南駅

桑野駅

阿南市

太龍寺
ロープウェイ

平等寺 22

桑野駅

牟岐線

橘港

見能林駅

阿波橘駅

高島

上勝町

新野駅

野々島

棚子島 伊島

那賀町

阿波福井駅

195

蒲生田岬

◀ P.8-9

由岐

木岐駅

由岐駅

鹿ノ首岬

美波町 55

日和佐道路

北河内駅

日和佐

薬王寺 23

日和佐うみがめ博物館カレッタ

日和佐駅

牟岐町

山河内駅

55

牟岐川

辺川駅

土佐浜街道

牟岐線

鯖瀬駅

大島

雁子岬

神戸淡路鳴門自動車道

淡路島南

兵庫県

洲本市

成ヶ島

生石鼻

南あわじ市

潮崎

紀伊水道

沼島

★鳴門海峡 P.24

鳴門市

鳴門 P.33

S ハタダ 鳴門店 P.151

旧吉野川

徳島阿波おどり空港

松茂町

徳島JCT

藍住・板野 P.35上図

野間

四国東部

しこくとうぶ

周辺図 本書P.2-3

0   5   10km

1:470,000

N

D   E   F

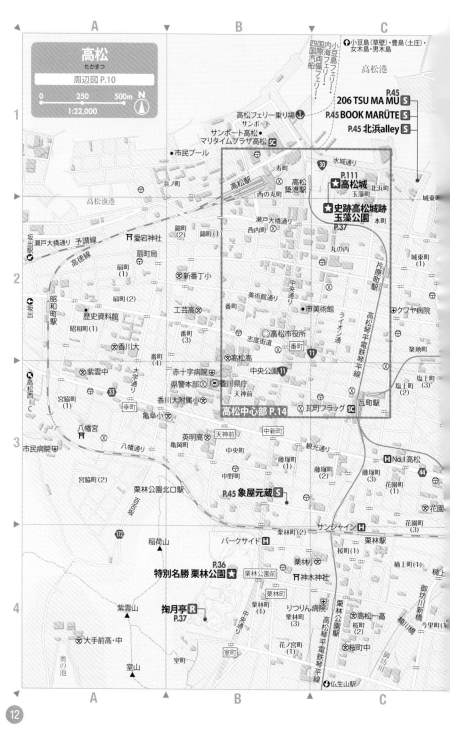

高松
たかまつ

周辺図 P.10

0　250　500m
1:22,000　N

↑小豆島（草壁）・豊島（土庄）・
女木島・男木島

小豆島フェリー・豊島・
女木島・男木島
小豆島内海フェリー・
四国国際両備フェリー！

高松港

P.45
206 TSU MA MU S
P.45 BOOK MARÜTE S
P.45 北浜alley S

高松フェリー乗り場 ↓
サンポート
サンポート高松
マリタイムプラザ高松 SC

市民プール

高松駅

寿町

水城通り

30

高松築港駅

西の丸町

P.111
★ **高松城**

北浜町
玉藻町

★ **史跡高松城跡**
玉藻公園
P.37

城東

浜ノ町

高松漁港

坂出駅

瀬戸大橋通り　予讃線

高徳線

愛宕神社

瀬戸大橋通り

錦町
(2)

錦町(1)

西内町

木町

本町

丸の内

城東町
(1)

城東町

昭和町駅

昭和町

扇町
(1)

扇町局

扇町
(2)

新番丁小

美術館通り

工芸高

番町

片原町駅

坂出

歴史資料館

昭和町(1)

番町
(3)

中央
通り

市美術館

高松琴平電鉄琴平線

クワヤ病院

香川大

番町
(4)

志度街道

高松市役所

番町

ライオン通

築地町

紫雲中

大学通り

赤十字病院
県警本部

香川県庁
天神前

高松高

中央公園 11

11

塩上町
(3)

塩上町
(2)

高松西IC

宮脇町
(1)

香川大附属小

幸町

亀阜小

高松中心部 P.14

瓦町フラッグ SC

瓦町駅

八幡宮

八幡通り

英明高
亀岡町

天神前

中新町

観光通り

No.1高松 H

市民病院

宮脇町(2)

栗林公園北口駅

中野町

藤塚町
(1)

藤塚町

藤塚町
(3)

44

花園町
(1)

花園

P.45 象屋元蔵 S

栗林町(2)

サンシャイン H

花園町
(3)

172

稲荷山

パークサイド H

栗林町

栗林駅

桜町(1)

楠上町(1)

楠上

P.36
特別名勝 栗林公園 ★

栗林公園前

栗林小

神木神社

御坊川新橋

楠川橋

紫雲山

掬月亭 R
P.37

栗林町
(1)

中央通り

りつりん病院

栗林町
(3)

栗林公園駅

高松一高

桜町
(2)

今里町(1)

御坊川

大手前高・中

室山

室町

花ノ宮町
(1)

桜町中

御坊川

奥の池

高松琴平電鉄琴平線

仏生山駅

D　　　　　　　　E　　　　　　　　F

小豆島(坂手)・神戸(三宮)

ジャンボフェリー

朝日町(4)

ジャンボフェリー
高松東港乗り場

相引川

屋島
グラウンド

朝日町
(1)

朝日町
(2)

朝日町
(3)

朝日町
(5)

157

高松平家物語歴史館

県立中央病院

福岡町1

福岡町2

朝日町5

詰田川下橋

屋島大橋

柚場山港

高松競輪場

H マリンパレスさぬき
パールガーデン

瀬戸大橋通り

157

屋島大橋

SC イオン

詰田川

高松パブリックゴルフコース

岡町
(1)

福岡町
(2)

福岡町
(3)

福町
(1)

福岡町1

松福町
(2)

多聞寺卍

塩釜神社

福岡町3

春日川

琴電屋島駅

松福町
(2)

福岡町
(4)

沖松島駅

総合体育館

島町
(1)

高松刑務所

松島二丁目駅

御坊川

沖松島橋

高松琴平電鉄志度線

春日川駅

中央高

妙本寺卍

新詰田川橋

新春日川橋

第一中・小

松島町
(2)

千代橋

松島町
(3)

11

志度街道

木太町

春日町

引田

詰田川西

ゆめマート

商業高

松島神社卍

多賀橋

P.44
S ラ・ファミーユ
高松本店

木太北部小

春日川橋

賀
(2)

園駅

観光橋

観光町

観光通り

洲端神社卍

洲端束

155

春日川

屋島駅

伊達病院

長尾街道

玉藻中

松町

H 国際

詰田川橋

上福岡町

高徳線

高
松
琴
平
電
鉄
長
尾
線

浪指神社卍

木太町駅

最勝寺卍

上福岡町

43

木太町

高松大・短大

石井神社卍

S 志満秀 高松本店
P.45

43

木太

詰
田
川

木太小

高松中央IC

長尾駅

木太大橋

D　　　　　　　　E　　　　　　　　F

サンポート高松局 📮
🅂🄲 マリタイム
プラザ高松
🚢 高松フェリー乗り場
高松港
🄷 JRホテルクレメント高松 P.166
サンポート高松玉藻
🄷 JRクレメントイン高松 P.166
🗾 水城通り
県民ホール
(レクザムホール)●
北浜町

連絡船うどん 🅁
駅前
高松築港駅
西の丸町
高松駅
高松駅高速バスターミナル
寿町(1)
🄷 高松パール
⊗
予讃線
高徳線
★ 高松城 P.111
★ 史跡高松城跡 玉藻公園 P.37
玉藻町
県立ミュージアム●

🄷 ハイパーイン高松
木町

🄷 センチュリー
北署⊗
西内町 🄷
パレス 高松
瀬戸大橋通り
寿町
錦町(1)
🄷 日本銀行
₸ 日和山神社
宗家くつわ堂 総本舗 🅂 P.45
●裁判所
丸の内
三越前

●NHK高松放送局
🄷 東横イン
🗾
中央局 ☎
🅂🄲 三越

兵庫町商店街
P.42 天勝 🅁
兵庫町
東急REI 🄷
紺屋町
片原町商店街
片原町
川六 エルステージ
フェリー通り
片原町駅

P.166
🄷 リーガホテル
ゼスト高松
中央通り
丸亀町
紺屋町
🅂 ファミリーマート
丸亀町商店街
🅂 まちのシューレ963 P.44

美術館通り
法泉寺 卍
卍 行徳院
番町1
卍 地蔵寺 卍 正覚寺
🅁 骨付鳥 蘭丸 P.43
ファミリーマート
今新町
🅂

卍 東福寺
★ 高松市美術館 P.68
卍 極楽寺
高松琴平電鉄琴平線

⊕吉峰病院
四番丁スクエア
🅂 セブンイレブン
卍 興正寺別院

番町(1)
番町局 📮
番長1
○ 高松市役所
市役所西
🅂 ファミリーマート

県庁前通り
丸亀町グリーン
番町
志度街道
🅂🄲
🄷 ダイワロイネット

⊗高松高
🗾
南新町ドーミーイン 🄷
🄷 ロイヤルパーク
瓦町1

赤十字病院
中央公園
県庁通り中央公園
⊗

県庁北
🗾
マオカ病院 ⊕

菊地寛通り
瓦町(2)

高松中心部
たかまつちゅうしんぶ
周辺図 P.12-13
🄷 高松シティ
瓦町フラッグ 🅂🄲
瓦町駅

0 100 200m N
1:9,000
瓦町局 📮
⊗
🄷 スーパー
田町

14

屋島
やしま
周辺図 P.10
0   350   700m
1:35,000
N

長崎の鼻
木里神社
長崎鼻古墳

P.39
遊鶴亭 ★

創造の森
舟かくし
丸山西

北嶺
四国豊川稲荷

屋島マリーナ
丸山西

H オーベルジュ ドゥ オオイシ P.31

高松市

丸山
不動院

水産試験場

ストーンミュージアム前
檀の浦マリーナ
久通港

やしま第一健康ランド
健康ランド前

★ 談古嶺 P.38

立石港

36

新屋島水族館

84 屋島寺 P.39

イサム・ノグチ
庭園美術館

高松市屋島山上交流
拠点施設「やしまーる」P.20 ★

屋島
東町

屋島テニスクラブ前

P.39 獅子の霊巌 ★

S 扇誉亭
P.39 ▲南嶺

屋島西町

屋島東小

P.38 駒立岩 ★

屋島山上商店街 S
P.39

祈り岩・与一公園前

亥の浜公園

牟礼北小

屋島西小前

成田山聖代寺

屋島西小

塩釜神社

地蔵寺

洲崎寺西

屋島
グラウンド
高松テルサ

シーサイド
テニスクラブ前

八坂神社

遍照院

屋島小

八栗
八栗駅

琴電志度駅

屋島西町

屋島中町

屋島神社

四国村 P.40
★ ミウゼアム

琴電屋島駅

ことでん八栗駅前

古高松南駅

引田方面

屋島総合病院

湯元駅

R ざいごううどん 本家わら家
P.49

四国村

古高松駅

瓦町駅

新川

高松琴平電鉄志度線

屋島新橋

琴電屋島駅

ことでん屋島駅

高松町

角屋町

春日川駅
新春日川橋

新川大橋

屋島中

相引川

屋島

高松町

JR屋島駅

古高松南駅

P.13

新川 新

自念子

屋島駅

10

11

155

志度街道

高徳線

タダノ工場

高松駅

D   E   F

15

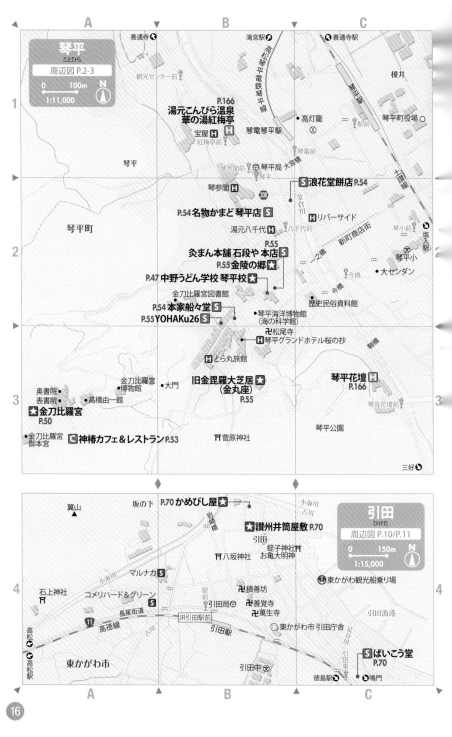

琴平
ことひら
周辺図 P.2-3
0　100m
1:11,000
N

善通寺
滝宮駅
普通寺駅
榎井
観光センター前
琴平駅
琴平町役場
P.166
湯元こんぴら温泉
華の湯紅梅亭
宝屋 H
紅梅亭前
高灯籠
琴電琴平駅
駅前
琴平
琴平局
琴参閣前
大宮橋
S 浪花堂餅店 P.54
金倉川
H リバーサイド
琴平町
琴参閣 H
206
P.54 名物かまど 琴平店 S
湯元八千代 H
八千代前
新町商店街
琴小前
塩入駅
P.55
灸まん本舗 石段や 本店 S
P.55 金陵の郷 ★
P.47 中野うどん学校 琴平校 ★
一之橋
今橋
琴平小
大センダン
金刀比羅宮図書館
今橋
P.54 本家船々堂 S
P.55 YOHAKu26 S
琴平海洋博物館
（海の科学館）
歴史民俗資料館
卍松尾寺
H 琴平グランドホテル桜の抄
関橋
H とら丸旅館
奥書院・
表書院・
金刀比羅宮
博物館
高橋由一館
大門
旧金毘羅大芝居
（金丸座）
P.55
琴平花壇 H
P.166
琴平花壇前
★ 金刀比羅宮
P.50
金刀比羅宮
御本宮
C 神椿カフェ＆レストラン P.53
菅原神社
琴平公園
三好

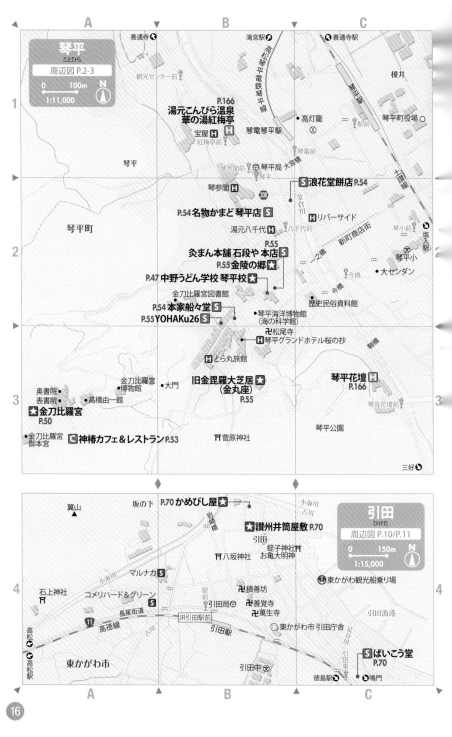

翼山
坂の下
P.70 かめびし屋 ★
小海川
古川
引田
ひけた
周辺図 P.10/P.11
0　150m
1:15,000
N

★ 讃州井筒屋敷 P.70
引田
蛭子神社
お亀大明神
八坂神社
東かがわ観光船乗り場
マルナカ S
石上神社
コメリハード＆グリーン S
駅前
引田局
積善坊
善覚寺
萬生寺
東かがわ市 引田庁舎
引田漁港
高松
高徳線
11
高松駅
長尾街道
高徳線
JR引田駅前
引田駅
東かがわ市
引田中
徳島駅
鳴門
S ばいこう堂
P.70
引田東

16

直島
なおしま
周辺図 P.2-3/P.10
0　　　700m
1:65,000
N

宇野港
宇野港
早崎
局島
井島
獅子渡ノ鼻　寺島　風戸港
鶴石ノ鼻　フェリー乗り場(風戸)　重石ノ鼻
家島
鞍掛ノ鼻
葛島
四国汽船
荒崎ノ鼻
下図
直島
豊島フェリー(家浦)
山神社　正門前
向島
風山
P.62 家プロジェクト 石橋★
C APRON CAFE P.64
P.64 島食Doみやんだ R
直島町　チキリ峰
★**ANDO MUSEUM P.63**
フェリー乗り場(本村)
本村港
豊島フェリー
P.61 直島パヴィリオン★
フェリー乗り場(宮浦)
直島小
直島町役場
★**家プロジェクト 角屋 P.62**
荒神島　宮浦港
地蔵山
H バンブーヴィレッジ
串山ノ鼻
P.64 カフェサロン 中奥 C
地中美術館
角崎
姫泊山
尾高島
P.63 地中美術館★
京ノ山
高松港
P.63 李禹煥美術館★
揚島
つつじ荘
つり公園
P.62 ベネッセハウス ミュージアム★
オカメノ鼻
琴弾地
海水浴場
直島つり公園
タテエボシ鼻
柏島
高松港

豊島
てしま
周辺図 P.10
0　　　700m
1:65,000
N

宇野港・高松港
直島(本村)・犬島
豊島フェリー
四国汽船
白崎
虹崎
豊島フェリー
虹山
豊島フェリー
小豆島(土庄)
金比羅神社
★**豊島美術館 P.65**
甲崎
豊島
255
宮崎
家浦港
フェリー乗り場(家浦)
唐櫃港
フェリー乗り場(唐櫃)
唐櫃八幡神社
豊島横尾館
春日神社
心臓音のアーカイブ P.65★
家浦
豊島島
十輪寺
ストームハウス
后飛崎
豊島中
金比羅神社　明光寺
檀山頂上展望台
唐櫃
小豊島
豊島のこころ資料館
檀山
土庄町
ダッダガ鼻
神子ケ浜
海水浴場
檀山岡崎公園
展望台
255
大洞窟貝塚遺跡
甲生
アワラ島
薬師寺
上図
礼田崎

17

A

トウガ鼻
男木島
フェリー乗り場 → ★ 男木島の魂 P.67
男木港
★ 男木島 路地壁画
プロジェクトwallalley P.67
加茂ヶ瀬灯台
高松市 女木島野営場
鬼ヶ島大洞窟 P.67
★ 20世紀の回想
女木島
(鬼ヶ島)
フェリー乗り場 ★ カモメの駐車場 P.67
女木港

帆槌ノ鼻

雌雄島海運

瀬戸内海

高松港
高松フェリー乗り場
高松駅

男木島・女木島
おぎじま・めぎじま
周辺図 P.10
0　　　1km
1:120,000　N

B

★ P.66 犬島
「家プロジェクト」I邸 ↑ 宝伝港
犬ノ島
犬島自然の家 H → フェリー乗り場
犬島
地竹ノ子島 犬島海水浴場
沖鼓島
★ 犬島精錬所美術館 P.66
沖竹ノ子島
岡山市 ★ 犬島「家プロジェクト」C邸 P.66
東区 ★ 犬島「家プロジェクト」S邸 P.66

千振島 蕪崎

ナガ崎
沖島 小江
天神社
瑞雲堂 長勝寺
松林寺
八幡神社
新岡山港 室崎
伊喜末 長浜 皇踏山
渕崎 玉光神社 宝生院
土庄港
ゐ木崎 土庄町役場○
フェリー乗り場(土庄)
小豆島国際ホテル H 小豆島尾崎放哉記念館
大深山 弁天島
鹿島明神社 高見山 ★ エンジェルロード P.59
土庄東港
フェリー乗り場(土庄東) 池田湾
H 松風 大余島
★ P.58 道の駅・海の駅
小豆島ふるさと村
足尾神社
堀大明神 門ヶ鼻 P.58 小豆島手延そうめん館 ★

黒崎

小豆島
しょうどしま
周辺図 P.10
0　　1　　2km
1:100,000　N

C

犬島
いぬじま
周辺図 P.10
0　　　600m
1:60,000　N

屋形崎鼻 北
リゾートホテルオリビアン H
屋形崎
吉田神社
馬越
滝宮 小豆島大観音
小馬越
笠滝
大麻山
龍水寺
高壺山
蒲生 S 井上誠耕園
mother's P.
小豆島
町役場
国際フェリ
乗り場(池
あさぎ崎 池田港
飛岬

富士峠
長者鼻
権現崎
皇子神社社叢
崩鼻 神浦
白浜
神浦
釈迦ヶ鼻

高松港
(直島(本村)

瀬戸内海

高松港 小豆島(坂手)

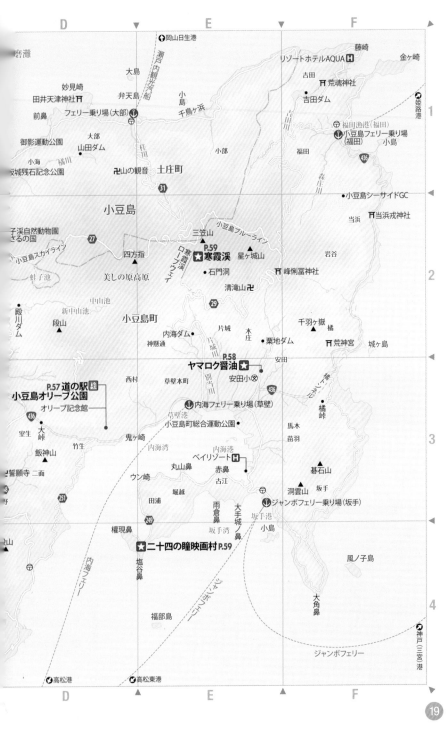

瀬戸内海淡路島

D　　　　　　E　　　　　　F

▼岡山日生港

藤崎
金ヶ崎
リゾートホテルAQUA H
吉田
卍荒魂神社
妙見崎
大島
吉田ダム
田井天津神社卍
弁天島
小島
千鳥ヶ浜
前鼻
フェリー乗り場（大部）
福田漁港（福田）
御影運動公園
大部
小豆島フェリー乗り場
山田ダム
（福田）
小島
又城残石記念公園
小海
橘川
小部
福田
卍山の観音
土庄町
436
31
森庄川
小豆島シーサイドGC
小豆島
小豆島ブルーライン
当浜
卍当浜戒神社
子渓自然動物園
さるの国
三笠山
P.59
27
岩谷
小豆島スカイライン
四方指
寒霞渓
★寒霞渓
星ヶ城山
蛙子池
美しの原高原
石門洞
卍峰俐富神社
清滝山卍
29
中山池
千羽ヶ嶽
殿川
新中山池
小豆島町
片城
橘
ダム
段山
木庄
城ヶ島
内海ダム
粟地ダム
卍荒神宮
神懸通
P.58
安田
★ヤマロク醤油
安田小⊗
436
P.57 道の駅
西村
草壁本町
別当川
★
小豆島オリーブ公園
内海フェリー乗り場（草壁）
オリーブ記念館
436
草壁港
橘峠
室生
大峠
小豆島町総合運動公園
馬木
苗羽
飯神山
竹生
鬼ヶ崎
内海湾
丸山鼻
内海港
誓願寺 二面
ベイリゾート H
碁石山
赤鼻
251
ウン崎
古江
洞雲山 坂手
堀越
ジャンボフェリー乗り場（坂手）
田浦
雨倉鼻
大手城ノ鼻
249
坂手湾
小島
権現鼻
坂手港
★二十四の瞳映画村 P.59
塩谷鼻
風ノ子島
大角鼻
神戸（三宮）港
福部島
ジャンボフェリー

⚓高松港
⚓高松東港

D　　　　　　E　　　　　　F

瀬戸内海汽船

姫路港

内海フェリー

⑲

松山
まつやま

周辺図 P.4-5

0　150　300m
1:13,000
N

A

伊予鉄道高浜線
高浜駅
六軒家町

宮西(3)

宮西
(2)

宮西
(1)

味酒小 ⊗

古町駅

伊予北条駅

クラウンヒルズ Ⓗ
フジグラン松山 SC
エディオン S

予讃線

宮田町電停

宮田町

宮田局 ⊕

伊予の湯治場
喜助の湯

ターミナル
Ⓗ
松山市観光案内所 ℹ

松山駅前

松山駅

大手町
(2)

スカイ Ⓗ

三番町
(8)

新玉小西

内子駅
下灘駅

総合コミュニティー
センター

B

伊予北条 ↑
196

本町六丁目
電停　　木屋町(3)

松山
市保健所
萱町六丁目電停

本町
(5)

大法寺 卍

萱町
(4)　　妙有寺 卍

法泉寺 卍

本町局 ⊕

本町四丁目電停

平和通6

平和通り

味酒町
(3)

出雲大社松山分祠 ⊞

阿沼美神社 ⊞

阿沼美神社西

本町三丁目電停

萱町
(2)

松前町
(2)

雲祥寺 卍

松前町
(3)

本町
(3)

消防局前 ⊗

本町五丁目電停

城北交番前 ⊗

本町4

安楽寺 卍

高砂町

木屋町
(1)

平和通
(5)

196

若草町

阿パ Ⓗ

本町
(1)

伊予鉄道市内線

ごはんとお酒 なが坂 P.83 R

大味酒町
(1)

城山公園口

西堀端電停

本町一丁目
電停

市民会館 ●
● 愛媛県美術館
NHK松山放送局 ●

市役所前電停

大手町駅
電停前

大手局 ⊕

松山ヒルズ
大手町駅マイステイズ Ⓗ

市病院 ⊕

大手町(1)

南堀端町

南堀端電停

県警本部 ⊗
野本記念病院 ⊕

花園町

三番町
(7)

56

三番町
(6)

花園町

三番町
(7)

千舟町
(7)

新玉小 ⊗

済美高西

湊町
(7)

済美高 ⊗

文化ホール ●

伊予 ↑
郡中港駅 ↑

松山市駅

横河原駅 ↑

C

清水町
(3)

勝山中 ●

高砂町電停

清水町
(2)

清水町
電停

伊予鉄
市内線

平和通
(4)　　泰平別館 Ⓗ

城山公園

松山城 ★
P.74/P.111

P.75
松山城二之丸史跡庭園 ★

愛媛県庁 ◉

堀之内

11

番町
(4)

番町小 ⊗

松山市役所 ◯

三番町
(4)

千舟町
(4)

三番町
(4)

松山
市駅
電停

いよてつ高島屋 SC

湊町(4)　　銀天

20

大川

道後緑台

道後樋又

道後北代

⊗湯築小

⑳

道後喜多町

水小

⊗松山短大

文京町

⊗愛媛大

道後今市

⑱

⊗松山北高

鉄砲町電停

公山大

⊗愛媛大

⊗愛媛大(理)

⑳

セキ美術館・

道後町

山大

⊗東中

赤十字病院前電停

道後温泉電停

⊗東雲小

S 西岡菓子舗 P.84

県民文化会館
（ひめぎんホール）・

道後町(2)

奥島病院⊕

1

鉄砲町電停

⊕鉄砲町局

町

平和通
(2)

⊕赤十字病院

平和通
一丁目電停

道後一万

道後温泉電停

和通
(3)

西一万

平和通り

伊予鉄道市内線

道後温泉 P.22上図 ➔

2

緑町
(2)

⊕浦屋病院

上一万電停

南町電停

南町局

緑町
(1)

中一万町

南町
(2)

南町
(1)

岩崎町
(2)

長者
ケ平

東雲神社 ⛩

東雲町

⑳

北持田町

持田町
(3)

労研饅頭 たけうち本店 **S**
P.84

松山城ロープウェイ・リフト

東雲口

⊗松山東署

松山気象台

警察署前電停

持田町

愛媛大附属小⊗

大街道(3)

喜与町
(1)

S 一六本舗 勝山本店 P.85

持田町
(1)

⊗東雲高・中

喜与町
(2)

持田町(2)

愛媛大附属中⊗

3

丸之内

★ 秋山兄弟生誕地 P.76

歩行町
(2)

歩行町
(1)

南持田町

⊗松山東高

此花町

⑰

道後温泉

★
翠荘
P.75

P.77
坂の上の
雲ミュージアム
★

R 鮨 小椋 P.83 アビスイン **H**

勝山

一番町局

勝山

東急REI **H**

⑪ ㉝

勝山町電停

御宝町

ANA
ウンプラザ **H**

大街道電停

スマイル **H**

スーパー **H**

此花町

湯渡町

番町
(3)

松山三越 **SC**

H カンデオホテルズ 松山大街道 P.166

一番町(2)

⊗未来高

大街道(2)

二番町(2)

ネスト **H**

⊗松山商業高

⊗八坂小

P.85 みよしの **S**

R 日本料理 すし丸 P.82

勝山町
(1)

卍 西法寺

ニュー
グランド **H**

大街道

R 割烹 むつの P.82

⑭

築山

中央局⊕

郷土料理 五志喜 P.83

三番町(1)

旭町

勝山通り

⊕唐人町局

錦町

築山町

新立町

錦町

新立橋北

新立町

千舟町通り

交番前 No.1松山 **H**

永木

新立橋

日の出町

R アサヒ
P.83

⊗

湊町
(2)

永木町
(1)

⑪

㉝

永木町1

砥部 ➔

石手川

永木橋

⊗素鷲小

4

道後温泉
どうごおんせん

周辺図 P.4-5

0 100m
1:10,000
N

道後鷺谷町

•道後ぎやまんガラス美術館
•山の手迎賓館
H 道後hakuro
H 椿館
H 別邸 朧月夜 P.31
松山市
桜谷町

H 道後館 P.166

道後やや
H 宝荘

P.167 大和屋本店 H
S 伊織 本店 P.89

P.87 道後温泉 椿の湯
H 葛城
♨ 道後温泉本館 P.86
道後喜多町
東署
♨ 道後温泉 空の散歩道 P.87
H 茶玻瑠
卍 宝厳寺

道後グランド
道後温泉別館
飛鳥乃湯泉 P.87
道後局
熟田津の道

道後ハイカラ通り
道後湯之町

P.21
20
•セキ美術館

S 竹屋 P.89
湯神社
i 観光案内所
•からくり時計
H ふなや
开 伊佐爾波神社
道後姫塚
湯月公園

道後温泉電停
S 手づくり工房 道後製陶社 P.89
H メルパルク松山

道後町(1)
松山市立子規記念博物館 ★ P.79
187
H 道後彩朝楽
卍 義安寺

道後公園
上市(2)
道後公園
(湯築城跡前)電停
★ 湯築城跡 P.111
H 道後プリンス

奥島病院
S フジ道後店
•湯築城資料館

伊予鉄道市内線
188
开 宇佐八幡神社

砥部
とべ

周辺図 P.4-5

0 200m
1:18,000
N

松山 33
砥部焼観光センター口
开 戎神社
★ 砥部焼観光センター 炎の里 P.91
R Cafe Restaurant jutaro P.91
千足

和合神社 开
219
砥部新橋
砥部戎

北川毛
砥部焼伝統産業会館前
砥部町
砥部焼伝統産業会館•
8 伊予
大南
松山南高(砥部分校) ⊗
33

角谷池

•坂村真民記念館
大南局
砥部町中通

陶芸創作館•
シキシマパン•
熊野神社 开

大南町民広場
新岩谷口

P.91 ギャラリー紫音 S
53
砥部小 ⊗
砥部町客
岩谷口新橋
岩谷口

五本松
原池
天満宮 开
大宝寺 卍
砥部断層北

开 常盤木神社
379
断層口
北谷池

大南

★ 梅山窯 (梅野精陶所) P.90
内子

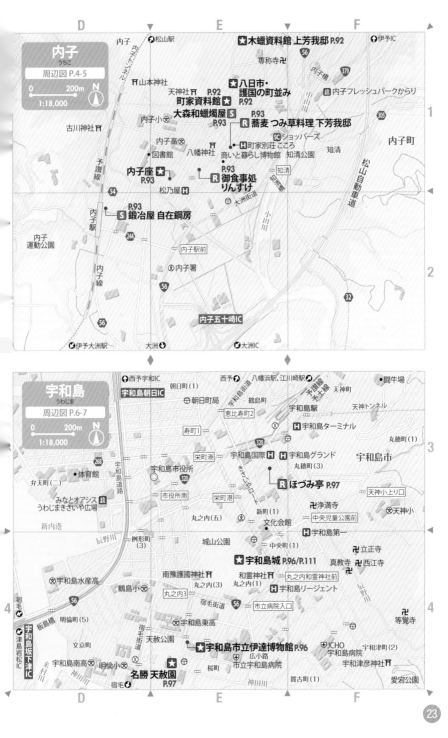

内子
うちこ

周辺図 P.4-5

0 ── 200m
1:18,000

N

★木蠟資料館 上芳我邸 P.92

♦伊予IC

♦松山駅

内子橋 379

内子フレッシュパークからり 56

専称寺卍

山本神社卅

天神社卅

★八日市・護国の町並み P.92

町家資料館★ P.92

大森和蠟燭屋 S P.93

55

内子小⊗

蕎麦 つみ草料理 下芳我邸 R

内子町

305

内子高⊗

図書館

八幡神社卅

町家別荘 こころ

SC ショッパーズ

知清

松山自動車道

商いと暮らし博物館 知清公園

★内子座 P.93

松乃屋 H

R 御食事処 りんすけ P.93

大洲街道

古川神社卅

予讃線

54

内子駅

S 鍛冶屋 自在鋼房 P.93

244

内子駅前

⊗内子署

56

内子運動公園

内子線

56

内子五十崎IC

32

♦伊予大洲駅

大洲♦

♦大洲IC

宇和島
うわじま

周辺図 P.6-7

0 ── 200m
1:18,000

N

♦西予宇和IC

宇和島朝日IC

♦西予

八幡浜駅、江川崎駅♦

●闘牛場

朝日町(1)

天神町

朝日町局

宇和島街道

鶴島町

予讃線・予土線

天神トンネル

恵比寿町2

宇和島駅

寿町1

H 宇和島ターミナル

丸穂町(1)

268

宇和島道路

栄町港

320

宇和島国際 H H 宇和島グランド

宇和島市

弁天町(二)

●体育館

宇和島市役所

320

丸穂町(3)

R ほづみ亭 P.97

みなとオアシス うわじまきさいや広場

市役所南

栄町港

新町(1)

浄満寺卍

天神小上り口

新内港

戻川

桝形町(3)

丸之内(五)

文化会館

中央児童公園前

⊗天神小

城山公園

H 宇和島第一

中央町(1)

中央(1)

★宇和島城 P.96/P.111

立正寺卍

南豫護國神社卅

和霊神社卅

丸之内和霊神社前

真教寺卍 西江寺卍

宇和島水産高⊗

鶴島小⊗

丸之内(3)

丸之内(1)

H 宇和島リージェント

56

宇和島橋 明倫町(5)

丸之内3

宿毛街道

56

市立病院入口

等覚寺卍

宇和島坂下津IC

板島橋

宿毛街道

⊗宇和島東高

JCHO 宇和島病院

宇和津町(2)

津島岩松IC

文京町

天赦公園

宇和島南高⊗ 明倫小⊗

★宇和島市立伊達博物館 P.96

広小路 市立宇和島病院

宇和津彦神社卅

★名勝 天赦園 P.97

桜町

賀古(1)

愛宕公園

宿毛♦

神田川

D ── E ── F

23

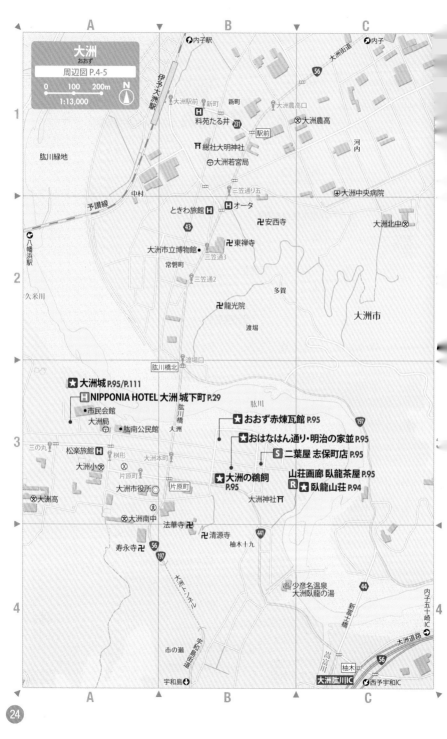

大洲
おおず

周辺図 P.4-5

0　100　200m
1:13,000
N

内子駅
大洲街道
内子
56

伊予大洲駅

脇川緑地
大洲駅前　新町　新町
料苑たる井 H 231
駅前
大洲農高口
大洲農高
河内

総社大明神社
大洲若宮局

中村
予讃線
三笠通り五

ときわ旅館 H H オータ
43
卍 安西寺
大洲中央病院
大洲北中

大洲市立博物館
三笠通3
卍 東禅寺

八幡浜駅

常磐町
三笠通2
多賀
大洲市

久米川
卍 龍光院

渡場

脇川橋北
渡場口

★ 大洲城 P.95/P.111
H NIPPONIA HOTEL 大洲 城下町 P.29
脇川橋
脇川
197

市民会館
大洲局
脇南公民館
大洲

★ おおず赤煉瓦館 P.95

★ おはなはん通り・明治の家並 P.95

三の丸
松楽旅館 H
桝形
大洲本町
S 二葉屋 志保町店 P.95

大洲小
片原町
★ 大洲の鵜飼 P.95
山荘画廊 臥龍茶屋 P.95
R ★ 臥龍山荘 P.94

大洲市役所
片原町
大洲神社

大洲高
大洲南中
法華寺 卍
441

寿永寺 卍 56
197
卍 清源寺
柚木十九

少彦名温泉
大洲臥龍の湯
44

新富士橋
大洲道路

大洲トンネル

内子五十崎IC

市の瀬
宇和島街道

嵩富川
柚木
56

宇和島
大洲脇川IC
西予宇和IC

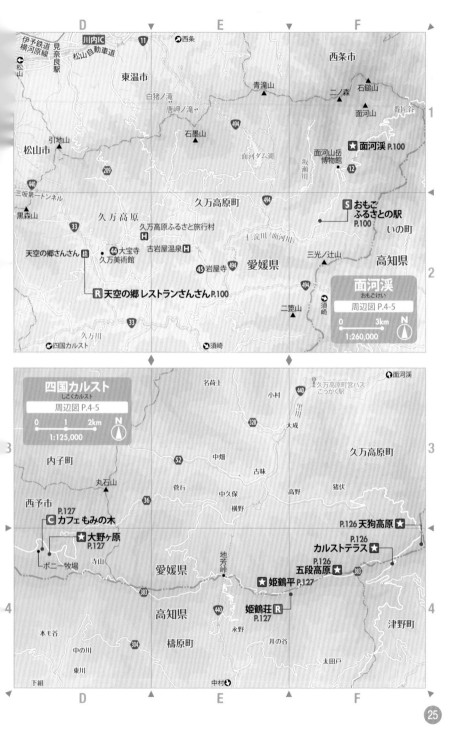

面河渓
おもごけい

周辺図 P.4-5

0　　　　3km
1:260,000

N

☆ 面河渓 P.100

S おもご
ふるさとの駅
P.100

R 天空の郷 レストランさんさん P.100

川内IC
松山自動車道

11 ◎西条

西条市

東温市

白猪ノ滝
唐岬ノ滝

青滝山 ▲

二ノ森 ▲

石鎚山 ▲
面河山 ▲

番匠谷

面河山岳
博物館

12

1

伊予鉄道
横河原線
見奈良駅

松山

引地山 ▲

松山市

209

440

三坂第一トンネル

黒森山 ▲

石墨山 ▲

面河ダム湖

坂瀬川

494

久万高原町

久 万 高 原

久万高原ふるさと旅行村 H

古岩屋温泉 H

44 大宝寺
久万美術館

45 岩屋寺

494

仁淀川(面河川)

三光ノ辻山 ▲

いの町

高知県

天空の郷さんさん 観

33

愛媛県

二箆山 ▲

494

須崎

2

久 万 川

33

◎四国カルスト

◎須崎

四国カルスト
しこくカルスト

周辺図 P.4-5

0　　1　　2km
1:125,000

N

◎面河渓

久万高原町営バス
こうがく駅

名荷上

小村

黒川

440

大成

328

久万高原町

3

内子町

丸石山 ▲

52

中畑

古味

高野

猪伏

西予市

P.127

C カフェもみの木

36

菅行

中久保

横野

P.126 天狗高原 ☆

☆ 大野ヶ原
P.127

ポニー牧場

寺山

愛媛県

地芳峠

P.126
カルストテラス ☆

P.126
五段高原 ☆

383

☆ 姫鶴平 P.127

姫鶴荘 R
P.127

3

高知県

440

永野

井の谷

津野町

本モ谷

中の川

304

東川

檮原町

中村 ◎

太田戸

4

下組

D　　　　　　　E　　　　　　　F

25

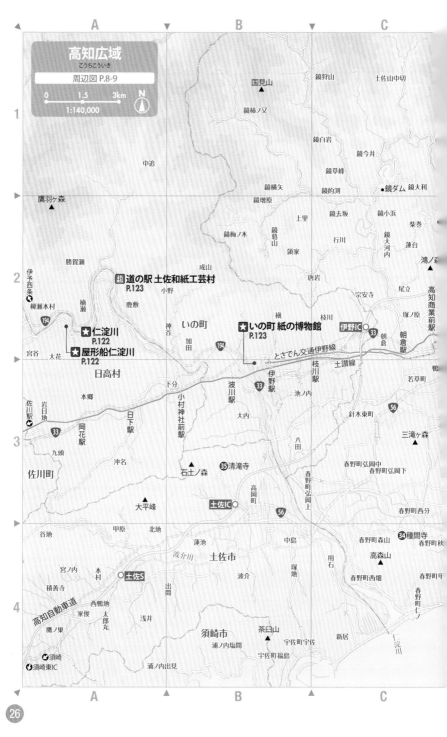

高知広域
こうちこういき

周辺図 P.8-9

0　1.5　3km
1:140,000

国見山▲
鏡狩山
土佐山中切

鏡柿ノ又

鷹羽ヶ森▲

中追

鏡白岩
鏡今井
鏡草峰
鏡横矢
鏡増原
鏡的渕
●鏡ダム　鏡大利

上里
鏡去坂
鏡小浜
柴巻

勝賀瀬
鏡梅ノ木
鏡葛山
領家
行川
鏡大河内
蓮台
鴻ノ森▲

伊予西条
柳瀬本村
194

🏠道の駅 土佐和紙工芸村
P.123

成山

小野
唐岩
宗安寺
尾立
塚ノ原
高知商業前駅

楠瀬
鹿敷

★仁淀川
P.122
★屋形船仁淀川
P.122

神谷
加田

いの町

横
枝川

★いの町 紙の博物館
P.123

伊野IC
33
朝倉駅

宮谷
大花

日高村

下分

194

とさでん交通伊野線
枝川駅
土讃線
朝倉駅

佐川駅
33

本郷

岩目地
岡花駅

九頭

日下駅

小村神社前駅

波川駅
伊野駅
33

池ノ内

若草町
鴨

56

沖名

大内

針木東町

三滝ヶ森▲

石土ノ森▲
清滝寺

八田

春野町弘岡中
春野町弘岡下

大平峰

高岡町

春野町弘岡上

佐川町

土佐IC

56

春野町西分

谷地
甲原
北地

蓮池
中島
春野町森山
種間寺
春野町秋

宮ノ内
本村

土佐S

波介川

土佐市

用石

高森山▲

春野町毛

積善寺
西鴨地
太郎丸
家俊

出間
浅井

波介

塚地
春野町西畑

春野町毛
春野町仁

高知自動車道
鷹ノ巣

須崎市

茶臼山▲
宇佐町宇佐

新居

仁淀川

須崎
須崎東IC

浦ノ内塩間
宇佐町福島

浦ノ内出見

A　B　C

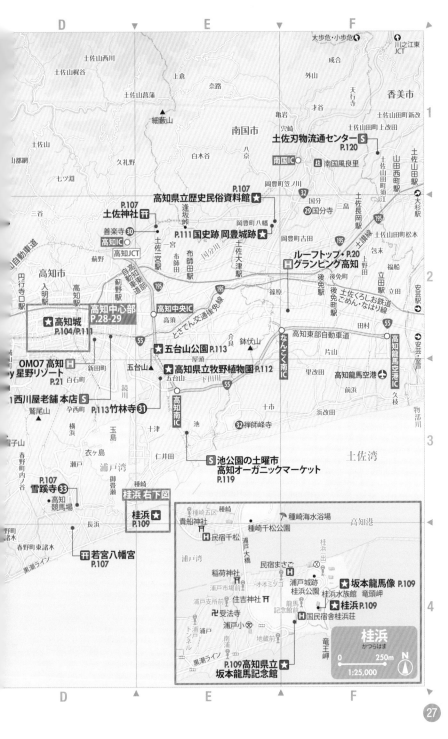

大歩危・小歩危 川之江東JCT

土佐山西川

土佐山梶谷

上倉 奈路 成合

外山

天行寺

香美市

土佐山菖蒲 細藪山 亀岩 才谷 土佐山田町上改田

1

久礼野 白木谷 八京 宍崎 **S** 土佐刃物流通センター P.120 山田西町駅 土佐山田町須江 大杉駅

南国市 南国IC 南国風良里 山田駅

七ツ淵 岡豊町笠ノ川 32 国分 土佐長岡駅

P.107 高知県立歴史民俗資料館 ★ 29 国分寺 195 土佐山田町松本

P.107 土佐神社 善楽寺 30 岡豊町八幡 土讃線 土佐山田町松本

三谷 達坂峠 P.111 国史跡 岡豊城跡 ★ 包末 福船

高知IC 岡豊町吉田 195 立田駅 立田 安芸駅

高知市 高知JCT 土佐一宮駅 国分川 土佐大津駅 ルーフトップ・グランピング高知 P.20 後免町 2

自動車道 布師田駅 後免町 土佐くろしお鉄道ごめん・なはり線

円行寺口駅 入明駅 薊野駅 195 篠原 後免駅 田村 後免町駅

高知駅 高知中央IC 195 高知東部自動車道 55 安芸

高知中心部 P.28-29 高須 とさでん交通後免線 片山 高知龍馬空港IC 高知龍馬空港 室戸

鷲尾山 ★ 高知城 P.104/P.111 五台山公園 P.113 鉢伏山 なんこく南IC 里改田 3

OMO7 高知 星野リゾート P.21 新田町 ★ 高知県立牧野植物園 P.112 前浜

西川屋老舗 本店 **S** P.113 竹林寺 31 五台山 屋頭 下田川 55 久枝

横浜 鏡川 高知南IC 十市 物部川

玉島 十津 池 32 禅師峰寺 浜改田

扇子山 衣ヶ島 仁井田 土佐湾

春野町内ノ谷 瀬戸 御畳瀬 **S** 池公園の土曜市 高知オーガニックマーケット P.119

浦戸湾 種崎

P.107 雪蹊寺 33 高知競馬場 桂浜 右下図

野町諸木 桂浜 ★ P.109

長浜 ★ 若宮八幡宮 P.107

春野町東諸木 黒潮ライン

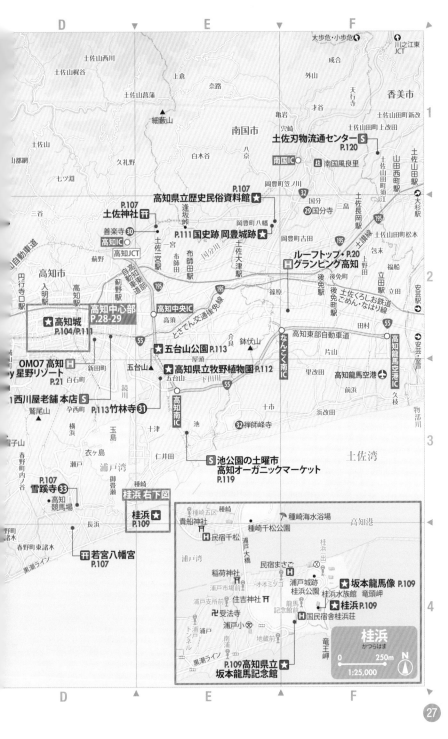

種崎五区 種崎 種崎海水浴場 高知港

種崎千松公園

貴船神社 H 民宿千松 桂浜出

浦戸大橋

浦戸湾 民宿まさご H 桂浜

稲荷神社 オオミツコ 浦戸城跡 ★ 坂本龍馬像 P.109

浦戸市場前 桂浜公園 桂浜水族館 竜頭岬

浦戸支所前 住吉神社 龍馬記念館前 ★ 桂浜 P.109

卍 受法寺 記念館前 H 国民宿舎桂浜荘

浦戸小 地蔵前

浦戸トンネル 南浦

黒潮ライン P.109 高知県立 坂本龍馬記念館 ★ 竜王岬

桂浜
かつらはま

0 ────── 250m
1:25,000 N

D E F

27

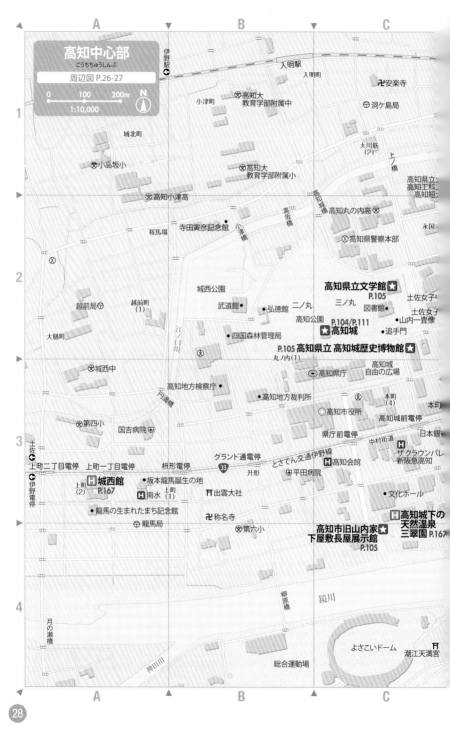

高知中心部

ごうちちゅうしんぶ

周辺図 P.26-27

0　100　200m
1:10,000

N

伊野駅

入明駅

入明町

卍安楽寺

小津町

⊗高知大
教育学部附属中

⊖洞ケ島局

城北町

⊗小高坂小

⊗高知大
教育学部附属小

大川筋
(2)

上ノ橋

高知県立
高知工科
高知短

⊗高知小津高

高坂橋

高知城橋 ⊗高知丸の内高⊗

永国

桜馬場

寺田寅彦記念館

小津橋

⊗高知県警察本部

城西公園

二ノ丸

三ノ丸

高知県立文学館★
P.105

土佐女子

図書館

土佐女子

武道館

弘徳館

高知公園

P.104/P.111

★**高知城**

・山内一豊像

追手門

越前局⊖

越前町
(1)

四国森林管理局

P.105 **高知県立 高知城歴史博物館**★

大膳町

⊗城西中

高知地方検察庁・

◉高知県庁

高知城
自由の広場

高知地方裁判所

高知地方検察庁・

本町
(4)

本町

⊗第四小

国吉病院⊞

◎高知市役所

高知城前停

県庁前停

中村街道

日本銀

土佐⊖

上町二丁目電停

上町一丁目電停

枡形電停

グランド通電停

とさでん交通伊野線

Ⓗ高知会館

Ⓗ
ザ クラウンパレ
新阪急高知

⊖伊野電停

上町
(2)

Ⓗ城西館
P.167

坂本龍馬誕生の地

升形

⊕平田病院

上町
(1)

Ⓗ南水

开出雲大社

・文化ホール

・龍馬の生まれたまち記念館

⊖龍馬局

卍称名寺

⊗第六小

高知市旧山内家★
下屋敷長屋展示館
P.105

Ⓗ**高知城下の
天然温泉
三翠園** P.167

月の瀬橋

柳原橋

鏡川

よさこいドーム

开潮江天満宮

神田川

総合運動場

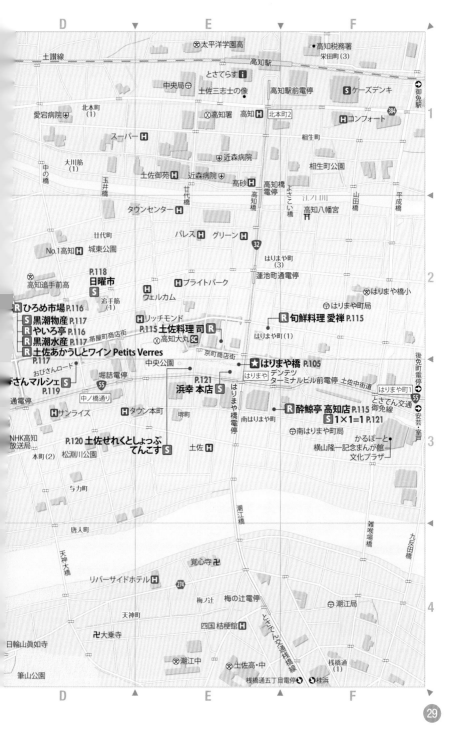

D   ▼   E   ▼   F   ▲

土讃線   高知駅

⊗太平洋学園高

●高知税務署
栄田町(3)

とさてらす **i**

中央局🏤   土佐三志士の像   高知駅前電停   **S**ケーズデンキ

➡御免駅

愛宕病院⊕   北本町(1)

⊗高知署   高知**H**   北本町2

Hコンフォート

スーパー**H**

相生町

大川筋(1)   中の橋   玉井橋

⊕近森病院

相生町公園

土佐御苑**H**   廿代橋   近森病院**H**   高砂

高知橋電停   よさこい橋   江ノ川   山田橋   平成橋

タウンセンター**H**   高知橋

高知八幡宮**H**

パレス**H**   グリーン**H**

32

廿代町   No.1高知**H**   城東公園

はりまや町(3)

蓮池町通電停

⊗高知追手前高   **P.118** 日曜市 **S**

追手筋(1)

Hブライトパーク

⊗はりまや橋小

Rひろめ市場 **P.116**   **H**ウェルカム

⊕はりまや町局

S黒潮物産 **P.117**   **H**リッチモンド

Rやいろ亭 **P.116**   帯屋町商店街   **R**旬鮮料理 愛禅 **P.115**

R黒潮水産 **P.117**   **P.115**土佐料理 司**R**

はりまや町(1)

R土佐あかうしとワイン Petits Verres   ⊗高知大丸 **SC**

P.117   京町商店街

★はりまや橋 **P.105**

おびさんロード   中央公園   はりまや   デンテツターミナルビル前電停   土佐中街道

さんマルシェ**S**   堀詰電停   **P.121**   はりまや   はりまや1

P.119   55   浜幸 本店 **S**

後免町電停➡御免線

通電停   中ノ橋通り

はりまや橋電停   とさでん交通

R酔鯨亭 高知店 **P.115**

安芸・室戸

Hサンライズ   **H**タウン本町   堺町

S1×1=1 **P.121**

NHK高知放送局   **P.120**土佐せれくとしょっぷ   松淵川公園

南はりまや   ⊕南はりまや町局

かるぽーと

木町(2)   てんこす**S**   土佐**H**

横山隆一記念まんが館
文化プラザ

与力町

唐人町

潮江橋   雑喰橋   九反田橋

天神大橋

覚心寺卍

リバーサイドホテル**H**   274

⊕潮江局

梅ノ辻   梅の辻電停

天神町

日輪山眞如寺   卍大乗寺   四国桔梗館**H**

ときでん交通桟橋線

筆山公園   ⊗潮江中   ⊗土佐高・中

桟橋通(1)

桟橋通五丁目電停   ⊕桂浜

D   ▲   E   F   ▼

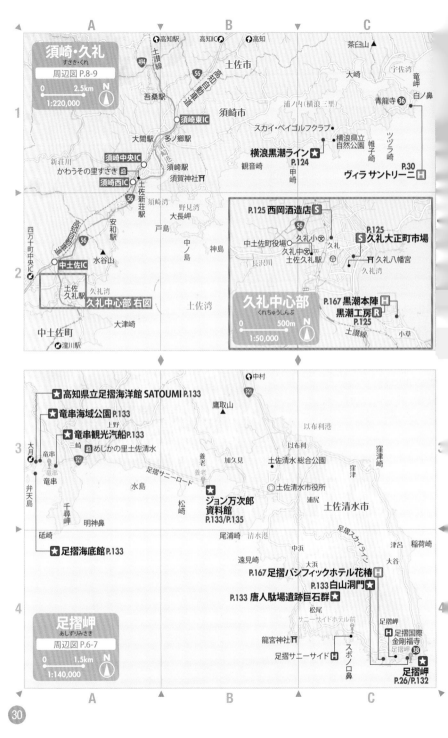

須崎・久礼
すさき・くれ
周辺図 P.8-9
0 2.5km
1:220,000
N

高知駅　高知IC　高知
土讃線
土佐市
吾桑駅
須崎東IC
須崎市
浦ノ内(横浪三里)
茶臼山
宇佐湾
竜岬
大崎
白ノ鼻
大間駅　多ノ郷駅
スカイ・ベイゴルフクラブ
横浪県立自然公園
青龍寺 36
須崎中央IC
かわうその里すさき
須崎駅
横浪黒潮ライン ★
P.124
帷子崎
ツヅラ崎
須崎西IC
土佐新荘駅
須崎神社
観音崎
甲崎
P.30
ヴィラ サントリーニ H
新荘川
須崎湾
野見湾
P.125 西岡酒造店 S
四万十町中央IC
56
安和駅
戸島
大長岬
中土佐町役場
久礼小
56
久礼
P.125
S 久礼大正町市場
中土佐IC
水谷山
中ノ島
神島
長沢川
久礼中
土佐久礼駅
久礼八幡宮
土佐久礼駅
久礼湾
久礼中心部 右図
久礼中心部
くれちゅうしんぶ
P.167 黒潮本陣 H
黒潮工房 R
P.125
中土佐町
大津崎
0 500m
1:50,000
N
土讃線
小草
窪川駅
大津崎
土佐湾

足摺岬
あしずりみさき
周辺図 P.6-7
0 1.5km
1:140,000
N

★ 高知県立足摺海洋館 SATOUMI P.133
中村
321
鷹取山
★ 竜串海域公園 P.133
★ 竜串観光汽船 P.133
上野
以布利港
三崎
めじかの里土佐清水
以布利
大月
竜串
養老
加久見
土佐清水 総合公園
窪津崎
竜串
321
足摺サニーロード
養老
○ 土佐清水市役所
弁天島
水島
松崎
★ ジョン万次郎資料館
P.133/P.135
浦尻
土佐清水市
千尋岬
明神鼻
足摺スカイライン
尾浦崎　清水港
津呂　稲荷崎
砥崎
中浜
★ 足摺海底館 P.133
遠見崎
大浜
大谷
P.167 足摺パシフィックホテル花椿 H
P.133 白山洞門 ★
P.133 唐人駄場遺跡巨石群 ★
松尾
サニーサイドホテル前
足摺岬
H 足摺国際金剛福寺
龍宮神社
スポノロ鼻
足摺岬 38
足摺サニーサイド H
★ 足摺岬
P.26/P.132

室戸岬
むろとみさき
周辺図 P.8-9
0　1km
1:90,000
N

安芸◐
㉖金剛頂寺
◉キラメッセ室戸
元小⊗
55
室戸市
奈良師川
室津川
四十寺山
◉日和佐
室津神社⛩
三津坂トンネル
三津
三津漁港
⊗室戸高
行当岬
⊠キラメッセ室戸 P.137
Ｒ食遊鯨の郷 P.137
★鯨館 P.137
室戸中⊗
室戸小
○室戸市役所
室戸市役所前
室戸中央公園
●
室津港
津照寺㉕
55

土佐湾
室戸署⊗
海の駅とろむ
室戸営業所
室戸岬漁港
尾崎山
室戸スカイライン
★シレストむろと P.137
高岡
★御厨人窟 P.136
スカイライン上り口
最御崎寺㉔
室戸岬灯台●
竜宮神社⛩
P.136 室戸岬★
★乱礁遊歩道 P.136

安芸
あき
周辺図 P.8-9
0　600m
1:60,000
N

⊗
●内原野公園
井ノ小⊗
⊗
妙見山
岩崎弥太郎生家
一宮
安芸城跡
西木戸
P.138 野村家住宅★
P.138 土居廓中武家屋敷
P.138 野良時計★
安芸市立歴史民俗資料館
卍清水寺
廓中ふるさと館
⊗土居小
時計前
⊗清水ヶ丘中
安芸市
一宮神社⛩
後免駅◖
高知◖
市営球場●
西八幡公園
安芸桜ケ丘高⊗
球場前駅
開業予定
あき総合病院前駅
2021年3月
55
安芸中⊗
安芸駅
安芸第一小⊗
○安芸市役所
安芸高・中⊕
森澤病院
春日橋
川北小⊗
阿ノ木橋
とさくろしお鉄道
ごめん・なはり線
安芸川橋
奈半利駅
55
伊尾木川橋
室戸◗
土佐湾

D　E　F

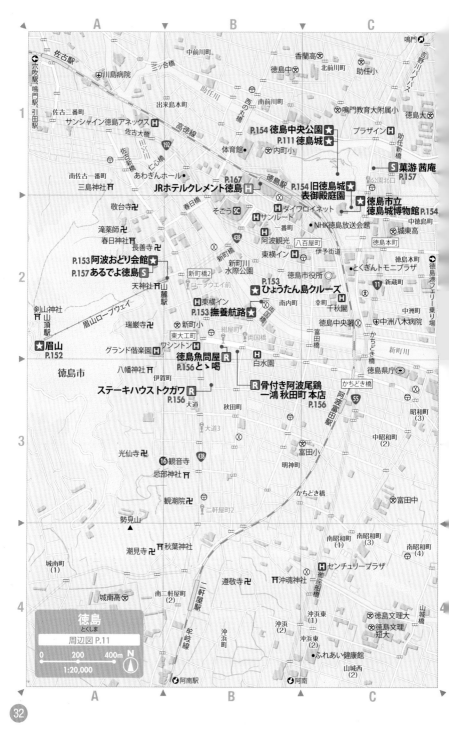

徳島
とくしま

周辺図 P.11

0　200　400m
1:20,000
N

播磨灘

大島田

P.30 ホテルリッジ H

中島田
島田島

P.167
鳴門潮崎温泉 H
ベイリゾートホテル 鳴門海月
孫崎

洲本IC

大鳴門橋

P.147 千畳敷展望台 ★
P.147 大型観潮船 わんだーなると ★
P.147 水中観潮船 アクアエディ ★
P.147 エスカヒル鳴門 ★

撫佐
堀越橋

亀浦港

鳴門公園

P.24
★ 鳴門海峡

小島田

うずしお汽船乗り場 ⏬
田の浦
鳴門観光港

うずしお観潮船
乗り場 ⏬

美術館前

飛島

P.147
★ 大鳴門橋遊歩道 渦の道

鏡島

大毛山 ▲

網干島

★ 大塚国際美術館 P.148

ウチノ海

神戸淡路鳴門自動車道

鳴門北IC

H 鳴門グランド

大毛海岸通り

花見山心の
手紙館

八木の鼻

鳴門ウチノ海
総合公園

28

鳴門市
大毛島

鳴門町

高島

鳴門西小 ⊗

昌住寺 卍

鳴門教育大 ⊗
⊗ 鳴門中

三ツ石

第一鳴門トンネル

土佐泊浦

追分

S 豊田商店 P.151

H **Villa Bel Tramonto** P.32

H リゾートホテル
モアナコースト P.20

R **海鮮市場 魚大将** P.150

P.150
味処 あらし R

小鳴門海峡

競艇場

一軒家

黒崎

黒崎小

大桑島

大毛島

小鳴門橋

撫養川

⊗ 鳴門東小
竜宮の磯

卍 潮明寺
⊢ 新羅神社

土佐泊漁港

夫婦岩

神戸淡路鳴門自動車道

⊗ 桑島小

小桑島

弁財天

岡崎

撫養港

北浜

鳴門IC
◎

撫養トンネル

徳島駅 ◎

鳴門線

斎田

⊗ 撫養高

撫養小 ⊗

鳴門駅

妙見山 ▲

H 国民宿舎大谷荘

鳴門署 ⊗

新池川

S なると物産館 P.151

鳴門渦潮高 ⊗

⊗ 第一中

斎田

◎ 鳴門市役所 立岩

里浦

⊗ 里浦小

徳島駅 ◎

⊗ 第一小

古永

撫養川

鳴門・大塚スポーツパーク

鳴門総合
運動公園

◎ 徳島

鳴門
なると

周辺図 P.11

0 0.5 1km
1:56,000
N

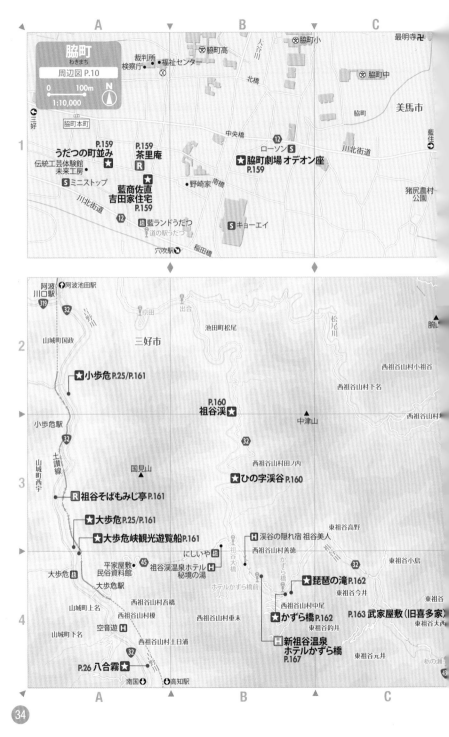

脇町
わきまち

周辺図 P.10

0   100m
1:10,000
N

←三好

脇町本町

うだつの町並み ★ P.159
伝統工芸体験館
未来工房 ●
S ミニストップ

茶里庵 R P.159

**藍商佐直
吉田家住宅** ★ P.159

川北街道
12

藍染ランドうだつ
道の駅うだつ

裁判所
検察庁 ●   ● 福祉センター ⊗

北橋

大谷川   ⊗ 脇町小

最明寺 卍

⊗ 脇町高

⊗ 脇町中

脇町

美馬市

藍住→

中央橋

ローソン 12 S

脇町劇場オデオン座 ★ P.159

● 野崎家   南橋

S キョーエイ

川北街道   猪尻農村
公園

穴吹駅 →   稲田橋

阿波
川口駅   ← 阿波池田駅

319   32

吉野川

山城町国政

原田

出合

池田町松尾

三好市

松尾川

腕L

2

西祖谷山村小祖谷

西祖谷山村下名

小歩危 ★ P.25/P.161

祖谷渓 ★ P.160

中津山 ▲

西祖谷山村

小歩危駅

32

土讃線

山城町西宇

国見山 ▲

西祖谷山村田ノ内

ひの字渓谷 ★ P.160

3

祖谷そばもみじ亭 R P.161

大歩危 ★ P.25/P.161

大歩危峡観光遊覧船 ★ P.161

45   祖谷渓温泉ホテル
秘境の湯

平家屋敷・
民俗資料館

にしいや

大歩危

大歩危駅

西祖谷山村吾橋

山城町上名

西祖谷山村榁

空音遊 H

山城町下名

西祖谷山村土日浦

32

南国 →   ← 高知駅

H 渓谷の隠れ宿 祖谷美人

西祖谷山村善徳

祖谷大橋

H   かずら橋

ホテルかずら橋前

西祖谷山村中尾

かずら橋 ★ P.162

東祖谷高野

32   東祖谷小島

東祖谷

琵琶の滝 ★ P.162

東祖谷今井   東祖谷

P.163 武家屋敷(旧喜多家)

東祖谷大西

4

**新祖谷温泉
ホテルかずら橋** H P.167

西祖谷山村重末

東祖谷釣井

東祖谷元井

栃の瀬

P.26 八合霧 ★

A   B   C

34

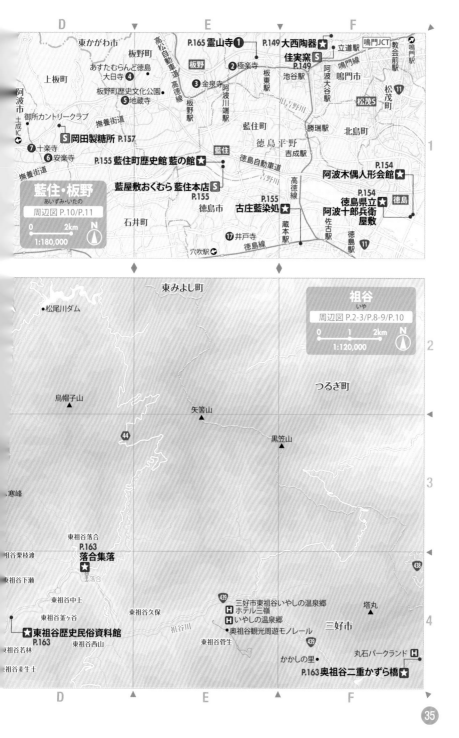

とりはずして使える

MAP

付録 街歩き地図
四国

おとな旅
プレミアム
PREMIUM

JN027049

TAC出版
TAC PUBLISHING Group

あなただけの
プレミアムな
おとな旅へ！
ようこそ！

SIGHTSEEING

「天空の鳥居」
から見る
観音寺市内

高屋神社 ➡ P.26

四国への旅

豊穣な海と山がつくる
四つの国物語を読む旅

ファン憧憬の龍馬ゆかりの地、
子規や漱石といった文学、
瀬戸内海のアートスポットなど
四国旅行のテーマは実に多彩。
豊かな自然に恵まれた土地は
山海の幸に事欠かず、
藍染めや土佐和紙、陶芸など
地元に根ざした伝統工芸は
目を見張るものがある。
近年は、柏島や父母ヶ浜など、
絶景スポットが話題になり、
アウトドア施設も充実してきた。
旅行者にとっての四国は今、
魅力が無限に広がりつつある。

4

念願の史跡名所を巡り
話題の絶景スポットに感動

SIGHTSEEING

文豪も
足繁く通った
愛媛の名湯

道後温泉本館 → P.86

透き通った海と白砂の
コントラストが美しい桂浜

NATURE

シラクチカズラ
で編み上げら
れた吊り橋

かずら橋 → P.162

自慢の郷土料理を堪能し
伝統工芸にふれる

窯元がていねいに作り上げた
器が並ぶ佳実窯

CULTURE

江戸後期から
伝わる大谷焼
にチャレンジ

FOOD

老舗店の
名物うどんは
たらいで提供

【大西陶器】→P.149

ざいごううどん 本家わら家
→P.49

料亭旅館 臨水で
幻の和牛をいただく

6

四季折々の風情を楽しむ
里山の風景と人々の暮らし

深い緑の木々に覆われる
日本最後の清流・四万十川

SIGHTSEEING

高知城 ➡P.104

江戸時代の
追手門と
天守が残る
貴重な城

CULTURE

家庭に時計が
普及していない
明治時代に
完成

匠が造り出した数寄屋建築
が美しい、大洲の臥龍山荘

〈野良時計〉 ➡P.138

NATURE

桜の名所は
初夏のアジサイ
も見事

紫雲出山 ➡P.27

7

おとな旅プレミアム 四国 PREMIUM

CONTENTS

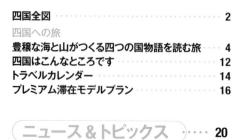

香川

愛媛

高知

徳島

本書のご利用にあたって

● 本書中のデータは2023年11月現在のものです。料金、営業時間、休業日、メニューや商品の内容などが、諸事情により変更される場合がありますので、事前にご確認ください。

● 本書に紹介したショップ、レストランなどとの個人的なトラブルに関しましては、当社では一切の責任を負いかねますので、あらかじめご了承ください。

● 営業時間、開館時間は実際に利用できる時間を示しています。ラストオーダー(LO)や最終入館の時間が決められている場合は別途表示してあります。

● 営業時間等、変更する場合がありますので、ご利用の際は公式HPなどで事前にご確認ください。

● 休業日に関しては、基本的に定休日のみを記載しており、特に記載のない場合でも年末年始、ゴールデンウィーク、夏季、旧盆、保安点検日などに休業することがあります。

● 料金は消費税込みの料金を示していますが、変更する場合がありますのでご注意ください。また、入館料などについて特記のない場合は大人料金を示しています。

● レストランの予算は利用の際の目安の料金としてご利用ください。Bが朝食、Lがランチ、Dがディナーを示しています。

● 宿泊料金に関しては、「1泊2食付」「1泊朝食付」「素泊まり」は特記のない場合1室2名で宿泊したときの1名分の料金です。曜日や季節によって異なることがありますので、ご注意ください。

● 交通表記における所要時間、最寄り駅からの所要時間は目安としてご利用ください。

● 駐車場は当該施設の専用駐車場の有無を表示しています。

● 掲載写真は取材時のもので、料理、商品などのなかにはすでに取り扱っていない場合があります。

● 予約については「要予約」(必ず予約が必要)、「望ましい」(予約をしたほうがよい)、「可」(予約ができる)、「不可」(予約ができない)と表記していますが、曜日や時間帯によって異なる場合がありますので直接ご確認ください。

● 掲載している資料および史料は、許可なく複製することを禁じます。

■ データの見方

☎	電話番号	✍	アクセス
🏠	所在地	Ｐ	駐車場
🕐	開館／開園／開門時間	🛏	宿泊施設の客室数
🕐	営業時間	in	チェックインの時間
🕐	定休日	out	チェックアウトの時間
¥	料金		

■ 地図のマーク

★	観光・見どころ	🅸	観光案内所
卍	寺院	✈	空港
神	神社	⚓	乗船場
十	教会	🅟	道の駅
R	飲食店	♨	温泉
C	カフェ・甘味処	00	札所
S	ショップ	⚓	ビーチ
SC	ショッピングセンター	♀	バス停
H	宿泊施設		

旅のきほん
1

エリアと観光のポイント
四国はこんなところです

北は瀬戸内海、南は太平洋に囲まれ、豊かな自然が満ちあふれる四国。
4県それぞれの特徴や、見どころを押さえておきたい。

城下町の風情残る伊予の街並み
愛媛
えひめ
➡ P.71

四国北西部に広がる愛媛は、文学に
ゆかりが深い旧城下町・松山や、日本
最古と伝わる道後温泉など、歴史を
感じさせるノスタルジックな雰囲気。
古き良き街並みを残す内子や大洲に
も伝統文化が息づいている。

| 観光の ポイント | 松山城、道後温泉 臥龍山荘、宇和島城 |

自由で朗らかな南国土佐
高知
こうち
➡ P.101

四国山地を隔てて南に、土佐湾を有
する高知。その複雑な地形から独自
の文化が発展、雄大な自然も残る。高
知市の高知城やよさこい祭り、日曜
市、また西部の四万十川、さらに東西
両端の岬など見どころは尽きない。

| 観光の ポイント | 高知城、桂浜、牧野植物園 四万十川、仁淀川 |

↑亀老山展望公園台（愛媛県）

↑竹林寺（高知県）

↑小豆島オリーブ公園（香川県）

↑うだつの町並み（愛媛県）

多彩な魅力を持つ讃岐の国

香川
かがわ　　　　　➡P.33

四国のなかでもコンパクトな県ながら、関西圏からの玄関口として発展。金刀比羅宮をはじめ、瀬戸内海に浮かぶアートの島々、特別名勝 栗林公園がある高松など、観光スポットも充実。讃岐うどんも旅の定番食。

観光の ポイント	金刀比羅宮、父母ヶ浜 特別名勝 栗林公園、直島

手つかずの自然が残る阿波

徳島
とくしま　　　　　➡P.143

兵庫県へと通じる東の玄関口・徳島には、県のシンボル・眉山をはじめ、ダイナミックな鳴門海峡のうず潮や平家落人伝説が残る祖谷など、自然を楽しむスポットが多い。阿波おどりも徳島を代表する観光のひとつ。

観光の ポイント	鳴門海峡、大塚国際美術館 祖谷渓、大歩危・小歩危

季節のイベントと食材をチェック
トラベルカレンダー

太平洋側と瀬戸内海側で異なる風土。各地のさまざまなイベントや、豊富な食材の旬を確認してから、旅の季節を選びたい。

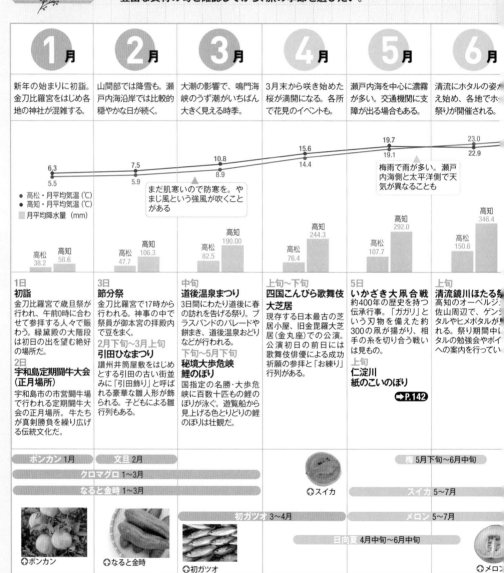

1月

新年の始まりに初詣。金刀比羅宮をはじめ各地の神社が混雑する。

6.3
5.5

1日
初詣
金刀比羅宮で歳旦祭が行われ、午前0時に合わせて参拝する人々で賑わう。緑黛殿の大階段は初日の出を望む絶好の場所だ。

2日
宇和島定期闘牛大会（正月場所）
宇和島市の市営闘牛場で行われる定期闘牛大会の正月場所。牛たちが真剣勝負を繰り広げる伝統文化だ。

高松 38.2　高知 58.6

ポンカン 1月

クロマグロ 1～3月

なると金時 1～3月

↑ポンカン

2月

山間部では降雪も。瀬戸内海沿岸では比較的穏やかな日が続く。

7.5
5.9

3日
節分祭
金刀比羅宮で17時に行われる。神事の中で祭員が御本宮の拝殿内で豆をまく。

2月下旬～3月上旬
引田ひなまつり
讃州井筒屋敷をはじめとする引田の古い街並みに「引田飾り」と呼ばれる豪華な雛人形が飾られる。子どもによる雛行列もある。

高松 47.7　高知 106.3

文旦 2月

↑なると金時

3月

大潮の影響で、鳴門海峡のうず潮がいちばん大きく見える時季。

10.8
8.9

まだ肌寒いので防寒を。やまじ風という強風が吹くことがある

中旬
道後温泉まつり
3日間にわたり道後に春の訪れを告げる祭り。ブラスバンドのパレードや餅まき、道後温泉おどりなどが行われる。

下旬～5月下旬
秘境大歩危峡
鯉のぼり
国指定の名勝・大歩危峡に百数十匹もの鯉のぼりが泳ぐ。遊覧船から見上げる色とりどりの鯉のぼりは壮観だ。

高松 82.5　高知 190.00

初ガツオ 3～4月

↑初ガツオ

4月

3月末から咲き始めた桜が満開になる。各所で花見のイベントも。

15.6
14.4

上旬～下旬
四国こんぴら歌舞伎
大芝居
現存する日本最古の芝居小屋、旧金毘羅大芝居（金丸座）での公演。公演初日の前日には歌舞伎俳優による成功祈願の参拝と「お練り」行列がある。

高松 76.4　高知 244.3

↑スイカ

5月

瀬戸内海を中心に濃霧が多い。交通機関に支障が出る場合もある。

19.7
19.1

梅雨で雨が多い。瀬戸内海側と太平洋側で天気が異なることも

5日
いかざき大凧合戦
約400年の歴史を持つ伝承行事。「ガガリ」という刃物を備えた約300の凧が揚がり、相手の糸を切り合う戦いは見もの。

上旬
仁淀川
紙のこいのぼり
➡P.142

高松 107.7　高知 292.0

梅 5月下旬～6月中旬

スイカ 5～7月

メロン 5～7月

日向夏 4月中旬～6月中旬

6月

清流にホタルの姿え始め、各地でホ祭りが開催される。

23.0
22.9

上旬
清流鏡川ほたる祭
高知のオーベルジ佐山周辺で、ゲンジタルやヒメボタルがれる。祭り期間中にタルの勉強会やボイへの案内を行ってい

高松 150.6　高知 346.4

↑メロ

● 高松・月平均気温（℃）
● 高知・月平均気温（℃）
▓ 月平均降水量（mm）

↑秘境大歩危峡鯉のぼり

↑しまんと納涼花火大会

↑うわじま牛鬼まつり

↑いかざき大凧合戦

7月	8月	9月	10月	11月	12月
ﾞが明けると真夏日くなる。気温の変注意しよう。	有名なイベントが目白押し。混雑するので旅行の計画は早めに。	台風が多く雨の多い季節。気象情報のチェックを忘れずに。	山間部から紅葉が始まる。脂ののった戻りガツオは絶品だ。	気温の低い日が多くなり霜が降りることも。羽織りものは必須。	公園や街中がイルミネーションで輝き、ロマンティックな雰囲気。

27.0
26.7
28.1
27.5
24.7
24.3
19.3
18.4
13.8
12.8
8.5
7.9

祭りが多いが、蒸し暑いので水分補給や熱中症対策を忘れずに

紅葉のベストシーズン。徐々に涼しい日も多くなってくる

高知 328.3	高知 282.5	高知 350.0	高知 165.7	高知 125.1	高知 58.4
高松 144.1	高松 85.8	高松 147.6	高松 104.2	高松 60.3	高松 37.3

ﾞ18・24日 うじま牛鬼まつり **→P.142** 終金曜 ﾞは納涼花火大会 ﾞ最大級の打ち上げ ﾞ誇る、愛媛県新居 ﾞ市の花火大会。幅 ﾞm、高さ40mの大 ﾞアガラなど、豪快 ﾞ火演出も。※詳細 ﾞ問合せ	9〜12日 よさこい祭り **→P.140** 12〜15日 阿波おどり **→P.141** 中旬 松山野球拳おどり **→P.142** 最終土曜 **しまんと納涼花火大会** 四万十川赤鉄橋のたもとで約1万発(予定)もの花火が打ち上げられる。音楽と豪快な花火のコラボレーションに会場は大いに盛り上がる。	旧暦8月14日 かつおの国の花火大会 土佐の三大祭り、久礼八幡宮秋季大祭に合わせ開催。ふるさと海岸で約2000発の花火が打ち上げられる。	9〜11日 金刀比羅宮例大祭 **→P.142** 第2金〜日曜 さぬき豊浜ちょうさ祭 9・10・14〜17日 西条まつり **→P.142** 15〜18日 新居浜太鼓祭り **→P.141**	3日 **善通寺空海まつり** 空海の父・善通公の命日。大師尊像の市中行列や獅子舞大会などが行われる。伽藍境内も郷土芸能大会などで賑やかだ。 第2土・日曜 **大谷焼窯まつり** 鳴門市大麻町の各窯元で開かれる。国の伝統的工芸品に指定されている大谷焼を特価で購入できる陶器市が目玉だ。	

岩ガキ 7〜9月
オリーブ 10〜12月

すだち 8〜9月
キウイ 10〜11月

金目鯛 9月
戻りガツオ 10月

トマト 7〜11月

ゆず 10〜12月

↑オリーブ

↑トマト

※日程は変動することがありますので、事前にHPなどでご確認ください。

四国
おとなの1泊2日

4県の風土を生かした文化と伝統を持つ街。
多彩な姿を見せる景色や庭園にも出会いたい。
1泊2日で楽しむ香川～愛媛を巡るプランと、
高知、徳島それぞれの1DAYプランをご紹介。

⬆境内を桜が彩る、春のこんぴら参り。花を愛でながら、
長い階段をゆっくり上がっていこう

1日目

神聖なる社と眺望に心ときめく旅に出る

香川から瀬戸内海に沿って愛媛へ。人気絶景スポットと史跡を訪れる。

9:00	空港到着
↓	車で約40分 空港到着後、レンタカー会社の営業所へ。 国道32号などを経由
10:00	金刀比羅宮
↓	車で約30分 県道23号などを経由
13:00	父母ヶ浜
↓	車で約1時間 高松自動車道・松山自動車道を経由
15:00	マイントピア別子
↓	車で約1時間15分 松山自動車道などを経由
17:45	道後温泉本館
↓	徒歩すぐ
19:00	道後温泉周辺の ホテルへ

温泉で
のんびり

金刀比羅宮 で
こんぴらさん参り

参道には大きな
鳥居が点在

金刀比羅宮 ➡P.50
ことひらぐう

五穀豊穣や海の守護神として祀られている大物主神が鎮座している総本山。1368段の石段を上がり参拝をしよう。

父母ヶ浜 で
絶景フォトを撮影

父母ヶ浜
ちちぶがはま
➡P.24

「日本の夕陽百選」に選ばれている海水浴場。風のない干潮時に、砂浜の潮溜まりでウユニ塩湖のような写真が撮れると話題。

世界有数の産出量を誇った
別子銅山 へ

マイントピア別子 ➡P.100
マイントピアべっし

江戸～昭和にかけて栄えた別子銅山の歴史を学ぶテーマパーク。銅山のほか、付近に残る産業遺産も見学できる。施設内には温泉や食事処も完備されている。

道後温泉本館 で
一日の疲れを癒やす

道後温泉本館 ➡P.86
どうごおんせんほんかん

日本最古といわれる温泉。本館は国の重要文化財にも指定。夏目漱石も愛した温泉で、『坊っちゃん』にも「住田の温泉」の名で登場している。

プランニングのアドバイス

四国2県の移動にはレンタカーの利用がおすすめ。観光施設や飲食店など、多くの施設に駐車場がある。金刀比羅宮への参拝は石段を上がるペースによって所要時間が異なるので、余裕をもってスケジュールを組みたい。香川県から愛媛県への移動は高松自動車道や松山自動車道を進み、ドライブを楽しんで。

2日目

松山に残る文学の道を歩く

歴史と文学に親しむ愛媛の休日。おみやげは、ぬくもりの伝統工芸を。

9:30	道後温泉周辺の ホテル

路面電車で約10分
道後温泉駅から伊予鉄道で10分、上一万駅下車、松山城ロープウェイヘ

10:00	松山城／松山城 二之丸史跡庭園

徒歩で約25分
山頂から下り、大街道沿いを歩く

12:30	子規堂／坂の上の 雲ミュージアム

バス・徒歩で約30分
大街道バス停からJR四国バス久万高原線で砥部バス停まで20分

15:00	砥部焼観光センター 炎の里

バス・徒歩で約50分
砥部バス停からJR四国バス久万高原線で松山駅停まで40分

17:10	松山市内の ホテルへ

かつての文人も眺めた
名城 へ

松山の中心部を一望できる

松山城 ➡P.74
まつやまじょう

羽柴秀吉の家来、加藤嘉明が築城。江戸時代最後の完全な城郭建築で、現存12天守のひとつ。全国的に珍しい登り石垣や野原櫓など、貴重な文化財も多い。

↑天守からは360度松山平野を見渡す

松山城 二之丸史跡庭園
まつやまじょう にのまるしせきていえん

二之丸邸を流水や草木で表現。表御殿跡の柑橘・草花園、奥御殿跡の流水園、ほか3つの茶室がある。
➡P.75

松山ゆかりの作家 の
足跡をたどる

子規堂 ➡P.79
しきどう

正岡家の菩提寺内に、子規が17歳まで過ごした邸宅を復元。直筆原稿や愛用の机といった遺品、さらに写真などが展示されている。

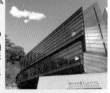

坂の上の雲ミュージアム
さかのうえのくもミュージアム
➡P.77

司馬遼太郎の小説『坂の上の雲』に描かれた時代や、松山出身の3人の主人公の秋山好古・真之兄弟、正岡子規の足跡をたどることができる。

プランニングのアドバイス

松山市内の散策は徒歩が中心。ミュージアムや博物館は、街の情緒を感じながら徒歩で巡ることができる。
松山名物の鯛めしや寿司など、市内には遅くまで開いているお店も多い。道後の商店街は店舗により営業時間が異なるので確認しておきたい。

職人がていねいに
作り上げる 砥部焼 ➡P.91

砥部焼観光センター 炎の里
とべやきかんこうセンターえんのさと

厚手の白磁で、落ち着いた温かみのある砥部焼。伝統産業である砥部焼の工程を見学できるほか、手びねりや絵付け体験も可能。作家による作品も豊富に揃う。

1day プラン

高知で海景色と黒潮の恵みを堪能する

雄大な太平洋と豊かな森、澄んだ川に恵まれた、土佐の自然にふれる旅。

10:00	空港到着
↓	車で約30分 県道14号などを経由
10:30	桂浜
↓	車で約30分 県道36号などを経由
11:30	高知城歴史博物館
↓	車で約1時間15分 国道33号・194号などを 経由。にこ淵から安居渓 谷に行く場合は国道439 号などを経由して車でさ らに約40分
14:00	にこ淵／安居渓谷
↓	車で約1時間 国道194号を経由
18:00	ひろめ市場
↓	徒歩すぐ
19:30	高知市内の ホテルへ

＼高知といえば
カツオのタタキ／

プランニングのアドバイス

時間に余裕がある場合は、高知城歴史博物館のあとに高知城を訪れたい。城の歩んできた歴史を学んだあとに見る高知城の感動はひとしお。
また、山内一豊が構築した名城の堂々たる姿、至妙を尽くした仕掛けは見事。

桂浜 の海景色に坂本龍馬の面影を偲ぶ

桂浜 ➡ P.109
かつらはま

太平洋を望み坂本龍馬像が立つ海辺の景勝地。「月の名所は桂浜」と、土佐民謡よさこい節でも歌われる。春と秋には龍馬像の横に特設展望台が設置され龍馬と同じ目線に立てる。

＼桂浜のシンボル・
坂本龍馬像／

高知城歴史博物館 で土佐藩の歩みを知る

高知県立高知城歴史博物館 ➡ P.105
こうちけんりつこうちじょうれきしはくぶつかん

高知城のすぐ隣に位置し、土佐藩主山内家ゆかりの貴重な歴史資料や美術工芸品などを数多く収蔵・展示する。常設展示のほか、季節に沿ったさまざまな企画展を開催。展望ロビーから望む高知城も見事。

澄みきった 仁淀川 のブルーに感激

にこ淵 ➡ P.23
にこぶち

仁淀川の支流、枝川川にある小さな滝壺。全国的に有名な「仁淀ブルー」の美しさが体感できる。

安居渓谷 ➡ P.123
やすいけいこく

仁淀川の上流に広がる、原生林に囲まれた渓谷。水の透明度は、川底の石まで見えるほど。

高知のグルメが揃う ひろめ市場 で乾杯

ひろめ市場 ➡ P.116
ひろめいちば

飲食店や鮮魚店、みやげ屋が軒を連ねる。好きなものをオーダー、持ち寄ってテーブルで食べるスタイル。

1day プラン

世界三大潮流と芸術に出会う徳島への旅

自然の営みから伝統芸能まで。バラエティに富んだ徳島の魅力を発見。

10:45 **JR 鳴門駅**

↓ 車で約15分
県道11号を経由

11:00 **千畳敷展望台**

↓ 車で約10分
県道11号を経由

12:00 **うず潮クルーズ**

↓ 車で約10分
県道11号を経由

13:15 **大塚国際美術館**

↓ 車で約30分
神戸淡路鳴門自動車道
などを経由

16:00 **阿波おどり会館
／眉山**

↓ 車で約5分
国道438号を経由

17:00 **徳島市内の
ホテルへ**

眼下に渦巻く 海峡の奇景 に圧倒

千畳敷展望台 ➡ P.147
せんじょうじきてんぼうだい

鳴門公園内にあり、大鳴門橋と渦潮を間近に望む。近くには遊歩道「渦の道」も整備され、海の真上を歩くことができる。付近には食事処やみやげ店が並び、観光客で賑わう。

うず潮クルーズ で うず潮を間近に見る

大型観潮船 わんだーなると ➡ P.147
おおがたかんちょうせん わんだーなると

船に乗って、世界最大級の渦潮の真上まで！わんだーなるとは197tの大型船なので、揺れがあまり大きくなく子どもでも安心。ゆったりと観潮できる。

迫力満点の
うず潮

陶板名画の数々が並ぶ 大塚国際美術館 へ

大塚国際美術館 ➡ P.148
おおつかこくさいびじゅつかん

西洋の名画を陶板で原寸大に再現。その数は約1000点にもおよぶ。フロアは5つ、鑑賞ルートは約4kmと広大。

プランニングのアドバイス

うず潮を見る際、観潮船以外に大鳴門橋遊歩道 渦の道もおすすめだ。大鳴門橋の車道下に造られた遊歩道で、途中4カ所に設けられたガラス床からは迫力満点のうず潮が見られる。海上45mの散歩を楽しもう。

徳島の文化にふれ 市内の輝く夜景 を望む

眉山 ➡ P.152
びざん

眉の形をした、徳島市のシンボル。阿波おどり会館内のロープウェイで山頂へ行き、夜景を楽しもう。

阿波おどり会館 ➡ P.153
あわおどりいかいかん

阿波おどり関連の展示や実演を行う。年間を通じ徳島を代表する伝統芸能に親しむことができる。

ニュース＆トピックス

四国でいま注目の話題スポットをご紹介。各地の伝統や特色を盛り込んだ施設やショップ、アートにふれられる場など魅力もたっぷり。ぜひ旅のプランニングに組み込んでおきたい。

瀬戸内の海景色を望む

高松市屋島山上交流拠点施設
「やしまーる」がオープン

屋島の歴史や文化の魅力を発信する交流拠点施設。カフェやショップもあり、おみやげ探しにもピッタリ。源平合戦をテーマにした、日本国内に現存する唯一のパノラマ館作品も見どころ。

**高松市屋島山上交流拠点施設
「やしまーる」**
たかまつしやしまさんじょうこうりゅうきょてんしせつ「やしまーる」
香川・高松 **MAP** 付録 P.15E-3
☎087-802-8466 所香川県高松市屋島東町1784-6 営9:00～17:00(金・土曜、祝前日は～21:00) 休火曜 料無料 交ことでん・琴電屋島駅から車で10分 P屋島山上観光駐車場利用(300円)

川の流れのような回廊からは瀬戸内の多島美や市街地の眺望が楽しめる

▶全長200mの回廊は屋島の地形の起伏に合わせて作られている

夕日や夜景が美しい屋上アウトドア施設
ルーフトップ・グランピング高知 が誕生!

四国初のホテル屋上に設置されたグランピング施設。6mの大型ドームテントや北欧風バレルサウナ、BBQなどの設備のほか、ホテル内のジムも利用可能。サンセットや市街地の夜景など眺望も抜群。

**ルーフトップ・
グランピング高知**
ルーフトップ・グランピングこうち
高知・南国 **MAP** 付録 P.27F-2
☎088-863-2000 所高知県南国市明見933 交高知自動車道南国ICから車で10分 P共有駐車場利用 in15:00 out11:00 室2棟 予約1泊素泊まり2万円～

▲サウナからの眺めも美しい

1日2組限定で、屋上設備を気兼ねなく広々使用できる

2023年1月オープン

日本初全室露天風呂&サウナ付き
リゾートホテル モアナコースト が
リニューアル!

日本初の全室が専用サウナルーム&露天ジェットバス付きという豪華な設備。専用シャワーブースも完備の完全プライベート空間で心置きなく贅沢な時間を過ごせる。

リゾートホテル モアナコースト
徳島・鳴門 **MAP** 付録 P.33E-3
☎088-687-2255 所徳島県鳴門市鳴門町土佐泊浦字高砂186-16 交神戸鳴門淡路自動車道鳴門北ICより車で3分 P70台 out11:00 室16室 予約1泊2食付3万円～

瀬戸内海の海景色を望むジェットバス

2023年4月リニューアル

美しいサンセットを眺めながら〝ととのう〟体験を

隈研吾設計! ゼロエネルギーホテル
ITOMACHI HOTEL 0 が登場

省エネルギー＆創エネルギー設備を備えた日本初のゼロエネルギーホテル。実質的に電力エネルギーを消費しない運営を行っている。エネルギーの自給自足を行うまちづくり計画「いとまち」内にあり、周辺にはカフェやレストランなども充実。

伊予青石の色味を基調とした客室。写真はDeluxe Room

2023年5月オープン

ITOMACHI HOTEL 0
イトマチ ホテル ゼロ

愛媛・西条 **MAP** 付録P.2C-4
☎0897-47-7568 所愛媛県西条市朔日市250-7 交JR伊予西条駅より車で10分 P77台 in15:00
out11:00 室57室
予約1泊2食付1万5430円～

▲名水百選に選ばれた自噴井「うちぬき」

石鎚山の山並みを表現した大屋根に覆われた意匠設計

宿泊者は自由にキッチン付きのコワーキングスペースを使える

OMO四国初進出!
OMO7高知 by 星野リゾート
がリニューアル!

高知の文化を思う存分味わえるホテル。毎日開催されるよさこい踊りや高知に根付くおもてなしの文化「おきゃく」を体験できる。客室でも楽しめるよう、高知のお酒やおつまみと「おきゃく」に欠かせない可杯（べくはい）のセットも用意。家族や親しい仲間でテーブルを囲みながら、楽しい夜を過ごせる。

2024年6月リニューアル

▼駅や空港からもアクセスしやすい立地

少人数でもおきゃく文化を楽しめるうたげテーブル付き

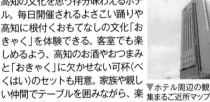

◀ホテル周辺の観光情報が集まるご近所マップ

高知の伝統料理「皿鉢（さわち）」をイメージした豪華な食事

OMO7高知 by 星野リゾート
おもせぶんこうち バイ ほしのリゾート

高知・高知 **MAP** 付録P.27D-2
☎050-3134-8095（OMO予約センター） 所高知県高知市九反田9-15
交高知空港から車で30分 P78台
in15:00 out11:00 室133室
予約1泊2食付5万3000円～

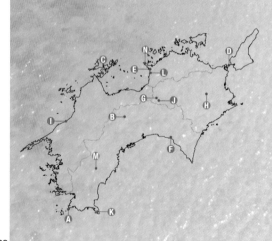

忘れられない景色に出会う

四国の絶景旅

ダイナミック
な川や海と
花々が魅せる
美景

周りを豊かな自然に囲まれた四国には、圧倒的スケールの景色が広がる。
昔から変わらない自然はもとより、この数年で話題になっている
美しいスポットも多く点在している。
地域ごとに異なった魅力を持つ、美しい風景を探しに行こう。

B 澄み切った仁淀ブルー
にこ淵 にこぶち
高知・いの町ほか **MAP** 付録P.8A-1
仁淀川上流に位置する滝壺で、水の化身の大蛇が住んでいるとされる神聖な場所。その青く澄んだ水は「仁淀ブルー」と称される。

☎088-893-1211(いの町観光協会)🏠高知県吾川郡いの町清水上分2976-11 🕐休 ⏰見学自由 🚗伊野ICから車で約1時間 Ⓟ20台

C 瀬戸内海の眺望が最高
瀬戸内しまなみ海道
せとうちしまなみかいどう
愛媛・今治 **MAP** 付録P.5E-1
愛媛県今治市と広島県尾道市を結ぶ架橋ルート。瀬戸内海に浮かぶ8つの島を9つの橋でつないでいる。

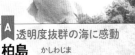

A 透明度抜群の海に感動
柏島 かしわじま
高知・大月 **MAP** 付録P.6C-4
高知県大月町の西南端に浮かぶ周囲約4kmの小島。大月半島と2本の橋で結ばれている。エメラルドグリーンの海は透明度が極めて高く、ダイビングや釣りの絶好スポット。

☎0880-62-8133(大月町観光協会)🏠高知県大月町柏島 🚗土佐くろしお鉄道・宿毛駅から車で45分 Ⓟあり

D 豪快なうず潮が見どころ

鳴門海峡
なるとかいきょう

徳島・鳴門 **MAP** 付録P.33 F-1

四国北東端と淡路島に挟まれた海峡。大鳴門橋の遊歩道や観潮船からは、巨大なうず潮を間近に観察できる。

E 水面に夕日がリフレクション

父母ヶ浜
ちちぶがはま

香川・三豊 **MAP** 付録P.3 E-3

約1kmにわたる砂浜が続く海岸。風のない干潮時には水面に空が映し出され、ウユニ塩湖を思わせる天空の鏡のような風景で有名。

☎0875-56-5880（三豊市観光交流局）⑮香川県三豊市仁尾町仁尾乙203-3 ⑯休⑭見学自由 ⑳JR詫間駅から車で15分 ⑭あり
※絶景の見頃はHPを確認

F 深い緑に包まれる洞窟
伊尾木洞 いおきどう

奥には
小さな滝が

高知・安芸 **MAP** 付録P.9 D-3
波の浸食によってできた高さ約5m、全長約40mほどの海食洞。周囲には約40種のシダが生い茂っている。

☎0887-34-8344(安芸市観光協会) 所高知県安芸市伊尾木117 開休見学自由 交土佐くろしお鉄道伊尾木駅から徒歩7分 Pあり

H 斜面に咲き乱れるブルー
大川原高原 おおかわらこうげん

風車とマッチ
する風景

徳島・名東郡 **MAP** 付録P.11 D-3
7月上旬に約3万株のアジサイが高原一帯を彩る。頂上の駐車場がおすすめのビュースポットで、山並みとアジサイが眼下に広がる。

☎088-679-2973(佐那河内村企画政策課) 所徳島県名東郡佐那河内村上字大川原 開休見学自由 交JR徳島駅から車で50分 Pあり

G 迫力ある雄大な渓谷美
大歩危・小歩危 おおぼけ・こぼけ

➡P.161

徳島・祖谷 **MAP** 付録P.34 A-3／付録P.34 A-2
吉野川の浸食でできた約8kmにわたる渓谷。近くにはV字型に切り込んだ祖谷渓があり、絶景のかずら橋はスリルたっぷり。

交JR大歩危駅から徒歩20分

I 海沿いの駅舎から夕景を眺める
JR下灘駅 ジェイアールしもなだえき

赤い電車が
海に映える

愛媛・伊予 **MAP** 付録P.4 C-3
伊予灘沿いを走る予讃線の小さな無人駅。眺望の美しさから青春18きっぷのポスターをはじめ、映画やテレビドラマの舞台として登場。

☎089-943-5101(JR松山駅)/089-994-5852(伊予市観光協会) 所愛媛県伊予市双海町大久保 交JR松山駅から車で50分(予讃線利用の場合JR松山駅から1時間) P臨時駐車場あり

※伊予灘ものがたりは
土・日曜、祝日の運行

四国の絶景旅

J 朝日に照らされる幻想的な雲海
八合霧 はちごうぎり
徳島・三好 **MAP** 付録P.34 A-4

気温と天候の条件が合ったときのみ見られる、吉野川にかかる雲海。山の八合目まで霧に覆われることからその名がつき、特に吾橋・雲海展望台にあるウッドデッキからの眺望が抜群。

☎0883-76-0877(三好市観光案内所) 所徳島県三好市西祖谷山村上吾橋237(吾橋・雲海展望台) 休無休 料見学自由 交JR土讃線阿波川口駅から車で30分 Pあり

K 視界270度、紺碧の海が広がる
足摺岬 あしずりみさき ➡ P.132
高知・足摺 **MAP** 付録P.30 C-4

四国最南端の岬。自然がつくり出した高さ80mの断崖が続き、展望台からは270度の大パノラマが一望できる。岬の先端に立つ白亜の灯台は日本最大級の灯台のひとつ。

L 街と瀬戸内海を一望
高屋神社 たかやじんじゃ
香川・観音寺 **MAP** 付録P.3 E-3

標高約400mの稲積山山頂に建つ神社。鳥居越しに見える眺望が美しく「天空の鳥居」として親しまれる。頂上付近に駐車場が整備されているが、車道が狭いため要注意。

☎0875-24-2150(観音寺市観光協会) 所香川県観音寺市高屋町2800 休無休 料見学自由 交さぬき豊中ICから車で25分(土・日曜、祝日は車両通行不可、有料シャトルバスを利用) Pあり

特集●四国の絶景旅

M 山並みと調和する清流
四万十川 ➡P.128
しまんとがわ

高知・四万十ほか **MAP** 付録P.6 B-4

高知県津野町の源流から土佐湾へ
と注ぐ全長196kmの大河。山々の
間を縫うように流れ、日本最後の
清流として知られる。

N 桜と瀬戸内海のマリアージュ
紫雲出山
しうでやま

香川・三豊 **MAP** 付録P.3 E-2

春は桜、夏はアジサイが咲き誇り
季節によって異なる顔を見せる山。
山頂展望台からは瀬戸内海や多島
美が見渡せ、美しい風景が広がる。
☎0875-56-5880(三豊市観光交流局) **所**
香川県三豊市詫間町大浜乙451-1 **開休料**
見学自由 **交**三豊鳥坂ICから車で45分 **P**あ
り(観桜シーズンは交通規制あり)
※最新の観光情報は三豊市観光交流局HP
を確認

最上級のおもてなしを受ける
極上リゾートステイ

一生に一度は過ごしたい
眺望が素敵で、このうえない静かな空間。
部屋でのんびりするも、自然を散策するも
あなた次第の優雅な場所へ。

1

1日1組限定
アトリエで過ごす非日常のひととき

atelier O-HUIS
アトリエ オーハウス

愛媛・西予 **MAP** 付録P.6 C-1

田園風景広がる里山に建つ1日1組限定のアートホテル。園芸家ケース・オーウェンス氏のアトリエをリノベーション。芸術品が飾られた館内、オーウェンス氏が自らが造り上げた白壁と石壁など、建物全体が美術館のよう。アートな空間で贅沢な時を堪能したい。

HOTEL DATA

☎089-907-1655
🏠愛媛県西予市宇和町伊延東1040 ⊗大洲南ICから車で15分 🅿️あり in15:00 out12:00 🛏1室
予約1泊2食付35万900円～

1.白壁と石壁は12年の歳月を要して造られた　2.25年間で制作した彫刻や絵画が飾られる　3.寝室の天井には開口部が備えられ、暖かな日の光が差し込み、夜には星空を眺めながら眠りにつける　4.数々のアートが飾られるリビング　5.露天風呂は天然の自噴温泉。彫刻作品と満天の星が眺められる　6.オーウェンス氏が愛した本が並ぶ屋根裏部屋7.シェフが目の前で振る舞う、素材の味を生かした料理

広大な丘にたたずむホテルで
暮らすように過ごす

THE CHELSEA BREATH

ザチェルシーブレス

香川・高松 **MAP** 付録P.10A-2

美しい和庭園に包まれた高台にある「過ごしのコンテンツ」を用意した大人のホテル。施設内はオールインクルーシブで、滞在中ドリンクすべてがフリーで利用可。「四国味紀行」をテーマに地元の食材を用いた美食も人気。静寂と癒やしを大切にしているため、宿泊は中学生以上が対象。

HOTEL DATA

☎ 087-815-8825
㊞ 香川県高松市香川町川東下1878 ㊋ 高松西ICから車で15分 Ⓟ あり in 15:00 out 11:00 ㊟ 33室 予 1泊2食付2万3500円〜

  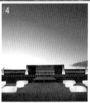

1.万病の湯といわれる、高濃度ラジウム温泉 2.住空間をイメージした33室。和モダンデザインの客室はすべてデザインが異なる 3.選びぬかれたキュートでユーモラスなプレートに盛り込まれ、見た目も楽しめるディナーメニュー。メニューはフレンチ懐石コース、鉄板懐石コースを用意 4.スカイガーデン併設のオールインクルーシブラウンジ

城下町の歴史を感じながら
時を超えた体験を

NIPPONIA HOTEL 大洲 城下町

ニッポニア ホテル おおず じょうかまち

愛媛・大洲 **MAP** 付録P.24A-3

大洲の町中に点在する歴史的な邸宅が修繕され、客室やレストランに生まれ変わった。これらを含め城下町をまるごとホテルと見立てており、歴史や自然、文化を感じながら、町に溶け込むようなひとときを提供してくれる。

1.大洲城の目の前にある邸宅、浦岡邸群SADA棟 2.砥部焼の器でいただくフュージョン料理 3.地元食材を使った栄養たっぷりの和朝食 4.日本建築ならではの美意識が感じられる客室 5.歴史の積み重ねが感じられる和空間。宿泊棟、レストランなどが点在する分散型ホテルなので、町めぐりも楽しめる

HOTEL DATA

☎ 0120-210-289(VMG総合窓口)
㊞ 愛媛県大洲市大洲378 ㊋ 大洲南ICから車で5分 Ⓟ あり in 15:00 out 12:00 ㊟ 31室 予 1泊2食付4万2680円〜

大自然と地元の文化に密着
幻想的な雰囲気を漂わせる宿

ヴィラ サントリーニ

高知・土佐 **MAP** 付録P.30 C-1

白と青のコントラストが美しい、ギリシャ・サントリーニ島さながらの風景が広がるホテル。客室は島の伝統的な建築様式である洞窟型。細部まで忠実に再現されており、インテリアの小物もギリシャから取り寄せたものだという。支配人が厳選したギリシャグッズを購入することもできる。

HOTEL DATA

☎088-856-0007
所高知県土佐市宇佐町竜599-6
交土佐ICから車で20分 Pあり
in15:00 out11:00 室18室
予算1泊2食付3万9600円～

1.夜にはホテル全体がライトアップされ、よりロマンティックな印象に　2.食事は山海の幸に恵まれた土地柄ならではの、素材の味を生かした料理が並ぶ　3.2019年に誕生した新館のメインダイニング「ローグ」　4.本館のスタンダードツインルーム。30㎡の広々とした空間でリラックスできる

静かに凪いだ海を見ながら
穏やかな時を過ごす

ホテルリッジ

徳島・鳴門 **MAP** 付録P.33 D-1

瀬戸内海国立公園にある「鳴門パークヒルズ」内のホテル。わずか10室の静かな宿で源泉かけ流しの天然温泉と鳴門の自然に囲まれた安らぎの空間。窓から望むオーシャンビュー、そして鳴門の旬の素材を生かした食事で極上の時間を堪能しよう。

HOTEL DATA

☎088-688-1212
所徳島県鳴門市瀬戸町大島田中山1-1
交鳴門北ICから車で15分 Pあり
in15:00 out12:00 室9室
予算1泊2食付6万7910円～

1.瀬戸内海と鳴門大橋を眺望できる客室　2.地下約1500mから汲み上げた100％源泉かけ流しの単純泉　3.枯山水式の日本庭園を囲う白壁が万里の長城を思わせる夕食会場「万里荘」　4.和みの空間で、旬の素材や阿波の極みをいただく(料理は一例)

特集 ● 極上リゾートステイ

全室露天風呂付きの客室で
ゆるりと大人の滞在を

別邸 朧月夜

べってい おぼろづきよ

愛媛・道後 **MAP** 付録P.22 B-1

優雅な純和風旅館の趣が感じられる、道後温泉街の隠れ宿。客室はすべて温泉を使用した露天風呂付きスイートで、大人の上質な滞在を約束。食事は地元食材をふんだんに用いた創作会席。離れの露天風呂でも上質な温泉を堪能できる。

HOTEL DATA

☎089-915-2222
所愛媛県松山市道後鷲谷町4-4
交松山ICから車で30分 Pあり
in14:00 out11:00 室19室
予約1泊2食付5万750円〜

1.デッキテラスの付いた和洋室Fタイプなど、客室は全部で7タイプ　2.すべての部屋に露天風呂があり、気ままに滞在できる　3.食事は個室料亭「二十三亭」にて提供　4.料理は月替わりの献立で、愛媛ならではの山海の滋味を味わう

フランスの田舎を連想させる
シンプルなオーベルジュ

オーベルジュ ドゥ オオイシ

香川・屋島 **MAP** 付録P.15 D-2

フランス料理のレストランから始まったオーベルジュ。白を基調にした室内は全室がスイートルームで、家具や小物もこだわり抜いたものばかりだ。朝食は海を一望できるテラスでいただける。

HOTEL DATA

☎087-843-2235
所香川県高松市屋島西町65
交高松中央ICから車で20分 Pあり
in15:00 out11:00 室5室
予約1泊2食付ツイン3万6500円〜

1.周囲を緑に囲まれた穏やかな地に建つ　2.シェフおまかせコースと季節の特別ディナーの2種類　3.料理は胃にもたれないものを心がけて提供しているという。写真は「フランス産カモ胸肉 蜂蜜と胡椒の風味」　4.テラス付きの部屋が1室、テラス+屋上デッキ付きの部屋が4室ある

小規模で高品質を徹底した
大人のための隠れ家

Villa Bel Tramonto
ヴィラ ベル トラモント

徳島・鳴門 MAP 付録P.33 E-3

評判の高いリゾートホテル、モアナコーストの別館。全室メゾネットスイートルームの客室で、落ち着いた色合いのインテリアでやわらかな光が照らす。雨でも楽しめる半露天のジャクジーはマッサージ機能付きで、全室に完備している。静かな時間を過ごすのに最適な空間だ。

HOTEL DATA

☎088-687-2255
所徳島県鳴門市鳴門町土佐泊浦高砂186-16
交鳴門北ICから車で8分 Pあり
in15:00 out11:00 室14室
予算1泊2食付2万1000円～

1.ヴィラハリウッドツインからの夕景。中庭越しに、里山に落ちる夕日を眺めることができる 2.ディナーには旬の魚介類を生かした絶品イタリアンがいただける 3.シモンズ製のベッドが置かれたヴィラハリウッドツインのベッドルーム 4.3000坪の広い敷地内にはゆったりとした時間が流れる

四万十川のせせらぎと
木の香りに癒やされるホテル

雲の上のホテル
くものうえのホテル

高知・四国カルスト MAP 付録P.7 E-1

世界的に高名な建築家・隈研吾のデザインによるスタイリッシュなホテル。「雲の上の温泉」には美人の湯と名高い露天風呂や8種の生薬を揉み出した薬湯風呂などがある。夕食のおすすめは幻の和牛・土佐あかうしを使った会席。四季折々の食材とともに贅沢なメニューが並ぶ。

1.「雲の上のギャラリー」内にひっそりとしつらえた隠れ家のようなロイヤルルーム 2.隈氏が飛行機の翼をイメージしたという外観 3.大きな窓が広がるレストラン。ホテルオリジナルのチーズケーキはおみやげに最適 4.露天風呂のほかにもジェットバスやジャクジー、サウナなどもある

HOTEL DATA

☎0889-65-1100
所高知県高岡郡梼原町太郎川3799-3
交高知ICから車で1時間20分 Pあり
in15:00 out10:00 室13室
予算1泊2食付1万1000円～
2023年11月現在、改装工事中のため休業中

特集●極上リゾートステイ

香川

瀬戸内海に
面する
四国の玄関口

経済都市・高松を中心に、
新旧の文化が交差しながら
賑わいをみせる香川県。
金刀比羅宮や栗林公園をはじめ、
瀬戸内海に浮かぶ美しい島々が
全国から訪れる
観光客を温かく出迎える。

エリアと観光のポイント

香川はこんなところです

香川といえば讃岐うどん
コシのある麺が絶品！

コンパクトな都市に歴史的観光地が点在。
県民食である讃岐うどんも外せない旅の楽しみだ。

香川

歴史が息づく県の中心地
高松周辺 ➡ P.36
たかまつ

香川県の県庁所在地である高松市周辺には、広大な特別名勝 栗林公園、源平合戦の舞台である屋島、日本最大水城の高松城跡など、歴史的見どころが多い。店も多く、食文化も楽しめる。

観光の ポイント 歴史めぐりのあとは、海鮮やうどんなどの高松グルメを

こんぴらさんで幸せ祈願
琴平周辺 ➡ P.50
ことひら

「讃岐のこんぴらさん」で知られる金刀比羅宮のある街には、全国から参詣者が訪れる。風情ある石段を上り、幸せを祈願しよう。こんぴら参りと併せ、参道の店で買い物も楽しんで。

観光の ポイント 1368段もの石段がある金刀比羅宮。時間をかけて進もう

空海ゆかりの地で札所巡り
善通寺・観音寺 ➡ P.69
ぜんつうじ・かんおんじ

多くの古墳が残り、国指定の史跡も多い。善通寺は弘法大師の故郷。2つの市には5寺7つの四国霊場札所が点在する。

観光の ポイント 善通寺や観音寺、琴弾公園を巡ろう

醤油醸造で栄えたレトロな街
引田 ➡ P.70
ひけた

風待ちの港町であり江戸時代には醤油醸造で栄えた。醸造所や大きな商家など当時の建物が残り、面影を今に伝えている。

観光の ポイント 讃州井筒屋敷や、かめびし屋など古き良き街並みを歩く

オリーブで知られる島

小豆島 →P.56
しょうどしま

瀬戸内海に浮かぶ、オリーブやそうめんが有名な穏やかな島。温暖な気候のもと、日本三大渓谷のひとつ寒霞渓や、エンジェルロード、二十四の瞳映画村などをのんびりと散策したい。

観光のポイント ロープウェイを使って寒霞渓へ。眼下の渓谷美は見事

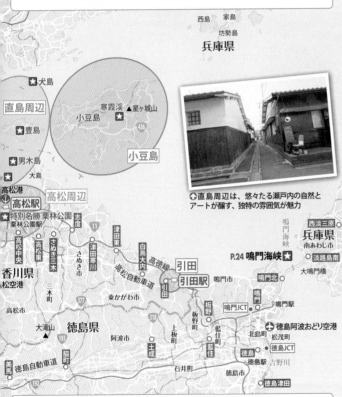

↑直島周辺は、悠々たる瀬戸内の自然とアートが醸す、独特の雰囲気が魅力

自然とアートが共存する

直島周辺 →P.60
なおしま

瀬戸内海に点在する直島、豊島、女木島、男木島、犬島などはアートの島として注目される。自然と調和する屋外アートや古い民家を改修するプロジェクト、美術館で、芸術にふれる旅を。

観光のポイント 近年注目のアートの島々で、数々の現代芸術にふれる

P.24 鳴門海峡

交通information

主要エリア間の交通

鉄道・バス・フェリー

高松

| JR高松駅 | 高松築港駅 |

↻特急いしづち／快速サンポート南風リレーで約30分 → ↻高松琴平電鉄で約1時間

| JR多度津駅 | 琴電琴平駅 |

↓JR土讃線で約7分 → | JR琴平駅 |

| JR善通寺駅 | ↓JR土讃線で約5分

↓JR予讃線で約30分

| JR観音寺駅 |

高松

| JR高松駅 | 高松港 |

↻特急うずしおで約40分 → ↻四国汽船フェリーで約50分 ／ ↻小豆島フェリーで約1時間（高速艇約35分）

| JR引田駅 | 直島 | 小豆島 |

車

高松

↻高松自動車道経由約45分 ／ ↻国道11号経由約20分

| 多度津 | 屋島 |

↻県道25号線経由約15分 ／ ↻高松自動車道経由約40分

| 善通寺 | 引田 |

↻高松自動車道経由約30分

国道319号経由約10分

| 観音寺 | → | 琴平 |

問い合わせ先

交通
JR西日本お客様センター
☎0570-00-2486
JR四国電話案内センター
☎0570-00-4592
高松琴平電鉄(ことでん)
☎087-863-7300
NEXCO西日本(お客様センター)
☎0120-924-863
日本道路交通情報センター
☎050-3369-6666
小豆島フェリー
☎087-851-8171
四国汽船
☎087-821-5100

香川はこんなところです

城下町として繁栄した瀬戸の都

高松
たかまつ

江戸時代には高松城の城下町として栄え、大名庭園の
栗林公園、高松城跡にある玉藻公園などに、その名残が
感じられる。源平合戦ゆかりの屋島にも見どころが多い。

街歩きのポイント

拠点はJR高松駅やことでん・瓦町
駅。市街地の移動はことでんを利用
したい。平日は15〜20分間隔で運
行。屋島は山上までドライブウェイ
があり、JR高松駅から車で約20分。

香川 | 高松 ● 歩く・観る

藩の栄華を語る讃岐の名庭園

特別名勝 栗林公園
とくべつめいしょう りつりんこうえん

池や築山を巧みに配置した
広大な回遊式大名庭園の傑作

紫雲山を背景に6つの池と13の築山を
配した壮大な庭園。江戸時代の回遊
式大名庭園の面影をとどめる南庭と、
明治時代に改修された北庭からなる。

MAP 付録P.12 B-4

☎087-833-7411 所香川県高松市栗林町
1-20-16 営7:00〜17:00（季節により異なる）
休無休 料410円など 交ことでん・栗林公園
駅から徒歩7分 Pあり

[栗林公園 map labels:]
栗林公園 小普陀 桶樋滝
掬月亭
南湖 西湖 北門
見返り獅子・牡丹石 お手植松 芙蓉沼
迎春橋 栗林公園北口駅
吹上 箱松・屏風石 鶴亀松
飛来峰 偃月橋 北湖
室町 ⑪ 芙蓉峰 商工奨励館
中央通り 讃岐民芸館 高徳線
花しょうぶ園 群鴨池
東門 栗林駅
栗林公園駅 栗林公園前

香川・高松ツーリストインフォメーション ☎087-826-0170 所香川県
高松市浜ノ町1-20 営9:00〜20:00 休無休 交JR高松駅構内

↑四季折々の景色が美しく、国の特別名勝院指定されている

南湖 なんこ
南庭の中核をなす広さ約7900㎡の池。3つの島と1つの石組みがあり、この池を回遊しながら園内の風景を楽しめるよう設計されている。

偃月橋 えんげつきょう
園内で最も大きな橋で、優美な反りが特徴。橋の姿が弓張り月(半月)のように見えることから名付けられた。

芙蓉峰 ふようほう
北湖を見渡す築山。紫雲山を背景とした絶景が素晴らしい。

鶴亀松 つるかめまつ
約110個の石を組み合わせて亀を表現し、その背中で舞う鶴の姿に見立てた松を配している。

立ち寄りスポット

掬月亭 MAP 付録P.12 B-4
きくげつてい
江戸時代初期に建てられた茶屋風の建物からは、移ろいゆく四季をゆったり観賞できる。
→ 美しい自然を感じて
→ 季節のお菓子やお茶も楽しめる(要入亭料)

歴史ある城下を散策

日本三大水城に数えられる高松城の城址

櫓や門などの貴重な建造物が現存
史跡高松城跡 玉藻公園
しせきたかまつじょうあとたまもこうえん
MAP 付録P.14 C-1

堀に海水を引き込んだ水城として有名な高松城。その城跡を整備した公園で、艮櫓、月見櫓、水手御門などの遺構が残る。

☎ 087-851-1521 所香川県高松市玉藻町2-1 時8:30〜17:00(季節により異なる)休無休 料200円 交JR高松駅から徒歩3分 Pあり

→ 生駒親正のあとに入府した松平家が造り上げた艮櫓

源平の古戦場 屋島

「扇の的」の名シーンで知られる「屋島の戦い」。
源平の明暗を分けた歴史的合戦の舞台を歩き、
『平家物語』の世界を体感したい。

源平合戦ゆかりの地を歩く

後世に語り継がれる名場面
「屋島の戦い」の舞台として有名

平安末期に日本各地で繰り広げられた源平合戦。なかでも「屋島の戦い」は、那須与一が扇の的を射るエピソードでも有名だ。元暦2年（1185）、屋島に拠点を構えていた平家軍を、源義経率いる源氏軍が奇襲。不意を突かれた平家軍は撤退を余儀なくされ、その後悲劇の運命をたどる。屋島には、そんな合戦の逸話を伝える史跡が随所に点在。歴史ロマンに思いを馳せながら訪ねてみたい。

○与一が扇の的を射るときに馬を立てた「駒立岩」

注目ポイント

屋島三大展望台の景色

屋島山上には南北に遊歩道が整備され、展望台が点在。屋島三大展望台は、源平合戦場跡や多島美など、瀬戸内海の違った眺望が楽しめる。大パノラマを見比べるのもおもしろい。

○古戦場の檀ノ浦や小豆島、五剣山を一望できる談古嶺からの景色

◆屋島山頂から見た風景。瀬戸内海と山に囲まれた街並みが美しい

◆鎌倉時代の建築様式を伝える朱塗りの本堂

屋島寺
やしまじ

MAP 付録P.15 E-3

鑑真和上が創建した古刹
美しい本堂や寺宝が見どころ

天平勝宝6年（754）、鑑真和上が屋島北嶺に創建したのが始まり。のちに弘法大師が南嶺に遷移した。四国八十八ヶ所霊場の第84番札所。

☎087-841-9418 ⊕香川県高松市屋島東町1808 働拝観自由 ￥無料（宝物館は500円）交JR屋島駅から車で15分 Pあり

◆源平合戦に関する宝物などを収めた宝物館

◆太三郎狸を祀る蓑山大明神が境内に鎮座

┌─ 趣深い商店街を散策 ─┐

屋島山上商店街
やしまさんじょうしょうてんがい

MAP 付録P.15 E-3

レトロなたたずまいのみやげ屋が軒を連ねる。開運、厄除けの「かわらけなげ」（200円）にも挑戦してみては。

◆商店街を抜けると瀬戸内のパノラマが広がる

扇誉亭
せんよてい

独特の音色を奏でる珍しい讃岐の石「サヌカイト」をはじめ、地元作家の作品が揃う。運が良ければ、中庭に遊びに来る野生のタヌキと出会えるかも。

MAP 付録P.15 E-3

☎087-841-1166 ⊕香川県高松市屋島東町1803-2 働9:00～17:00（冬期は～16:00）働無休 交JR屋島駅から車で15分 Pなし

◆繊細な細工の絹てまりスタンド1800円～

◆サヌカイト3000円～。趣ある心地よい音色が魅力

◆展望台下に、海に向かい吠える獅子の形の岩がある獅子の霊巌

◆大正12年（1923）、良子女王殿下（香淳皇后）により命名された遊鶴亭からの眺望

◆展望台から見る現在の景色と屏風絵を見比べ、歴史に思いを馳せてみるのも一興

四国村ミウゼアム

しこくむらミウゼアム

MAP 付録P.15 E-4

四国地方の暮らしを伝える
古民家を集めた野外博物館

四国各地の古民家を移築復元。
約5万㎡の敷地に江戸から大正期
の地方色豊かな建物を配置し、
多数の民具も展示している。

☎087-843-3111
☎087-843-3114(四国村カフェ)
⬛香川県高松市屋島中町91 ⬛9:30
～17:00(ティールーム異人館9:30～
17:00) ⬛無休 ⬛一般1600円ほか
🚃JR屋島駅から徒歩10分 Ｐあり

醤油蔵・麹室

しょうゆぐら・こうじむろ

巨大仕込み桶など、長年使用さ
れてきた醤油醸造用具を展示。

四国村カフェ(異人館)

しこくむらカフェ(いじんかん)

神戸の異人館を移築した喫茶店。
イギリスから取り寄せた古い調度
品が館内を彩る。

⬆異国情緒ある空
間で味わう定番人
気のコーヒーゼリ
ー650円

⬆オートミールを使った、風味
豊かでヘルシーなマフィン500円

旧丸亀藩御用蔵

きゅうまるがめはんごようぐら

丸亀藩の米蔵として使用。漆喰塗りの白
壁や美しいなまこ壁が目を引く。

旧河野家住宅

きゅうこうのけじゅうたく

18世紀の南予地方の民家。土
間にコウゾを蒸す釜があるのが
特徴。

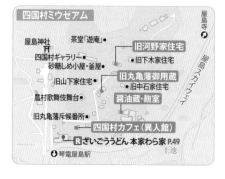

四国村ミウゼアム

屋島寺
屋島神社
茶堂「遊庵」●
四国村ギャラリー●
砂糖しめ小屋・釜屋●
旧河野家住宅
旧下木家住宅
旧山下家住宅●
旧丸亀藩御用蔵
旧中石家住宅
農村歌舞伎舞台●
醤油蔵・麹室
旧丸亀藩斥候番所●
四国村カフェ(異人館)
Ｒ ざいごううどん 本家わら家 P.49
屋島スカイウェイ
琴電屋島駅
上池

40

地域でも愛される和みの湯に集う

癒やしの仏生山温泉へ

街並みに溶け込むモダンで温かな雰囲気の憩いの場。
市内で安らぎある時間を過ごし、心と体を休めたい。

「美人の湯」と呼ばれる泉質と効能

仏生山温泉の泉質は、ナトリウム炭酸水素塩・塩化物泉（療養泉）とされる。旧温泉名は、「美人の湯」といわれている重曹泉。石鹸のような洗浄作用があり、皮膚の表面を軟化させて古い角質を取り除く。新陳代謝を上げ、肌荒れなどに効果があるため、入浴後はつるつるとした肌の感触を楽しむことができる。

仏生山温泉
ぶっしょうざんおんせん
MAP 付録P.10 A-2

仏生山駅から徒歩10分
穏やかな時が過ごせる大衆浴場

江戸時代からの商家や町家が立ち並ぶ歴史の街で、とりわけ目を引くモダン建築。館内にはくつろげる温泉や、シンプルながらも木のぬくもりを感じられる空間が広がる。

☎087-889-7750
🏠香川県高松市仏生山町乙114-5 🕐11:00（土・日曜、祝日9:00）～24:00（最終受付23:00）🈭第4火曜 💴700円 🚃ことでん・仏生山駅から徒歩12分 🅿あり

⬆大衆浴場らしからぬ、洗練された建築。住宅街にいることを忘れさせてくれる

⬆昼夜で違う雰囲気も魅力

温泉内にあるくつろぎの空間でリラックス

心も体も休まる至福のひとときを

天井高のある開放的な待合では、アメニティや地元のお菓子、雑貨が揃う物販コーナーや、自由に休憩できる畳スペースもある。美人の湯といわれるとろっとした重曹泉を大浴場や露天風呂で満喫したあとは、手作りかき氷でクールダウンしたり、食事をしたり。心身ともに癒やされる温泉だ。

仏生山温泉小書店

待合では文庫本の古書を販売しているので、どんな本があるかチェックしたい。お風呂での読書もでき、湯船でゆったり本と温泉を楽しめる。

➡湯船に浸かって疲れをとりながら、楽しい読書タイムを

休憩所・食堂

庭の緑と穏やかな日の光がやさしい食堂。うどんやカレーなどの食事系や、ドリンク、デザートメニューまで幅広く用意している。

⬆お風呂上がりの休憩におすすめ。食堂のみの利用も可能

⬆大きな窓が配され、開放的な雰囲気の休憩室

GOURMET
食べる

地穴子の刺身1200円
珍しい穴子の刺身は口の中に入れた瞬間とろける独特の味わい。地元でも提供している店は限られている

地元の食材を高松の街で堪能

幸せ旅先美食 郷土の一皿

瀬戸内海の海鮮や、小豆島のオリーブ牛など、香川県の名産を存分に味わえる料理店をご紹介。

活きのいい瀬戸内の幸を
味わえる老舗店

天勝
てんかつ

MAP 付録P.14 A-2

予約	可
予算	Ⓛ1000円〜 Ⓓ3000円〜

貴重な地元産穴子の刺身は、透き通る美しさが印象的。売り切れの場合もあるので予約を入れておきたい。「べえすけ」と呼ばれる大きな穴子のすき焼は、漁師料理からヒントを得て生まれたメニュー。締めはうどんであっさりしているので、年配客にも人気だ。

☎087-821-5380
所香川県高松市兵庫町7-8 営11:00〜15:00 17:00〜21:00(LO20:30) 土・日曜、祝日11:00〜21:00 休無休 交JR高松駅から徒歩7分 Pあり

↑店内中央には大きな生け簀が

↑高松駅からも近い好立地

地元ならではの食材を
素朴な味付けで存分に味わう

海鮮食堂 じゃこや

かいせんしょくどう じゃこや

MAP 付録P.10 B-2

瀬戸内ならではの海の幸をふんだんに使ったシンプルな料理が自慢。道の駅内にあり、観光客はもちろん地元の人で賑わう。人気の「オリーブハマチ」は9月中旬頃からで、刺身や煮付けなどの素材の良さを楽しめるメニューが充実。セルフ方式で気取らないスタイルも人気。

☎087-845-6080
㊟香川県高松市牟礼町原631-7 ㊟11:00〜14:00（土・日曜、祝日は〜15:00）㊡第1・3火曜（祝日の場合は営業）㊩ことでん・塩屋駅から徒歩5分 Ⓟあり

↑産直品やみやげ物コーナーも併設

ハマチづけ丼並 825円
卵はかなたまさんのものを使用、お米も香川県産を使用。自慢の一品は一度食べるとヤミツキに

骨付鳥の人気は全国区
ご当地ソウルフードを味わう

骨付鳥 蘭丸

ほねつきどり らんまる

MAP 付録P.14 C-3

高松ライオン通商店街内にある、骨付鳥の銘店。高松のご当地メニューとして名高い骨付鳥は「ひな鳥」と「おや鳥」の2種類。外の皮はパリッとしており、中はふっくらとやわらかい食感が楽しめる「ひな鳥」が人気。「おや鳥」は歯ごたえがあり濃厚な味わいで、食べ比べも楽しみたい。

☎087-821-8405
㊟香川県高松市大工町7-4 ㊟17:00〜22:00（LO21:45）㊡不定休 ㊩ことでん・片原町駅から徒歩5分 Ⓟなし

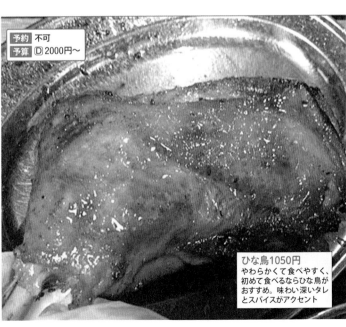

↑地元客にも評判の店

ひな鳥1050円
やわらかくて食べやすく、初めて食べるならひな鳥がおすすめ。味わい深いタレとスパイスがアクセント

43

⬆食材や道具など、生活と密着した商品が多数並ぶ　⬆パッケージのかわいいドリンクはみやげに最適

和洋豊富な名産からお気に入りを選ぶ

やさしい味わい
高松味みやげ

香川銘菓の老舗から多彩なデザインの洋菓子、
雑貨など、喜ばれるアイテムをじっくり選んで。

■暮らしを考える学び舎的空間
まちのシューレ963
まちのシューレきゅうろくさん
MAP 付録P.14 B-3

食材から道具、工芸品など幅広い品
揃え。併設カフェとコラボした催事
もあり、買って食べて楽しめる。

☎087-800-7888 㪐香川県高松市丸亀町
13-3 高松丸亀町参番街東館2F 㪘11:00～
19:00(カフェ11:30～18:00) 金～日曜11:
30～20:30 㪑第3月曜 㪙ことでん・片原
町駅から徒歩10分 㪝なし

パリパリ焙煎いりこ
各702円
伊吹島で獲れた高品質の
いりこをおやつ感覚で

シューレオリジナル
クッキーボックス2980円
地元のノンワックスレモンを使うなど、
味にもこだわったオリジナルクッキー
のボックス入りセット

■四国の厳選素材を用いたスイーツ
ラ・ファミーユ 高松本店
ラ・ファミーユ たかまつほんてん
MAP 付録P.13 E-3

四国各地のおいしい素材を、さらに
厳選して取り入れたスイーツが人気。
みやげに最適な焼き菓子も豊富。

☎087-837-5535 㪐香川県高松市木太町
2192 㪘10:00～19:00 㪑無休 㪙こと
でん・沖松島駅から徒歩10分 㪝あり

まっ黒
チーズケーキ
1404円～
ほんのリビターなブ
ラックタルトと濃厚
チーズが絶妙にマッチ

せとろん
10個入り1188円
瀬戸内産レモンの爽や
かな風味が感じられる
しっとりレモンケーキ

黄金バウムクーヘン
1404円～
コク深い卵「それいゆ」と讃岐和
三盆を贅沢に使用。芳醇な味わい
がたまらない

⬆高松国際ホテルの正面に立地

■地元民から愛される革新的なパティスリー
菓子工房ルーヴ 空港通り店
かしこうぼうルーヴ くうこうどおりてん
MAP 付録P.10 A-2

新しいお菓子作りへの情熱を欠かさ
ないパティスリー。いつ訪れても
100種以上のスイーツが並ぶ。

☎087-869-7878 㪐香川県高松市鹿角町
290-1 㪘9:30～19:00 㪑無休 㪙ことで
ん・太田駅から徒歩14分 㪝あり

和三盆手巻1782円
香川の特産・和三盆糖とお
いでまいの米粉を使い、上
品な甘さに仕上げたロール
ケーキ

金塊のお菓子
－GOLD FINANCIER－1512円
希少糖アルロースを配合。金粉をトッピング
した、見た目にも高級感あるフィナンシェ

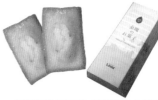

讃岐おんまい
ミルク・抹茶つつみ
8個入り1080円
高級な白下糖と小豆ミル
ク風味の白餡を包んだ洋
風和菓子

⬆糖質制限したものや、希少糖を使ったお菓子
も手がける

香川県を代表する銘菓
宗家くつわ堂 総本舗
そうけくつわどう そうほんぽ

MAP 付録P.14 A-2

明治10年(1877)創業。瓦せんべいを筆頭に、和菓子から洋菓子まで多様な菓子を扱う。

☎087-851-9280
🏠香川県高松市兵庫町4-3
🕗8:00〜18:00　無休
🚃JR高松駅から徒歩7分　Ｐあり

小瓦せんべい
12枚入り1080円
和三盆の原料・白下糖を用いた
せんべいは素朴な甘さが美味。
噛むほどに味わいが増す

↑ゆったりとした店内

くつわせんべい
18枚入り1080円
小豆や抹茶、味噌などバラエティ豊かな味が楽しめる。詰め合わせはみやげにも

ユニークなお魚せんべい
象屋元蔵
きさやもとぞう

MAP 付録P.12 B-3

海の素材をそのまま用いたおとと(魚)せんべいの専門店。保存料不使用で、年齢問わず安心して食べられる。

☎087-861-2530　🏠香川県高松市藤塚町1-9-7　🕗10:30〜17:30
　月曜(祝日の場合は営業)　🚃ことでん・瓦町駅から徒歩10分　Ｐなし

おととせんべい
1枚118円〜
瀬戸内産の魚介類をていねいに手焼きしたせんべいは、滋味あふれる味わい

・魚介の種類は約13〜14種類。各1枚から購入できる

えびせんの老舗ならこちら
志満秀 高松本店
しまひで たかまつほんてん

MAP 付録P.13 D-4

もとは魚屋から始まった創業60年を超える店。せんべいに限らず、カレーやラーメンなど多様なエビ商品を展開する。

☎087-833-0068
🏠香川県高松市今里町2-15-18
🕗9:30〜18:00　日曜
🚃ことでん・林道駅から徒歩15分
Ｐあり

クアトロえびチーズ
8袋入り1188円
4種のチーズをサンドしたイタリアの風薫るえびせん。ワインとともに味わいたい

↑香川みやげの定番。魚介の風味を堪能しよう

季節のフルーツ大福は必食
夢菓房たから
ゆめかぼうたから

MAP 付録P.10 A-2

昭和11年(1936)創業。季節の素材を全国各地から厳選し、独自製法で和菓子を作る銘店。

☎087-844-8801　🏠香川県高松市春日町214　🕗8:30〜17:30　水曜(祝日の場合は翌日)　🚃JR高松駅から車で20分　Ｐあり

↑旬の味覚を閉じ込めたお菓子が好評

いちご大福
360円〜
人気No.1。朝採れイチゴの酸味と特製白餡の甘みが絶妙

和のテリーヌ「濃茶」
1980円
宇治抹茶と讃州大黒豆の相性抜群な洋風カステラ

海辺のショッピングスポットに立ち寄る
ウォーターフロントで潮風を感じながらのんびりしたい。

瀬戸内海沿いの倉庫街
北浜alley
きたはまアリー

MAP 付録P.12 C-1

古い倉庫を改装した複合施設。カフェや雑貨店など21店の多彩なお店があり、買い物や休憩スポットとしても人気。

☎087-834-4335　🏠香川県高松市北浜町4-14　🕗10:00〜24:00(店舗により異なる)　店舗により異なる　🚃JR高松駅から徒歩10分　Ｐあり(有料)

↑宿泊施設やチャペルなども入居する巨大な施設

北浜alley内のおすすめショップ

好きな本を見つけたい
BOOK MARÜTE
ブック マルテ

写真集やアートブックを中心に取り扱う。なかには珍しい掘り出し物もあるので、探してみるのも楽しい。

☎090-1322-5834　🏠香川県高松市北浜町3-2 北浜alley-j
🕗13:00(土・日曜、祝日11:00)〜20:00　火・水曜　🚃JR高松駅から徒歩10分　Ｐあり

↑隣室のギャラリーでは主に写真展を随時開催

色鮮やかで種類豊富なメニュー
206 TSU MA MU
ツマム

キッシュと焼き菓子の専門店。毎日10種以上のキッシュが並び、カヌレやガトーバスクなど手作りのお菓子も。

☎087-811-5212　🏠香川県高松市北浜町4-14
🕗11:00〜16:00　月・火曜　🚃JR高松駅から徒歩10分　Ｐあり

↑キッシュは720円。季節の果実を使ったデザートキッシュも

↑元禄時代末に描かれた『金毘羅祭礼図屏風』(写真は部分)にも、うどん店の様子が描かれている(写真提供：金刀比羅宮)

香川
特集 ● 讃岐うどんの世界

「うどん県」の歴史を探る

讃岐うどんの世界

たかがうどん、されどうどん。別名「うどん県」の香川は今、うどんブームに沸いている。お遍路よろしくうどん店を巡る人々で賑わいをみせる。

うどんの原型は空海が伝えた?
いまだ謎の多いうどんヒストリー

うどんの歴史は不明点が多く、弘法大師(こうかい)が唐から伝えたとの説があるが、当時のうどんは団子汁状のもの。小麦粉をこねて薄くのばし、細長く切った「切り麺」は、室町時代に国内で生まれたという説が有力だ。香川県では智泉大徳(ちせんだいとく)が叔父の空海から「うどんの祖」を伝授され、両親をうどんでもてなしたのが讃岐うどんの始まりであるといわれている。

元禄元年(1688)〜宝永元年(1704)に描かれた屏風絵『金毘羅祭礼図屏風(ほうえい)』には3軒のうどん屋が描かれており、元禄時代には「長い」うどんだったと考えられる。この屏風絵はうどんに関わる讃岐最古の資料で、香川がうどんの先進地帯のひとつだったことを示している。

讃岐うどんの定義とは?
うどん県香川の実情やいかに

全国生麺類公正取引協議会の表示に関する基準によると、讃岐うどんとは「①香川県内で製造②加水量40%以上③加塩量3%以上④熟成時間2時間以上、15分以内でゆであがるもの」と記されている。

ちまたでは信号より多いともいわれる県内うどん店の数は約700。総務省の家計調査から都道府県別うどん・そば消費量1位は香川県で1万2570円。全国平均の2.1倍と突出している。「うどん県」が有名になったのは、2011年の「うどん県。それだけじゃない香川県」プロジェクト。県名を「うどん県」に改名したという設定の特設サイトがきっかけ。昭和44年(1969)を第1次とし、現在は第4次うどんブームといわれている。

うどん店 3つの営業形態

一般店タイプ
店員が上げ下げする一般的な飲食店スタイル。天ぷら、ちらし寿司、おでんなどのサイドメニューは、セルフサービスの場合も多いのが特徴。

製麺所タイプ
製麺だけだったが食事ができるようにしたケース。基本的にセルフと同じでメニューは極端に少ない。ビニール袋にうどん+だしの製麺所も。

セルフ店タイプ
器に入ったうどんを受け取り、自分で温め、だしをかけ、ネギやしょうがなどの薬味を入れて席に運ぶスタイル。作法がわからなければ前の人の真似をしてみるとよい。

↑笑顔の絶えない50分! 本格うどんを楽しく手作りできる

地元の名人に弟子入り! うどん作りに挑戦します

愛情を注いで、丹精こめて作る讃岐うどん。手ほどきを受けながら本場の味を学びたい。

本場の手打ちうどん作りを体験

　本場讃岐のうどんを熟知した講師陣の指導を受けながら、うどん作りの全工程が体験できる。流行の曲に合わせて歌い踊りながら、和気あいあいと手作りうどんに挑戦。完成後は自作のうどんが味わえる。

↑◎生地を踏みコシを出す。校長先生と一緒にうどんダンス!

こちらの施設で体験です

中野うどん学校 琴平校
なかのうどんがっこう ことひらこう

琴平 MAP 付録P.16 B-2

国内をはじめ世界各地から観光客が訪れる名物校。体験は2人からの予約制で、金刀比羅宮の参道沿いにあり参拝後にも立ち寄れる。1階には売店が併設。

☎0877-75-0001　香川県仲多度郡琴平町796　9:00〜17:00(開講9:00〜15:00)　無休　体験1人1600円(15人以上の場合1500円)※2人から予約可　琴電琴平駅から徒歩10分　Pあり

作ってみよう うどん打ち体験

1 こねる
小麦粉と食塩水を混ぜ、耳たぶの硬さになるまでこねる

2 踏む
生地がもち肌状態になるまで、音楽に合わせてしっかり踏む

3 のばす
麺棒を使って、3〜4mmの厚さになるように均等に生地をのばす

4 切る
広げた生地をたたんで置き、5mm間隔で麺の形に包丁切りする

5 茹でる
麺が浮いて艶が出るまで茹で上げる。食べ頃まであと少し

6 完成
釜揚げや釜玉で試食。自分で打ったうどんは格別の味わい

↑自作うどんは、別料金で天ぷらやちらし寿司などとセットにできる

→受講後、麺棒付きの掛軸形卒業証書がもらえる

47

↑料理長おまかせうどん会席5500円。瀬戸内の魚を存分に味わえる会席と、讃岐うどんが楽しめる

うどんのおいしい店を巡る

讃岐の文化を食す

県内には独自の風味やスタイルを持つうどん店が点在。
高級会席やご当地発祥の味わいなど、好みに合わせて店を選びたい。

郷屋敷

ごうやしき

高松 **MAP** 付録P.10 B-2

200年の歴史が息づく
与力屋敷のおもてなし

由緒ある枯山水の庭園を愛でながら讃岐ならではの「うどん会席」を楽しむなら迷わずここへ。瀬戸内の海山の幸を配した会席のシメには讃岐うどんが楽しめる。掛軸など調度品も一見の価値あり。

☎0120-455-084
所香川県高松市牟礼町大町1987
営11:00～15:00 17:30～21:00 土・日曜、祝日11:00～21:00（LOは各30分前）
休無休 交ことでん・大町駅から徒歩20分 Pあり

↑創業から約40年、うどん会席の老舗

↑店のたたずまいや四季折々の眺めも見事

石川うどん

いしかわうどん

丸亀 **MAP** 付録P.3 F-2

吟味した無添加食材を使用
体にやさしい讃岐うどん

無添加食材にこだわり、安全なものを提供したいと小麦粉や野菜まで厳選した素材を使用する。素材の旨みが香るだし、野菜本来のおいしさを楽しめる天ぷらなど、安心・安全なうどんを堪能したい。

☎0877-21-7767
所香川県丸亀市福島町54-8
営11:00～14:00（土・日曜、祝日は～15:00）休火曜 交JR丸亀駅から徒歩2分 Pなし

↑安心して食べられるうどんにこだわって提供する

↑車は丸亀駅地下駐車場や店前の立体駐車場（1時間無料）が便利

↑天ぷらぶっかけうどん1200円。季節に応じた旬の野菜の揚げたて天ぷらもサクサクとした食感が楽しめる絶品

本格手打うどん おか泉

ほんかくてうちうどん おかせん

宇多津 **MAP** 付録P.3 F-2

この味を求めて訪れる遠方からの客が絶えない店

オープン当初より人気の「ひや天おろし」は、アツアツの天ぷらとレモンの酸味で豪快に味わう。毎日この味を守るため、早朝3時から仕込みが開始される。頑固なまでに手打ちにこだわった本格的な味。

☎0877-49-4422
所香川県綾歌郡宇多津町浜八番丁129-10
営11:00～19:00 土・日曜、祝日10:45～19:00
休月・火曜(祝日の場合は営業)
交JR宇多津駅から徒歩15分
Pなし

↑行列はもはや定番

↑注文するシステム

↑ひや天おろし(冷)1100円。大きな2本のエビ天など、豪快な盛り付け

↑家族うどん2800円。大きなたらいに入れられた豪快な釜揚げうどん

ざいごううどん 本家わら家

ざいごううどん ほんけわらや

屋島 **MAP** 付録P.15 E-4

趣ある水車が目印築100年の庄屋で味わう

名物の「家族うどん」は運ばれてくると客席からは思わず歓声が上がる人気のメニュー。大きなとっくりに入っただしにはいりこ、カツオ、昆布の旨みが凝縮。自分でおろしたしょうがとネギをお好みで。

☎087-843-3115
所香川県高松市屋島中町91
営9:30～18:00(LO17:30) 休無休
交JR屋島駅から徒歩8分 Pあり

↑雰囲気ある古民家も人気の理由

讃岐の文化を食す

トッピングを選んで、つゆを注いで、自分だけの味が楽しめる

讃岐では器とうどんを受け取り、自分で温め、だしやトッピングをのせるセルフ店、カウンターででき上がりを受け取る半セルフ店が半数以上。システムが難しい場合は、気軽に質問したい。

元祖ぶっかけ発祥の店
山下うどん

やましたうどん

善通寺 **MAP** 付録P.3 F-3

釜揚げのだしをかけたまかないうどんに、レモンを入れたのが「ぶっかけ」の始まり。いりこ、昆布ベースの甘すぎないだしにネギ、天かす、レモンを添え、昔と変わらぬ味。

☎0877-62-6882
所香川県善通寺市与北町284-1
営9:30～16:00 休火曜(祝日の場合は翌日)
交JR善通寺駅から車で10分 Pあり

↑ぶっかけうどん(小)300円。今や全国区の知名度となった「ぶっかけ」の元祖といえばこちら。小は1玉

↑広々として過ごしやすい店内

↑根強いファンの多い名店

讃岐うどんの天王山ここにあり
山越うどん

やまごえうどん

綾川 **MAP** 付録P.3 F-3

創業から80年余、製麺所からスタートし讃岐うどんブームの火付け役となった名店。釜から揚げたばかりのできたてのうどんに生卵、醤油を絡めて食べる「釜玉」を求め全国から人が押し寄せる。

☎087-878-0420 所香川県綾歌郡綾川町羽床上602-2
営9:00～13:30 休水・日曜
交ことでん・滝宮駅から車で10分 Pあり

↑一軒家を改築した建物

↑屋外で食べるスタイル

↑釜揚げ玉子うどんは、かまたま(小)350円。2玉分の(大)450円～4玉の650円までお好みで

49

"讃岐のこんぴらさん"の門前町

琴平 ことひら

"こんぴらさん"で知られる、金刀比羅宮のある街。表参道から山の中腹に位置する御本宮まで785段、さらに奥社まで1368段の風情ある石段が続く。

街歩きのポイント

金刀比羅宮の参道は、琴電琴平駅、JR琴平駅周辺から大門まで徒歩約30分。飲食店やみやげ物店が集まっている。車は参道途中にある駐車場が利用できる。

香川　琴平●歩く・観る

↑785段の石段を上りきった先にある金刀比羅宮御本宮。海の神様として有名

幸せ祈願！こんぴら参り

金刀比羅宮 ことひらぐう

象頭山（琴平山）の中腹に鎮座 ぞうずさん
全国の金刀比羅神社の総本宮

長く続く石段が有名な、象頭山に鎮座する守り神。もとは五穀豊穣・産業・文化の繁栄、さらには海の守護神として信仰されてきた。大物主神 おおものぬしのかみ を祀っており、12世紀に崇徳天皇を合祀した。古くより全国各地から参詣者が訪れ、今も境内には由緒ある建物が数多く立ち並んでいる。

MAP 付録P.16 A-3

☎0877-75-2121　⏴香川県仲多度郡琴平町892-1　🕐境内6:00～18:00、博物館施設9:00～16:30最終入館　🈺無休　💴無料（博物館施設有料）　🚃JR琴平駅から大門まで徒歩30分　🅿なし

江戸時代のこんぴら詣で

旅行が禁止されていた時代
「こんぴら詣で」は庶民に大流行した

江戸時代は庶民の旅行が禁止されていたが、神仏への参拝はその限りでなく、伊勢神宮のお伊勢参り、京都東西本願寺の京参り、そして金刀比羅宮のこんぴら参りは三大行事として庶民の信仰を集めた。交通が不便だった当時の参拝は大変な旅であり、旅人や「こんぴら参り」と記した袋を首に掛けた「こんぴら狗」が代参すること

もあったという。江戸時代の賑わいは相当なもので、金刀比羅宮に残る『金毘羅祭礼図屏 こんぴら 風』からもその様子が偲ばれる。また、与謝蕪村、小林一茶、井上通女といった俳人、文人もこの地を訪れ、作品を残した。十返舎一九や滝沢馬琴の文学 じっぺんしゃいっく たきざわばきん にも旅の道中が登場し、当時の人気ぶりがうかがえる。

琴平町観光案内所　☎0877-75-3500　⏴香川県仲多度郡琴平町榎井869-5　🕐10:00～17:00　🈺無休　🚃JR琴平駅から徒歩1分

785段の階段を上って、こんぴら参り

御本宮までの参拝ルート

金刀比羅宮境内の総門である大門から御本宮まで、往復で1時間半はかかる。無理をせず自分のペースで石段を上ろう。

参道途中には
飼い主の
代参犬、
「こんぴら狗」の
銅像も

↑楼上にある扁額「琴平山」は、有栖川宮熾仁親王殿下の筆

1 大門
おおもん

ここからが境内とされる神域の総門

二層入母屋造、瓦葺きの堂々たる門。水戸光圀公の兄・松平頼重から寄進されたもの。手前に「鼓楼」や清少納言ゆかりの「清塚」がある。

2 五人百姓
ごにんびゃくしょう

営業を許された縁故ある店

境内では本来商売が禁止されている。大門入ってすぐ、傘を差して加美代飴を売る5軒の店は、唯一境内で営業を許された飴屋。

↑手作りべっこう飴を販売。白い傘が印象的

3 桜馬場西詰銅鳥居
さくらのばばにしづめどうとりい

大きな青銅の鳥居がお出迎え

大門から続く平坦な桜馬場を進んだ先にある。現在の銅門は、力士の朝日山四郎右衛門が、大正元年(1912)に移設修復したもの。

↑429段目の鳥居の近くには白い神馬も

↓大門から約150m続く石畳。桜と石灯籠が奥ゆかしい風情を演出する

金刀比羅宮

三豊市
まんのう町

P.53 琴平山
厳魂神社 9

P.53
白峰神社 8

三穂津姫社

P.52
旭社 6

7 御本宮 P.53
琴平町

C
カフェ&
レストラン
P.53 神椿

5 表書院 P.52

4 宝物館 P.52

3 桜馬場西詰銅鳥居 P.51

2 五人百姓 P.51

P.51
大門 1

★旧金毘羅大芝居(金丸座) P.55

★金陵の郷 P.55

琴平海洋
博物館
(海の科学館)

こんぴら
温泉

H ことひら温泉 琴参閣

鞘橋

金倉川

START&
GOAL

高灯籠

琴電琴平駅

琴平駅 土讃線

琴平町役場

0 250m

4 宝物館
ほうもつかん

金刀比羅宮が所蔵する至宝を陳列

明治38年(1905)に建造された日本最初期の博物館で、和洋折衷の重厚な建物も見応えがある。温和な顔立ちが印象的な『十一面観音立像』など、数多くの宝物を所蔵、陳列している。

◐数十点の宝物が展示されている

5 表書院
おもてしょいん 重文

応接の場だった客殿

万治年間(1658〜60)建築と伝わる。建物にも注目だが、今なお絶大な人気を誇る円山派の始祖、円山応挙の作品群も必見。

◐障壁画とともに建物も重要文化財に指定

◐円山応挙『虎之間』。五間に描かれた障壁画は、応挙の晩年にあたる天明から寛政年間にかけての秀作

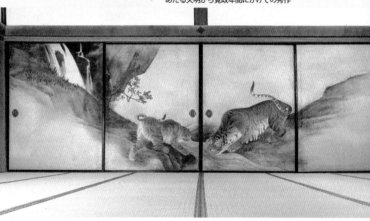

◐重要文化財『十一面観音立像』。平安時代に作られた檜材の像

6 旭社
あさひしゃ 重文

二重入母屋造の社

天保8年(1837)に竣工。完成まで40年かかったといわれる、総ケヤキ造りの壮麗な社殿。御本宮を参拝したあと訪れるのが本来の流れ。

注目ポイント
優美な装飾が目を引く屋根裏
屋根裏にある巻雲をはじめ、柱間や扉に施された人物や鳥獣などの彫刻は、天保時代の粋を集めた華麗な芸術。

◐高さは18m。上層の屋根裏や扉などに彫られた華麗な装飾を見逃さずに

カフェ＆レストラン神椿
カフェアンドレストランかみつばき

金刀比羅宮の石段500段目の憩いの場所。豊かな自然に囲まれた美しい空間で香川県産食材が堪能できる。用途にあわせてカフェ、レストランの使い分けが可能。

MAP 付録P.16 A-3

☎0877-73-0202
🕐10:00～17:00(LO16:30)、レストラン11:30～15:00(LO14:00) ❌無休(レストランは火曜)

和と洋、食材同士の見事なマリアージュを堪能。神椿パフェ1230円

↑1階は木々に囲まれ、山に抱かれたような心地よさ

8 白峰神社
しろみねじんじゃ

紅葉と調和する神社

崇徳天皇を祀る朱色の社。付近は紅葉谷と呼ばれている。

↑秋には色鮮やかな紅葉が周辺を彩る

9 厳魂神社
いづたまじんじゃ

教祖を祀る通称奥社

金刀比羅本教の教祖、厳魂彦命を祀る。海抜は421m。

↑高台にあり讃岐の街並みが一望できる

↑海抜251m、山の中腹に位置する

7 御本宮
ごほんぐう

二拝二拍手一拝で参拝を

創立については詳しくわかっていない。一切孤をなさない建築が特徴で、左右の壁板と天井に桜樹木地蒔絵が施されている。祭典時には神職・巫女の舞も披露される。

↑金刀比羅宮で一番人気の「幸福の黄色いお守り」。1体1000円

金刀比羅宮の主な行事

1月1日 歳旦祭 新年を祝い、安寧・繁栄を祈願する	**10月1日** 氏子祭 門前町を太鼓台が練り歩く
1月10日 初十日祭(初こんぴら) 参拝客で賑わう、正月最大の祭り	**10月9～11日** 例大祭 秋の大祭として最も重要な祭り
2月3日 節分祭 参拝者にこんぴらさんの福豆を授与	**10月9日** 宵宮祭 御本宮にて、八少女舞を奏進する
2月11日 紀元祭 平和を願い、神武天皇の即位を慶祝	**10月10日** 御本宮 例祭 御本宮にて、大和舞を奏進する
2月17日 祈年祭 五穀豊穣を年の初めに祈る祭り	**10月10・11日** 御神輿渡御 平安絵巻を思わせる華やかな大行列
4月10日 桜花祭 讃岐路に春を告げる鎮花祭	**11月10日** 紅葉祭 舞が奏進される、秋を告げる祭り
7月7日 七夕鞠 装束をまとった鞠足が蹴鞠を披露	**11月23日** 新嘗祭 豊作を祝い、御本宮で行う祭り
8月26日 相殿祭 崇徳天皇の命日、御霊和めの祭典	**12月31日** 大祓式 大晦日に行われる年越しの祭事

↑琴平町を流れる金倉川に架かる鞘橋（さやばし）

↑琴電琴平駅前の高灯籠。約27ｍの日本一高い灯籠で江戸時代に瀬戸内海を航海する船のために設置

↑参道に沿って並ぶみやげ物店。通りは多くの参拝客で賑わう

こんぴら参りのあとのお楽しみ
参道で手みやげ探し

参拝後は、お茶と老舗の菓子でひと息ついてみるのはいかが？
熟練の技法で作られた和菓子や、琴平ならではのデザイン雑貨も並ぶ。

↑卵がたっぷり入った生地を職人さんが1枚ずつていねいに手焼き。「船々せんべい」24枚入り900円

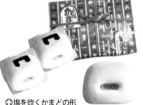
↑塩を炊くかまどの形をモチーフにしたお菓子。3個入り272円〜

↑よもぎ、豆、粟など5つの餅が入った五色餅。1パック680円

↑和洋折衷、新感覚のあん餅パイ。180円

名物「船々せんべい」の老舗店
本家船々堂
ほんけふねふねどう

MAP 付録P.16 B-2

22段目の石段にある煎餅屋。明治42年（1909）の創業以来、製法と味を継承。実演の機会に恵まれたら焼きたてを食べられる。

☎0877-73-2020
⊛香川県仲多度郡琴平町952
🕐8:00〜17:00
⊛無休　🚃琴電琴平駅から徒歩10分
🅿あり

ほっこり和む懐かしの味
名物かまど 琴平店
めいぶつかまど ことひらてん

MAP 付録P.16 B-2

甘さ控えめの黄身餡を生地に包んで焼き上げた「かまど」のほかにも、みやげに最適な菓子が揃う。

☎0877-73-3005
⊛香川県仲多度郡琴平町700-2
🕐9:00〜18:00
⊛水曜（祝日の場合は翌日）
🚃琴電琴平駅から徒歩7分
🅿あり

余計なものがない素朴な味わい
浪花堂餅店
なにわどうもちてん

MAP 付録P.16 B-2

創業100年以上の老舗餅店。看板商品の五色餅は保存料などを使わず、昔ながらの製法で手作り。豆や餅など素材本来の味を楽しめる。

☎0877-75-5199
⊛香川県仲多度郡琴平町603-3
🕐8:30〜売り切れまで
⊛9・19・29日（土・日曜、祝日の場合は営業）
🚃琴電琴平駅から徒歩3分　🅿あり

御本宮
大門
P.166 湯元こんぴら温泉
華の湯紅梅亭
P.55 YOHAKu26
名物かまど
P.54 琴平店
P.54 本家船々堂
P.55 金陵の郷
旧金毘羅大芝居
（金丸座）
P.55
P.47 中野うどん学校 琴平校
P.55 灸まん本舗
石段や 本店
浪花堂餅店
参道周辺 P.166 琴平花壇

高松琴平
琴平電鉄
琴平線琴平
榎井駅
琴平局
琴電琴平駅
大宮橋
栄橋
一ノ橋
高灯籠
今橋
土讃線
鞘橋 大センダン
金倉川
琴平駅
善通寺駅
塩入駅

0 100m
N

旧金毘羅大芝居（金丸座）

きゅうこんぴらおおしばい（かなまるざ）

MAP 付録P.16 B-3

春の風物詩、こんぴら歌舞伎

こんぴら参りの参詣者に親しまれた、現存する日本最古の芝居小屋。建物が復元され、今は年に1回歌舞伎が上演されている。

☎0877-73-3846 所香川県仲多度郡琴平町1241 営9:00～17:00 最終入館16:30 休無休 料500円 交琴電琴平駅から徒歩20分 Pなし

↑文化的・歴史的価値が評価され、国の重要文化財に指定

↑愛宕山に移築復元。天保時代の姿が蘇った

金陵の郷

きんりょうのさと

MAP 付録P.16 B-2

江戸から続く清酒と出会う

江戸時代から続く酒蔵を利用した資料館。歴史館、文化館、広場などがあり、酒の歴史にふれることができる。

☎0877-73-4133 所香川県仲多度郡琴平町623 営9:00～16:00（土・日曜、祝日は～17:00） 休無休 料無料 交琴電琴平駅から徒歩8分 Pなし

↑酒造道具を展示している

↑白壁が昔ながらの趣

灸まん本舗 石段や 本店

きゅうまんほんぽ いしだんや ほんてん

MAP 付録P.16 B-2

参拝前後の一服に最適な甘味処。夏はかき氷、冬はぜんざいなどがスタンバイし、参拝客の体を癒やす。

☎0877-75-3220 所香川県仲多度郡琴平町798 営8:00～17:30 休無休 交琴電琴平駅から徒歩10分 Pなし

↑甘さ控えめの黄身餡が入った灸まん6個入り600円。季節限定の味わいも登場する

YOHAKu26

ヨハクにーろく

MAP 付録P.16 B-2

全国の作家や職人とコラボし、地元モチーフのポップなオリジナル雑貨を販売。不定期でイベントも開催。

☎0877-73-0377 所香川県仲多度郡琴平町948-2 営13:00～17:00頃（季節により異なる） 休月～金曜 交琴電琴平駅から徒歩10分 Pなし

↑京都の刺繍ブランドとコラボした、金比羅歌舞伎和片（ワッペン）各880円

↑山梨の織物メーカーと製作した御朱印帳2530円。ポーチ2860円は大阪の作家とのコラボ

自然美に包まれた和やかな島

小豆島 しょうどしま

◆小豆島の山岳霊場・碁石山から
瀬戸内海を一望

瀬戸内海では淡路島に次いで2番目の広さの島。
オリーブの国内栽培発祥の地として知られ、醤油やそうめんも
特産品。映画やCMのロケ地としても親しまれている。

街歩きのポイント

見どころは島内に点在するため、車
が便利。土庄港からは小豆島オリー
ブバスも出ており、島の東側にある
坂手港や草壁港周辺まで約1時間。
1日17便運行している。

土庄港観光センター　☎0879-62-1666　⌂香川県小豆郡土庄町甲6194-10　🕐9:00～
17:30、軽食コーナー9:30～16:00　🈺無休（軽食コーナー水曜）🚋土庄港から徒歩1分

穏やかな気候・風土のなかで

特産品で島巡り

温暖な気候が育む

オリーブ

温暖少雨な瀬戸内気候に恵まれ、国内最大の生産量を誇る

明治41年(1908)、香川県はオリーブ栽培試験の委託を受け、日本での栽培発祥の地となった。エキストラバージンオリーブオイルをはじめ、食品や化粧品なども注目を集める。

↑瀬戸内海と空の青、オリーブ並木の緑と白亜の建物。小豆島ならではの美しい情景に癒やされる

道の駅 小豆島オリーブ公園
みちのえき しょうどしまオリーブこうえん

MAP 付録P.19 D-3

オリーブの丘に建つ複合施設 地中海を思わせる風景が魅力

日本のオリーブ栽培発祥の地であり、広大な園内に約2000本のオリーブを栽培。石畳の小道やギリシャ風車、雑貨店や温泉、カフェなどが点在し、散策しながら時間を忘れて楽しめる。

☎0879-82-2200 ㊟香川県小豆郡小豆島町西村甲1941-1 ㊟8:30〜17:00 (温泉14:00〜20:00) ㊟無休(温泉は水曜) ㊟無料 ㊟土庄港から車で25分 ㊟あり

↑島の特産品やオリーブ商品が豊富

↑オリーブに関する資料や映像を展示した「オリーブ記念館」

オリーブを持ち帰る 島内には、オリーブ料理や手みやげを選べる店が点在。高品質な特産オリーブを体感したい。

凝縮されたオリーブの恵み
井上誠耕園 mother's
いのうえせいこうえん マザーズ

親子3代続くオリーブ農園で、丹精込めて育てられた天然オリーブの化粧品と食品を製造。肌や髪に潤いを与える美容オイルや、洗い心地のよい石鹸は、香り高くご当地コスメとして人気。食品や季節商品も取り揃えている。

MAP 付録P.18 C-3
☎0879-75-1133
㊟香川県小豆郡小豆島町蒲生甲61-4
㊟9:00〜17:00 ㊟無休 ㊟池田港から徒歩10分 ㊟あり

↑店内にはオリーブオイルやコスメなどが並ぶ

↻小豆島産エキストラヴァージンオリーブオイル(10㎖)3088円と(20㎖)6063円。収穫期の天然成分を閉じ込めた逸品

↻美容オリーブオイル(30㎖)1430円と(120㎖)3894円。肌にすっとなじみ潤いを保つ

島ならではの喉ごし

そうめん

日本三大そうめんのひとつ「小豆島そうめん」は弾力と歯ごたえが特徴

天日干しに向く温暖な気候、瀬戸内海の塩、酸化を防ぐ小豆島のゴマ油が揃って、約400年前から生産されている。

小豆島手延そうめん館
しょうどしまてのべそうめんかん
MAP 付録P.18 C-3

できたてのそうめんを食べて貴重な箸分け体験もできる

道の駅・海の駅 小豆島ふるさと村の中に併設。食事はもちろん、職人の箸分け作業の見学や体験もできる（体験は所要約30分、要予約）。

☎0879-75-0044　所香川県小豆郡小豆島町室生1-1　開9:00〜16:00　休月曜（1・2月は日曜）料箸分け体験1300円　交土庄港から車で15分　Pあり

↪そうめん（普通）500円。ネギやショウガと一緒にいただこう

↪箸分けとは、そうめんを乾かす工程の中でくっつきあう麺を長い箸で分ける作業のこと。初めてでもていねいに教えてもらえる

↪買うも食べるも遊ぶもここでできる

道の駅・海の駅 小豆島ふるさと村
みちのえき・うみのえき しょうどしまふるさとむら
MAP 付録P.18 C-3

小豆島の魅力がまるごと伝わる多彩なアクティビティも注目

工房でのそうめん作り見学など、多彩な楽しみ方ができる道の駅。船着き場のカヌー体験も人気。個性的な味わいのそうめんをみやげにしたい。

☎0879-75-2266　所香川県小豆郡小豆島町室生2084-1　開8:30〜17:00　休3〜11月無休、12〜2月水曜　交土庄港から車で15分　Pあり

↪小豆島特産の味を生かした「オリーブ素麺」430円

↪ファンも多い小豆島伝統の逸品「手延素麺島の光」400円

伝統の製法が息づく

醤油

瀬戸内海の塩を使った醤油製造。コクの深い味わい

山々からの高温で乾燥した風は、麹菌の発育や醤油もろみの熟成に適しているといわれる。「醤の郷」に立ち並ぶ、醤油蔵も歴史情緒を感じさせる。

ヤマロク醤油
ヤマロクしょうゆ
MAP 付録P.19 E-3

創業約150年の老舗蔵代々伝わる大杉桶で製法

蔵には直径約2.3m、高さ約2m、約6000ℓの大杉桶が並ぶ。「天然もろみ蔵」の見学ができ、昔ながらの醤油造りの様子やおいしさの秘訣を学べる。

↪100年以上前に建てられた蔵は国の登録有形文化財

↪「もろみ混ぜ」は一桶一桶に思いをこめて

☎0879-82-0666　所香川県小豆郡小豆島町安田甲1607　開9:00〜17:00　休もろみ蔵見学無料（予約不要）　交坂手港から車で15分　Pあり

↪木の桶は空気や水を通し、乳酸菌や酵母菌を育てる

海と山に囲まれた豊かな自然

島の絶景 山と海
変化に富んだ地形と瀬戸内海がつくりだす造形美

寒霞渓
かんかけい
MAP 付録P.19 E-2

日本三大渓谷美に選出
空・海・渓谷の大パノラマ

約1300万年前の火山活動によってできた奇岩。ロープウェイに乗って間近に眺められる。

☎0879-82-2171 **所**香川県小豆郡小豆島町神懸通乙168 **交**池田港から車で25分、紅雲亭駅からロープウェイに乗り換え5分 **P**あり

🔺春の新緑、秋の紅葉と四季ごとに変わる渓谷美。約1時間の登山道もおすすめ。写真提供：(一社)小豆島観光協会

🔺そばにある「約束の丘展望台」は恋人たちに人気。砂浜の道を見下ろせる

エンジェルロード

MAP 付録P.18 B-3

潮の満ち引きで現れたり
消えたりする天使の散歩道

潮の干満時間に、中余島との間に砂浜の道が現れる人気スポット。「大切な人と手をつないで渡ると、願いが叶う」といわれる。

☎0879-62-2801(エンジェルロード売店) **所**香川県小豆郡土庄町甲24-92 **交**土庄港から車で5分 **P**あり

> **干満時間を事前に確認**
> エンジェルロードの出現時間は干潮時間の前後約3時間ずつ。土庄町商工観光課HP「小豆島観光ガイド」の潮見表で調べて訪れたい。

不朽の名作『二十四の瞳』の世界が蘇る

映画『二十四の瞳』『八日目の蝉』のロケ地となった場所。瀬戸内海を望む、レトロな映画の世界にタイムスリップ。

小豆島出身の作家・壺井栄の名作『二十四の瞳』。島の分教場に赴任した大石先生と12人の子どもたちが、貧困や戦争による悲劇のなかで、師弟愛を育む心温まる物語。昭和29年(1954)に映画化され感動を呼んだ。瀬戸内海を望む海岸沿いの敷地は約1万㎡あり、ロケセット、壺井栄文学館、カフェ、みやげ店が並ぶ。『二十四の瞳』の常時上映もあり映画の世界に浸ることができる。

🔺『二十四の瞳』の像『せんせあそぼ』。周囲は、春は菜の花、秋はコスモスの花に包まれる

感動の名場面が目に浮かぶ
二十四の瞳映画村
にじゅうしのひとみえいがむら
MAP 付録P.19 E-4

手描きの映画看板がある小道を散策しながら、昭和の雰囲気を楽しめる。1950年代の日本映画黄金期を振り返る展示も。

☎0879-82-2455 **所**香川県小豆郡小豆島町田浦 **開**9:00～17:00 **休**無休 **料**890円 **交**坂手港から車で15分 **P**あり

🔺映画『二十四の瞳』や『八日目の蝉』のロケに使用された教室

🔺「キネマの庵」のレトロな展示品

🔺ロケ用オープンセット

瀬戸内アートな島々

フェリーを降りると目の前で迎えてくれる独創的なオブジェや、
想像力をかきたてる美術館が建つ。訪れる人の心を躍動させる
芸術家の作品や、島の一部となったアートを鑑賞したい。

↑香川県高松港や岡山県宇野港から
フェリーが運航する、直島の宮浦港

島の風景や暮らしと共生する現代アート
3年に1度の壮大な芸術祭も見逃せない

　穏やかな海に大小の島が無数に浮かぶ瀬戸内海。なかでも、直島、豊島、犬島（岡山）などを中心とした島々は、現代アートの発信地として長年注目を集めている。2010年から3年に1度開催されている瀬戸内国際芸術祭には、世界各国から気鋭のアーティストが参加するほか、多彩なイベントも行われ、島全体が熱気に包まれる。芸術祭で誕生した施設や作品の一部はその後も島に残され、いつでも鑑賞することが可能。単なる作品の展示にとどまらず、島固有の文化や人々の暮らしと芸術が融合することで、独特の魅力を醸し出している。ゆっくりと島巡りを楽しみながら、創造性豊かなアートの世界に浸りたい。

↑岡山県の沖合にある犬島。1時間ほどで一周できるので、海を眺めながらのんびりと散策を

四国汽船☎087-821-5100　豊島フェリー☎087-851-4491　小豆島豊島フェリー☎0879-62-1348
あけぼの丸☎086-947-0912　雌雄島海運のフェリー☎087-821-7912

お役立ちinformation

旅のプランの立て方
各島への移動は、犬島を除いて高松港からフェリーや高速船を利用する。フェリーの出航時間や頻度は島によって異なるのでしっり確認したい。多くの島は日帰りで訪れることもできるが、島を移動するなら宿泊がおすすめ。直島には、宿泊施設や飲食店もあり、拠点にするのに便利だ。

島歩きのマナー／島の歩き方
民家の敷地内に立ち入るなど、島の人々の迷惑になる行為は厳禁。混雑を避けるため車の乗り入れは極力控え、ゴミは持ち帰るなどの配慮も必要だ。坂や階段が多いので、歩きやすい靴や服装で訪れること。小さな島ではレストランやショップの数が限られているため、事前に食事や買い物の場所を確認しておこう。トイレも少ないので、港やフェリーで済ませておくとよい。

アクセス

ルート	出発地	便	到着地
Ⓐ	香川県 高松港	四国汽船のフェリー（50分／520円／5便）	直島 宮浦港
		四国汽船の高速艇（30分／1220円／3便）	
Ⓑ	香川県 高松港	豊島フェリーの高速艇（30分／1220円／1〜2便）※火曜運航なし	直島 本村港
Ⓒ	岡山県 宇野港	四国汽船のフェリー（20分／300円／13便）	直島 宮浦港
		四国汽船の高速艇（15分／300円／3便）	
Ⓓ	岡山県 宇野港	四国汽船の旅客船（20分／300円／5便）	直島 本村港
Ⓔ	香川県 高松港	豊島フェリーの高速艇（35〜50分／1350円／3〜5便）	豊島 家浦港
Ⓕ	岡山県 宇野港	小豆島豊島フェリーのフェリー（40分／780円／4便）	豊島 家浦港
		小豆島豊島フェリーの旅客船（25分／780円／4便）	
Ⓖ	岡山県 宇野港	小豆島豊島フェリーのフェリー（1時間／1050円／3便）	豊島 唐櫃港
		小豆島豊島フェリーの旅客船（40分／1050円／3便）	
Ⓗ	岡山県 宝伝港	あけぼの丸のフェリー（10分／400円／6〜8便）	犬島 犬島港
Ⓘ	香川県 高松港	雌雄島海運のフェリー（20分／370円／6〜12便）	女木島 女木港
Ⓙ	香川県 高松港	雌雄島海運のフェリー（女木島経由）（40分／510円／6便）	男木島 男木港

世界的な現代アートの聖地
直島 _{なおしま}
NAOSHIMA

アートによる地域復興の先駆けとなった島。ベネッセハウス ミュージアムなど多様な美術館が集まり、安藤忠雄建築も見どころ。本村地区では島の生活にふれながら作品を鑑賞できる。

島の歩き方 宮ノ浦、本村、ベネッセハウス周辺の3カ所に分かれて作品が展示されている。バスと徒歩を組み合わせて移動するのが便利。

◐ 美しい砂浜が広がる。夏の「直島の火まつり」では海上打ち上げ花火も

ベネッセアートサイト直島

直島、豊島、犬島を舞台に、株式会社ベネッセホールディングスと公益財団法人福武財団が展開しているアート活動の総称。
瀬戸内海に囲まれた各島の自然や地域固有の文化のなかに、現代アートや建築を置くことで、どこにもない特別な場所を生み出すことを目的としている。日本の原風景が広がる瀬戸内で、アートや地域の人々との関わりを感じられる環境をつくる。

瀬戸内国際芸術祭2025

瀬戸内の島々を舞台に、3年に一度開催される現代アートの祭典。会期は春・夏・秋の3会期で、島の文化や自然を生かした作品を展示する。
●会場…直島・豊島・女木島・男木島・小豆島・大島・犬島・沙弥島[春会期]・本島[秋会期]・高見島[秋会期]・粟島[秋会期]・伊吹島[秋会期]・高松港周辺・宇野港周辺、香川県沿岸部など
●開催期間…春4月18日〜5月25日、夏8月1日〜31日、秋10月3日〜11月9日

◐ステンレス・メッシュで構成された幾何学的な巨大アート。内部に入ることもできる／藤本壮介『直島パヴィリオン』(写真：福田ジン)

直島

◐27の島々からなる直島町の「28番目の島」というコンセプトの『直島パヴィリオン』。夜はライトアップされる
所有者：直島町、設計：藤本壮介建築設計事務所 (写真：福田ジン)

宿泊しながら芸術にふれる

ベネッセハウス ミュージアム

MAP 付録P.17 E-2

「自然・建築・アートの共生」をコンセプトに、美術館とホテルが一体となった施設。安藤忠雄設計の建物は、大きな開口部から島の自然を取り込む構造で、館内の随所にアートが配されている。絵画、彫刻、写真などの収蔵作品に加え、アーティストたちがその場所のために制作したサイトスペシフィック・ワークも必見。

☎ 087-892-3223　㊙香川県香川郡直島町琴弾地　㊟8:00～21:00(最終入館20:00)　㊡無休　㊤1300円　㊩町営バス・つつじ荘下車、徒歩15分　Ｐあり(宿泊者のみ利用可)

↑須田悦弘『雑草』(写真:山本糾)

↑黄色と黒い水玉模様の作品が直島の海岸にたたずむ／草間彌生『南瓜』(写真:山本糾)
©YAYOI KUSAMA

↑瀬戸内海を一望する高台に建つコンクリートの建物(写真:山本糾)

↑流木や泥などの自然素材を使って床や壁に円を描き出した作品／リチャード・ロング『瀬戸内海の流木の円』／『瀬戸内海のエイヴォン川の泥の環』(写真:山本糾)

修復した建物の空間アート

家プロジェクト

いえプロジェクト
MAP 付録P.17 E-1

本村地区の古い家屋や寺社などを改修し、空間そのものをアーティストが作品化するプロジェクト。1998年に始まり、現在は7軒が公開中だ。直島の人々とふれあいながら作品を鑑賞できるのも魅力。

☎ 087-892-3223(ベネッセハウス)　㊙香川県香川郡直島町本村地区　㊟10:00～16:30　㊡月曜(祝日の場合は翌日)　㊤共通チケット1050円(「きんざ」は要予約、別途520円)、ワンサイトチケット(「きんざ」を除く1軒)420円　㊩町営バス・農協前下車、徒歩3～5分(作品により異なる)　Ｐなし

↑明治時代に製塩業で繁栄した石橋家の家屋を空間ごと作品化／『石橋』(写真:鈴木研一)

↶築200年ほどの家屋を修復した家プロジェクト第1弾の作品／『角屋』(写真:上野則宏)

↑建物が地中に埋められており、周囲の風景に溶け込んでいる（写真：藤塚光政）

地中美術館
ちちゅうびじゅつかん
MAP 付録P.17 E-2

瀬戸内の美しい景観を損なわないよう、建物の大半を地中に埋設。安藤忠雄が設計した館内には、クロード・モネ、ジェームズ・タレル、ウォルター・デ・マリアの作品が恒久設置されている。地下にありながら自然光が降り注ぎ、時間帯や季節によって刻々と趣を変えるため、訪れるたびに新たな感動に出会える。

☎087-892-3755　㊟香川県香川郡直島町3449-1　⏰10:00〜18:00（10〜2月は〜17:00）入館は各60分前まで　㊡月曜（祝日の場合は翌日）　㊎2100円　㊋宮浦港から町営バス・つつじ荘下車、ベネッセアートサイト直島場内無料シャトルバスに乗り換え7分　㊟あり　※オンラインチケットによる事前予約制。詳細はベネッセアートサイト直島HPを確認

↑直径2.2mの球体と金箔を施した木彫を配した空間。自然光の加減により表情が劇的に変化する／ウォルター・デ・マリア『タイム／タイムレス／ノー・タイム』2004年（写真：Michael Kellough）

↑地中美術館に入って最初にあるトクサが植えられた中庭（写真：松岡満男）

↑李禹煥『線より』1974年（写真：渡邊修）

⬅自然石と鉄板を組み合わせた作品／李禹煥『関係項-沈黙』2010年（写真：山本糾）

李禹煥美術館
りうふぁんびじゅつかん
MAP 付録P.17 E-2

現在ヨーロッパを中心に活躍している韓国出身のアーティスト・李禹煥の世界初となる個人美術館。半地下構造の建物は安藤忠雄の設計で、李禹煥の1970年代から現在に至るまでの絵画や彫刻が展示されている。

☎087-892-3754（福武財団）　㊟香川県香川郡直島町倉浦1390　⏰10:00〜18:00（10〜2月は〜17:00）入館は各30分前まで　㊡月曜（祝日の場合は翌日）　㊎1050円　㊋宮浦港から町営バス・つつじ荘下車、無料シャトルバスに乗り換え5分　㊟なし

⬅海と山に囲まれた自然の地形を生かして、谷あいにひっそりとたたずむ美術館（写真：山本糾）

ANDO MUSEUM
アンドウ ミュージアム
MAP 付録P.17 E-1

築100年ほどの木造家屋を利用した安藤忠雄の美術館。内部にはコンクリート打ち放しの空間が広がり、過去と現在、木とコンクリート、光と闇など、対立した要素に安藤忠雄建築の魅力が凝縮されている。

⬅本村地区に残る古い家屋を再生。外観は昔ながらの姿をとどめている（写真：山本糾）

↑母屋の木造部分とコンクリートの壁がコントラストを織りなす（写真：浅田美浩）

☎087-892-3754（福武財団）　㊟香川県香川郡直島町736-2　⏰10:00〜13:00、14:00〜16:30（入館は〜16:00）　㊡月曜（祝日の場合は翌日）　㊎520円　㊋町営バス・農協前下車、徒歩3分　㊟なし

直島

直島、ゆったりとくつろげる場所

静かな古民家
隠れ家の島時間

離島の暮らしに溶け込む、古民家で営まれる食卓。
温かいランチや自家製のケーキで散策の休憩を。

落ち着ける空間で過ごす
大人の隠れ家"直島バル"

カフェサロン 中奥
カフェサロン なかおく

☎087-892-3887
所香川県香川郡直島町本村1167
営11:30～14:30 17:30～21:00
(LO20:30) 休月・火曜、ほか不定
休 交本村港から車で5分 Pなし

MAP 付録P.17 E-2

路地奥にたたずむ築85年の古民家をリノベーションしたカフェ。店内には和室もあり、昔懐かしい雰囲気が漂う。店主こだわりの豆で、一杯一杯ていねいにドリップしたコーヒーをはじめ、ランチやスイーツも好評。ディナータイムは、お酒や地元食材を使った一品料理も豊富。

1.香り高いオリジナルブレンドコーヒーと、瀬戸内産夏みかんのジャムを練り込んだ本日の自家製ベイクドチーズケーキ。セットで800円 2.昭和にタイムスリップしたような落ち着いた時間が過ごせる 3.家プロジェクトの南寺から徒歩3分

美容と健康を考えた
栄養満点のプレートを

APRON CAFE
エプロン カフェ

MAP 付録P.17 E-1

管理栄養士の店主が営む、ナチュラルな雰囲気のカフェ。瀬戸内の旬の食材や、栄養価の高いスーパーフードを取り入れたメニューをはじめ、スコーンなどのスイーツや季節のドリンクも用意。

☎090-7540-0010
所香川県香川郡直島町本村777 営
11:00～14:30(LO) 休月曜、ほか不
定休 交本村港から車で5分 Pなし

1.古民家を利用した店構え。時候が良ければテラス席でゆっくり過ごすのも心地よい 2.店内は白を基調とし、ソファ席も完備。雑貨も販売している 3.季節のスペシャルランチ1680円は、色鮮やかな野菜がたっぷり、栄養満点のメニュー。見た目も華やかな一皿に

鮮度抜群の魚が自慢！
ほかでは味わえない島食

島食Doみやんだ
しましょくどうみやんだ

MAP 付録P.17 E-2

古民家を改装した隠れ家食堂。毎日、朝と夕方の2回仕入れる直島近海で獲れた新鮮な鯛やヒラメ、チヌなどの魚介と、旬の野菜を使った名物料理を提供。なかでも快鮮丼や焼き魚定食がおすすめ。

☎080-2948-6437
所香川県香川郡直島町2268-2
営11:30～14:00 17:30～20:00
(LOは各30分前) 休月曜、ほか不定
休 交宮浦港から徒歩3分 Pあり

1.懐かしい昭和を連想させる店内。気さくな店主との会話も楽しめる 3.本日の快鮮丼1800円は、新鮮な魚介はもちろん、カメノテでだしをとった味噌汁も風味豊か

香川 | 瀬戸内アートな島々

瀬戸内海の自然と調和するアートの島

豊島 <small>てしま</small>

TESHIMA

⤵豊島の穏やかな海辺にひっそりたたずむ（写真：久家靖秀）

山から湧き出す水が田畑を潤す自然豊かな島。
休耕田となっていた棚田は地元住民とともに再生され、
豊島美術館と美しく調和している。
心臓音を集めた美術館も訪れたい。

島の歩き方 豊島美術館と心臓音のアーカイブは唐櫃エリアにあり、徒歩で30分ほど。島内を巡る場合はバスや電動自転車を利用するとよい。

自然と建物が呼応する空間

豊島美術館

てしまびじゅつかん

MAP 付録P.17 F-3

アーティスト・内藤礼と建築家・西沢立衛による美術館。瀬戸内海を見渡す丘の上にあり、天井の2つの開口部から屋外の風や音、光を取り込んだ有機的な空間が、周囲に広がる棚田と見事な調和をなしている。

☎0879-68-3555 ㊟香川県小豆郡土庄町豊島唐櫃607 ㊐10:00～17:00(10～2月は～16:00) 入館は各30分前まで ㊡火曜、12～2月は火～木曜(祝日の場合は翌日、月曜が祝日の場合は火曜開館・翌日休) ㊋1570円 ㊩唐櫃港から徒歩15分 Ⓟあり
※オンラインチケットによる事前予約制。詳細はベネッセアートサイト直島HPを確認

人々の心臓音を恒久的に保存

心臓音のアーカイブ

しんぞうおんのアーカイブ

MAP 付録P.17 F-3

☎0879-68-3555(豊島美術館) ㊟香川県小豆郡土庄町豊島唐櫃2801-1 ㊐10:00～17:00(10～2月は～16:00) 入館は各30分前まで ㊡火曜、12～2月は火～木曜(祝日の場合は翌日、月曜が祝日の場合は火曜開館・翌日休) ㊋520円 ㊩唐櫃港から徒歩15分 Ⓟなし

世界中の人々の心臓音を収蔵公開しているクリスチャン・ボルタンスキーのミュージアム。自分の心臓音を採録して作品の一部にすることもできる。

⤵一滴の水が地上に最初に落ちた瞬間のような形を想起させる建物（写真：鈴木研一）

⤵背の低いコンクリート・シェル構造で、柱が1本もない館内では内藤礼の作品『母型』を鑑賞できる（写真：森川昇）

直島／豊島

近代産業の歴史が息づく

岡山県

犬島

いぬじま

INUJIMA

古くは採石業、近代は銅の製錬で栄えた島。製錬所の遺構は美術館として再生され、新たな地域創造のモデルとなっている。集落を散策しながら犬島「家プロジェクト」の作品を探すのも楽しい。

島の歩き方 周囲約4kmの小さな島で、バスはないため島内の移動は徒歩のみ。1時間ほどで一周できるので風景を見ながらのんびり歩こう。

↑自然エネルギーや高度な水質浄化システムを導入するなど、環境に負荷を与えない設計(写真:阿野太一)

☎086-947-1112 所岡山県岡山市東区犬島327-4 時9:00～16:30(入館は～16:00) 休火～木曜(祝日の場合は開館)、12～2月は冬季休館 料2100円(犬島「家プロジェクト」との共通券) 交犬島港から徒歩5分 Pなし

銅製錬所の遺構を保存・再生

犬島精錬所美術館

いぬじませいれんしょびじゅつかん

MAP 付録P.18 B-1

近代化産業遺産である犬島製錬所の遺構を美術館として再生。既存の建物を生かしつつ自然エネルギーを利用した建築は、三分一博志が設計した。館内には三島由紀夫をモチーフにした柳幸典の作品を公開。

→左／巨大な煙突やカラミレンガ造りの重厚な建物が目を引く発電所跡／提供:福武財団 右／三島由紀夫が生前暮らした家の廃材などを用いたインスタレーション／柳幸典『ヒーロー乾電池／ソーラー・ロック』2008年(写真:阿野太一)

↑大きさや焦点が異なる無数の円形レンズが配置されたS邸の作品／荒神明香『コンタクトレンズ』2013年(写真:Takashi Homma)

素朴な集落にアートが点在

犬島「家プロジェクト」

いぬじま「いえプロジェクト」

MAP 付録P.18 B-1

アーティスティックディレクター・長谷川祐子と建築家・妹島和世が2010年から始めたプロジェクト。5軒のギャラリーと休憩所が集落に点在しており、それぞれに現代アートが展示されている。

☎086-947-1112 所岡山県岡山市東区犬島 時9:00～16:30 休火～木曜(祝日の場合は開館)、12～2月は冬季休館 料2100円(犬島精錬所美術館との共通券) 交犬島港から徒歩5分(場所により異なる) Pなし

↓築約200年の建物を改修したC邸。(写真:Takashi Homma)

↓I邸の空間に、向かい合う3つの鏡を配置。作品中央のある一点に立つと、無限のトンネルに入り込んだような感覚になる／オラファー・エリアソン『Self-loop』2015年(写真:市川靖晴)

2島合わせて雌雄島と呼ばれる
男木島・女木島
OGIJIMA, MEGIJIMA
（おぎじま・めぎじま）

男木島は平地がほとんどなく、入り組んだ路地の随所に作品が点在。男木島の南に隣接する女木島は桃太郎伝説でも知られ、港周辺にアートが集中。個性豊かな2つの島を1日で巡りたい。

島の歩き方 2つの島の間はフェリーで約20分。坂が多い男木島内の移動は自転車より徒歩が最適。女木島ではバスも利用できる。

人々を迎える港のシンボル
男木島の魂
おぎじまのたましい
男木島 **MAP** 付録P.18 A-1

☎087-813-0853 所香川県高松市男木町1986 開6:30〜17:00 休無休 料無料 交男木港から徒歩1分 Pなし

スペインの芸術家ジャウメ・プレンサの作品。屋根には8つの言語の文字が複雑に配置されており、日中はその影が地面にアートを描き出す。

⚉港に設置された作品で、水盤に映る姿は白い二枚貝を思わせる（写真：中村脩）

海辺の景色に溶け込む風見鶏
カモメの駐車場
カモメのちゅうしゃじょう
女木島 **MAP** 付録P.18 A-1

防波堤にずらりと並ぶ約300羽のカモメは、木村崇人による作品。本物のカモメ同様、風が吹くと一斉に向きを変える様子は見もの。

☎087-813-0853 所香川県高松市女木町 開休料見学自由 交女木港から徒歩1分 Pなし

⚉風向きに合わせて同じ方向に顔を向けるカモメの習性を視覚化した屋外アート（写真：中村脩）

※各作品の公開状況は公式HPで要確認

島の随所を彩るカラフルな壁画
男木島 路地壁画プロジェクト wallalley
おぎじまろじへきがプロジェクト ウォールアレイ
男木島 **MAP** 付録P.18 A-1

「wallalley」とは「wall（壁）」と「alley（路地）」を組み合わせた造語。アーティスト眞壁陸二が島で集めた廃材に風景のシルエットを描き、民家の外壁に設置している。

☎087-813-0853 所香川県高松市男木町 開休料見学自由 交男木港から徒歩2分 Pなし

⚉島の風景をモチーフにした壁画があちこちに配され、今では景観の一部となっている（写真：中村脩）

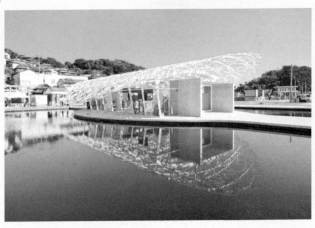

海辺にたたずむグランドピアノ
20世紀の回想
にじゅっせいきのかいそう
女木島 **MAP** 付録P.18 A-1

☎087-813-0853 所香川県高松市女木町 開休料見学自由 交女木港から徒歩7分 Pなし

⚉サウンド・インスタレーションと呼ばれる展示の手法（写真：市川靖史）

青銅でつくられたグランドピアノから、4つの帆が伸びる禿鷹墳上の作品。ピアノの音と波の音が混じり合い、風でたなびく帆の様子が美しい。

犬島　男木島・女木島

街のアートスポットで過ごす

国内外の現代アートをコレクションする美術館や、香川ゆかりのアーティストにふれられるスポット。貴重な展示品を鑑賞し、心豊かな時間を過ごして。

高松市美術館

たかまつしびじゅつかん

高松 **MAP** 付録・P.14 B-3

香川の芸術・文化の拠点

戦後、全国に先駆けて誕生した美術館で、2016年にリニューアルオープン。「戦後日本の現代美術」「20世紀以降の世界の美術」「香川の美術」の3つを柱とするコレクションは、国内外から高い評価を得ている。

☎087-823-1711 所香川県高松市紺屋町10-4 営9:30〜17:00(特別展開催期間中の金・土曜は〜19:00、展示室入室は30分前まで) 休月曜(祝日の場合は翌平日) 料200円(特別展は別途) 交JR高松駅から徒歩15分 Pあり

↑アートの街を代表する美術館

↑天井の高い広々としたロビー

↑現代アートが並ぶ展示室。美術館では約1700点もの作品を所蔵する(写真：青地大輔)

香川県立 東山魁夷 せとうち美術館

かがわけんりつ ひがしやまかいい せとうちびじゅつかん

坂出 **MAP** 付録 P.3 F-2

瀬戸内海の自然と魁夷作品

眼前に瀬戸内海を望む美術館。東山魁夷の祖父が坂出市出身だったことから、遺族より香川県に寄贈された版画作品を中心に収蔵する。作品鑑賞と共に瀬戸お菓を望む警官や谷口吉生設計の建築も見どころ。

☎0877-44-1333 所香川県坂出市沙弥島南通224-13 営9:00〜17:00(入館は〜16:30) 休月曜(祝日の場合は翌日)、展覧会準備期間など臨時休館あり 料310円(特別展開催時は別料金) 交JR坂出駅から車で20分 Pあり

↑海と瀬戸大橋を眺めるカフェ

↑色彩の美しい版画作品の数々

↑塩づくりで発展した坂出の、静かな海辺にたたずむ小さな美術館

ジョージ ナカシマ 記念館

ジョージ ナカシマきねんかん

高松 **MAP** 付録 P.10 B-2

☎087-870-1020 所香川県高松市牟礼町大町1132-1 営10:00〜17:00(入館は〜16:30) 休日曜、祝日 料550円 交ことでん・塩屋駅から徒歩5分 Pあり

木の魅力あふれる家具を展示

世界的木工家具デザイナーのジョージ ナカシマとともに、家具製作を行ってきた桜製作所が創業60周年を記念して設立。ナカシマの作品約60点やドローイング、写真、手紙などを収蔵展示する。

↑木の素晴らしさを感じたい

↑唯一ジョージ ナカシマの作品をゆっくりと鑑賞できる貴重な場所

善通寺
ぜんつうじ

善通寺 MAP 付録P.3 F-3

弘法大師の誕生地に建つ広大な寺

4万5000㎡におよぶ境内は、金堂や五重塔が立ち並ぶ東院と、弘法大師が生まれた佐伯家邸宅跡の西院に分かれる。京都の東寺、和歌山の高野山と並ぶ弘法大師三大霊跡のひとつ。

☎0877-62-0111 　所香川県善通寺市善通寺町3-3-1 　時境内自由(本堂9:00〜17:00) 　休無休 　料無料 　交JR善通寺駅から車で5分 　Pあり

→四国八十八ヶ所霊場75番札所。寺号は大師の父・佐伯善通(よしみち)に由来

→善通寺を象徴する五重塔。高さ約43mで、国の重要文化財にも指定

弘法大師ゆかりの街
歴史にふれる遍路旅
善通寺・観音寺
ぜんつうじ・かんおんじ

善通寺市は、弘法大師誕生の地・善通寺の門前町として発展。市内には大師の祖先とされる豪族の古墳もある。観音寺市は、琴弾公園内に描かれた寛永通宝の砂絵で知られ、弘法大師が住職を務めた観音寺がある。

観音寺
かんのんじ

観音寺 MAP 付録P.3 E-3

天皇の勅願所として繁栄

奈良時代に琴弾八幡宮の別当寺として創建された。大同2年(807)、弘法大師が聖観世音菩薩を本尊とし、観音寺に改称。四国八十八ヶ所霊場69番札所となった。同境内には68番札所の神恵院がある。

→国の重要文化財指定の本堂(金堂)

☎0875-25-3871 　所香川県観音寺市八幡町1-2-7 　時料境内自由 　交JR観音寺駅から車で10分 　Pあり

琴弾公園
ことひきこうえん

観音寺 MAP 付録P.3 E-3

巨大な寛永通宝の砂絵

国の名勝に指定されている夕日の美しい公園。園内の有明浜に描かれた東西122m南北90m周囲345mの砂絵「寛永通宝」は、一度見ると健康で長生きし、お金に不自由しないとの言い伝えがある。

☎0875-24-2150(観音寺市観光協会) 　所香川県観音寺市有明町 琴弾公園内 　時料園内自由 　交JR観音寺駅から車で5分 　Pあり

↑琴弾山山頂の展望台から砂絵がよく見える

西讃岐の伝統菓子をお持ち帰り

菓子工房 遊々椿
かしこうぼう ゆうゆうつばき

明治創業の老舗菓子店が手がける「おいり」は上品で遊び心たっぷり。ほんのり甘く軽い口どけを堪能して。

観音寺 MAP 付録P.3 E-3

☎0875-25-2731 　所香川県観音寺市茂西町2-3-4 　時10:00〜18:00 　休不定休 　交JR観音寺駅から車で10分 　Pあり

→筒入りおいり380円(左)、白わくおいりと鯛540円(下)は県産品コンクールで知事賞受賞

古い街並みを歩き 江戸時代の暮らしを体感

引田
ひけた

室町時代に風待ち港として栄え、今なお古い街並みが残る。江戸時代の商家を生かした観光施設・讃州井筒屋敷や老舗の醤油店かめびし屋が見どころ。

香川 歩く・観る

讃州井筒屋敷
さんしゅういづつやしき
MAP 付録P.16 B-4

ノスタルジーな気分で散策

江戸時代から酒と醤油造りで栄えてきた豪商屋敷を観光拠点として改修。母屋の凛とした空間や風格漂う庭園が見学可能。蔵はショップもあり、ゆったりと過ごせる。

☎0879-23-8550 ㊐香川県東かがわ市引田2163 ⏰10:00～16:00 ㊡水曜 ㊎母屋300円(和三盆体験は750円～) 🚉JR引田駅から徒歩10分 Ｐあり

↑売店コーナーでは引田の特産品を販売

↑江戸後期から明治期の建築。案内所も併設

↑職人と同じ工程で型を使って讃岐和三盆の型抜き体験。できたての半生和三盆の味は格別

↑蒸した大豆などを職人が3日3晩育てる

↑本瓦葺きと朱の漆喰壁があでやか。国の登録有形文化財に指定されている

かめびし屋
かめびしや
MAP 付録P.16 B-4

伝統を守り続ける老舗醤油店

2021年に登録無形民俗文化財に登録された、日本で唯一「むしろ麹」法で醤油を造る蔵元。醤油は旨みが強く、まろやかな味が特徴。店頭で醤油のきき味もできる。

☎0879-33-2555 ㊐香川県東かがわ市引田2174 ⏰10:00～17:00(日曜・祝日は～16:00) ㊡水・土曜、ほか不定休 🚉JR引田駅から徒歩10分 Ｐあり

↑天然醸造で四季の温度変化により、「もろみ」を熟成させる

↑併設のショップでは醤油を使った商品も販売

東かがわの伝統菓子をお持ち帰り

ばいこう堂
ばいこうどう

讃岐の和三宝糖は、口どけがよく上品な甘さで知られる。和三宝糖を使用した、千菓子や焼菓子がおすすめ。

MAP 付録P.16 C-4

☎0120-33-6218 ㊐香川県東かがわ市引田大川140-4 ⏰9:00～17:30 ㊡水曜(祝日は営業) 🚉JR引田駅から徒歩8分 Ｐあり

↑かのこちゃん648円。和紙の中には、丸くてかわいい銘菓霰糖が入っており独特な風合い

↑↑香川の観光地や名物などがかたどられた千菓子はみやげにおすすめ。和三宝めぐり(香川) 680円

OTONATABI
Ehime

愛媛

松山、大洲、宇和島、今治と
城下町として栄えた街が各所にあり、
歴史と文化の風が薫る。
情緒深い街並みを散策し
郷土色豊かな文化にふれたあとは、
日本最古といわれる道後温泉訪問で
旅のハイライトを迎えて。

歴史と
文学の地に
城下町の風情

エリアと観光のポイント

愛媛はこんなところです

四国北西部に広がる愛媛県には、
名所や旧跡など多彩な見どころがあふれている。

愛媛

松山城が建つ文学の街

松山周辺 ➡P.74
まつやま

松山市のシンボルは、風格のある松山城。かつて城下町として栄えた地で、正岡子規や夏目漱石など文学者にもゆかりが深い。夏目漱石の「坊っちゃん」の舞台としても有名な地。

観光のポイント 加藤嘉明らが建てた松山城は、城好きにも人気が高い

日本最古の温泉を訪ねて

道後温泉 ➡P.86
どうごおんせん

四国屈指の人気温泉施設、道後温泉本館。本館は明治期に建てられ、夏目漱石をはじめ数々の文人にも愛された。石畳の通りや商店街など、温泉街ならではの情緒もいい。

観光のポイント 入浴コースは4種類。好みに合わせて湯を楽しもう

明治の街並みをゆるり遊歩

内子 ➡P.92
うちこ

江戸末期から明治にかけて木蝋と和紙で栄えた街には、当時の繁栄を伝える商家が連なる。タイムスリップした気分で散策が楽しめる。

観光のポイント 受け継がれる伝統工芸を手みやげに

鵜飼いで有名な趣ある街

大洲 ➡P.94
おおず

清流・肱川のほとりに、城下町として繁栄した大洲市がある。見どころは、臥龍山荘や復元された大洲城など。風流な街にはレトロな建物が点在。

観光のポイント 旧城下町に残るノスタルジーを存分に感じて

安芸灘
山陽本線
山口県
長島
瀬戸内海
広島 岡山 神戸
香川県 淡路島
愛媛県 高知県
土佐湾
徳島県
和歌山

倉橋
柱島
津和地島
怒和島
二神島
屋代島
由利島
平郡島
青島

見晴山
佐田岬
佐田岬半島
伊予灘
伊方町
伊予大洲駅
大洲北只
大洲市
八幡浜市
西予宇和
予讃線

大洲

宇和島
宇和海
日振島
戸島
御五神島
竹ヶ島
豊後水道
由良岬
観音山
鹿島

宇和島北
宇和島朝日
宇和島別当
宇和島南
宇和島市
津島高田
津島若松
愛南

広島県

安芸灘大橋
上蒲刈島 豊島
岡村島

生口島
生口島北
生口島南
因島南
大三島
伊方島
大島北

大崎上島
大崎上島
大三島
大下島
大島
瀬戸内しまなみ海道
（西瀬戸自動車道）
大島南

松山市

今治市
今治北
今治駅
今治
今治
今治湯ノ浦

大島

新居浜駅
新居浜

土居
三島川之江

道後温泉
道後温泉駅
松山駅
松山
松前町

東予丹原
いよ小松
いよ小松JCT
西条市

予讃線
新居浜
松山自動車道
四国中央市
東赤石山
笹ヶ峰

伊予
砥部町
予讃線

川内
東温市
石鎚山
瓶ヶ森
大川村
稲叢山
土佐町
南国町

久万高原町
いの町
高知市
高知駅
伊野
高知

内子駅
内子五十崎
子
大洲市

明神山
仁淀川町
越知町
土讃線
日高村
土佐
佐川町
土佐市
伊野
高知南

愛媛県

鳥形山

橋本町
津野町

鈴が森
中土佐町

高知県

鬼北町

四万十町東
四万十町

松野町
四万十町中央

宿毛市

予土線

宿毛和田

しまなみ海道の基点
今治
いまばり
→P.98

広島県尾道市まで続く、瀬戸内しまなみ海道の基点。海運業や繊維産業で知られるほか、陸地部の今治城、芸予諸島の大山祇神社など歴史観光地も多い。

銅山の街として繁栄
新居浜
にいはま
→P.100

江戸時代に別子銅山が開坑し栄えた街。昭和の閉山後も工業都市として発展を遂げている。毎年秋に開催される新居浜太鼓祭りは、四国三大祭りのひとつ。

P.109 桂浜 ★

宇和島伊達家ゆかりの地
宇和島
うわじま
→P.96

伊達家が藩を治めたこの地には、宇和島城や天赦園など、ゆかりの史跡が多く残っている。伝統行事である闘牛をはじめ、鯛めし、じゃこ天など海の恵みを生かしたグルメも人気だ。

観光のポイント 近年注目のアートの島々で、数々の現代芸術にふれる

交通information

主要エリア間の交通

鉄道・バス

松山

JR松山駅

↻特急宇和海で 約25分 / ↻特急しおかぜで 約40分

JR内子駅 / JR今治駅

↻特急宇和海で 約10分 / ↻特急しおかぜで 約30分

JR伊予大洲駅 / JR新居浜駅

↻特急宇和海で 約45分

JR宇和島駅

松山

伊予鉄道・松山市駅

↻伊予鉄バスで 約45分 / ↻伊予鉄道で 約20分

砥部 / 道後温泉駅

車

松山

↻松山自動車道経由約50分 / ↻国道317号で約1時間10分

内子 / 今治

↻松山自動車道経由約20分 / 松山自動車道経由約1時間

大洲 / 新居浜

↻松山自動車道経由約30分

宇和島

問い合わせ先

交通

JR西日本お客様センター
☎0570-00-2486

JR四国電話案内センター
☎0570-00-4592

伊予鉄道 ☎089-948-3323
伊予鉄バス ☎089-941-3574
NEXCO西日本（お客様センター）
☎0120-924-863
日本道路交通情報センター
☎050-3369-6666

愛媛はこんなところです

多くの文人を育んだ文学の街

松山
まつやま

江戸時代から栄えた松山藩の城下町であり、今なお
四国屈指の都市として賑わいをみせる。俳人・正岡子規の
出身地、夏目漱石の小説『坊っちゃん』の舞台としても有名。

街歩きのポイント

路面電車の伊予鉄道・大街道駅を中
心に見どころが集まり、歩いて観光
できる。道後温泉やJR松山駅への
アクセスも便利。松山郊外へは、伊
予鉄バスを利用して移動したい。

愛媛 / 松山 ● 歩く・観る

風格ある城郭が街を見守る

松山城
まつやまじょう

勝山山頂にそびえる天守と
広大な敷地を持つ平山城

↑威厳のある天守。江戸以前に建てられた現存12天守のひとつ

慶長7年(1602)から四半世紀以上を
かけて加藤嘉明が築城。連立式天守
がある日本有数の城で、全域が史跡
公園になっている。天守をはじめ数々
の門や櫓は国の重要文化財に指定。

MAP 付録P.20 C-3

☎089-921-4873　🏠愛媛県松山市丸之内1
🕐9:00〜16:30(札止め、季節により異なる)
🈳無休(天守は12月第3水曜)　💴天守520円
🚃伊予鉄道・大街道電停からロープウェイ東雲
口駅まで徒歩5分　🅿あり

松山城初代城主・加藤嘉明

秀吉の家臣・加藤景泰に見いだされた名将。
のち家康のもと武功を挙げ、松山藩主となる

加藤嘉明は豊臣秀吉に取り立てられた武将の一人。賤ヶ
岳の戦いで福島正則、加藤清正らと並ぶ活躍を見せ、賤
ヶ岳七本槍に数えられた。関ヶ原の戦いでは徳川側につ
き、その功績から伊予半国20万石に加増され松山城を築
城。その後、陸奥会津40万石の領主に転封した。

↑松山城ロープウェ
イ乗り場に立つ銅像

松山市観光案内所　☎089-931-3914　🏠愛媛県松山市南江戸
1-14-1 JR松山駅構内　🕐8:30〜20:30　🈳無休　🚃JR松山駅構内

松山城
二之丸史跡庭園
まつやまじょうにのまるしせきていえん

MAP 付録 P.20 C-3

藩主邸宅を表現した
風流な庭園

表御殿跡にあたる「柑橘・草花
園」では柑橘類などを用い、奥御
殿跡の「流水園」では砂利や芝
生で昔の間取りを再現している。

☎089-921-2000 所愛媛県松山市丸之
内5 時9:00～17:00(季節により異なる)
休12月第3水曜 料200円 交伊予鉄道・
県庁前電停から徒歩5分 Pあり

↑流水園では奥御殿跡の間取りを
表している

萬翠荘
ばんすいそう

MAP 付録 P.21 D-3

旧松山藩主の子孫が建築
純フランス風の豪華な洋館

国の重要文化財に指定された、久
松定謨伯爵が大正時代に建てた別
邸。当時は社交場として使われ、建
物のほか調度品や装飾も最高級だ。

☎089-921-3711 所愛媛県松山市一番町
3-3-7 時9:00～18:00 休月曜(祝日の場
合は開館) 料300円 交伊予鉄道・大街道
電停から徒歩5分 Pあり

↑踊り場壁面のステンドグラスは
木内真太郎氏の作品

↑夜にはライトアップも行われている

↑格調高いネオ・ルネサンス建築が美しい外観

司馬遼太郎の『坂の上の雲』からたどる、近代・松山

怒濤の時代を生きた男たち

松山に生まれた秋山兄弟と正岡子規。『坂の上の雲』で司馬遼太郎が描いた彼らの人生を追い、幕末から明治へと、駆け足で近代化の道を突き進んでいった、日本のなかの愛媛・松山を俯瞰する。

愛媛／松山●歴史

19世紀半ば〜19世紀後半　人生の岐路に立つ伊予の藩士
幕末から明治の伊予

幕末の動乱に対応を求められた伊予八藩
その動きが維新後の各藩の運命を左右した

幕末を迎えた伊予の国は、伊予松山藩、宇和島藩、大洲藩、今治藩、小松藩、伊予吉田藩、新谷藩、西条藩の伊予八藩に分かれていた。ペリーの来航以来、尊王攘夷派や公武合体派、討幕派が入り乱れる政情に、伊予の各藩も否応なしに巻き込まれていった。

伊予最大の松山藩は、藩主・松平氏が徳川家の血筋を継ぐ、いわゆる親藩だ。長州征伐では、幕府軍として尊王攘夷派の長州と交戦。戊辰戦争では、同じ親藩の今治・西条の各藩が新政府軍につくなか、松山藩は徳川家擁護の立場を貫いた。旧幕府軍は敗れ、松平氏は城を明け渡すこととなる。15万両もの重い賠償金を課され、維新後の松山藩士、なかでも下士たちの生活を苦しめる結果となった。

幕政の重鎮だった宇和島藩主の伊達宗城は、戊辰戦争で幕府と一定の距離を保ち、明治新政府でも要職に取り立てられた。旧幕派など、出世の道を閉ざされた旧藩士には、出世の道を切り拓くため学問の道へ進む者が多かった。

幕末の南予　南予に吹いた好学の風

南予の大洲藩と宇和島藩は、海外の学問や技術を積極的に取り入れた藩として知られる。大洲藩では江戸前期、2代・加藤泰興が伊予でいち早く教育を奨励し、陽明学の祖・中江藤樹を登用して藩士を育てた。

幕末の宇和島藩では、西洋に通じた8代藩主・伊達宗城が蘭学者の高野長英や村田蔵六を招いて、西洋式の砲台の築造や蒸気船の建造を行うなど、軍備の近代化を図った。シーボルトの弟子だった蘭学医・二宮敬作も宇和島藩に仕え、多くの優秀な人材を育てている。

江戸時代は宇和島の藩庁が置かれた宇和島城

19世紀後半〜19世紀末　動乱期の松山に生まれた3人
秋山兄弟と正岡子規

貧しさから立身出世を目指した好古・眞之兄弟
子規は東京に大きな夢を抱いて故郷を離れた

尊王攘夷運動の嵐が吹き荒れていた安政6年（1859）、秋山好古は、松山藩の下級武士の家の三男として生を受けた。元号が明治となる1868年には、弟の五男・眞之が誕生、子だくさんのため眞之を寺に預ける話が出たが、好古が引き止める。明治4年（1871）の廃藩置県で藩が廃止され、家禄の支給がなくなると、秋山家はさらに困窮する。好古は学校をあきらめて銭湯の風呂焚きをしながら独学していたが、無料で通える師範学校があると聞き、立身出世を夢見て16歳で大阪へと旅立った。

9つ違いの弟・眞之は、兄の援助を受けて県立松山中学に通い、生涯の友となる同い年の正岡子規と出会う。子規も旧藩士の家柄で、松山一の学者だった祖父・大原観山に、幼い頃から漢詩や和歌を学んだ。家には母の計らいで自分の書斎があった。松山で自由民権運動にふれた子規は、広い世界を求めて明治16年（1883）に上京。眞之もすぐに後を追いかけた。

⬅生誕の地にある兄・秋山好古像

秋山兄弟生誕地
あきやまきょうだいせいたんち
MAP 付録P.21 D-3

兄弟の生家を原型に近い形で復元。資料の展示や銅像もある。

☎089-943-2747　⒜愛媛県松山市歩行町2-3-6（公益財団法人 常盤同郷会本部地）　⒯9:00〜17:00　⒣月曜　⒫300円（高校生以下無料）　⒢伊予鉄道・大街道電停から徒歩3分　Ｐなし

⬅兄・秋山好古による直筆の書も展示されている

⊙松山城から松山市内北西部を望む。当時は興居島(ごごしま)の手前に広がる三津浜から、航路で東京に向かったという

19世紀末　文豪・漱石と俳人・子規の友情

夏目漱石の松山

東京の学校で子規と出会い、親友を得た漱石
松山で同居し、子規に俳句の腕を鍛えられる

　東京帝国大学の進学を目指し、東京の大学予備門に通っ
た正岡子規は、もう1人の生涯の友となる夏目漱石と出会う。
明治23年(1890)、2人は揃って東京帝国大学に入学し、
交友を深める。夏目漱石の「漱石」というペンネームは、子
規の雅号のひとつを譲り受けたものだ。子規は大学在学 中
から俳人として文学活動を始め、2年後には大学を中退して
新聞『日本』(日本新聞社)に入社。記者をしながら、俳句と
短歌の革新運動に取り組み、俳諧に新風を吹き込んだ。
　子規と漱石が再び親交を持ったのは、子規の故郷・松山で
だった。漱石は明治28年(1895)、松山の尋常中学校に英
語教師として赴任。約1年間を松山で過ごした。同年、結核
を患う子規が、静養のため松山に帰郷。漱石の下宿「愚陀
佛庵」で52日間の共同生活を送った。子規が開く句会に漱
石が参加し、ときには2人で道後温泉の湯に浸かったという。
このときの子規の俳句指導が、漱石の文才を目覚めさせたと
いわれている。2人
はその後も書簡を交
わすなどして友情を
育んだ。漱石はのち
に、松山での教師体
験を描いた小説『坊
っちゃん』を、俳句雑
誌『ホトトギス』に発
表する。

⊙松山市立子規記念館に展示されてる愚陀佛庵

司馬 遼 太郎の代表作品

　昭和43年(1968)から4年半にわたり、産経新聞に連載
された司馬遼太郎の代表作。明治の日本陸軍で、「日
本騎兵の父」と呼ばれた秋山好古。日本海軍の参謀と
して日本海海戦などで活躍した秋山真之。近代俳句の
道を拓いた正岡子規。松山出身の3人の主人公を中心
に、近代日本・明治のできごとを描いた長編歴史小説。

坂の上の雲ミュージアム
さかのうえのくもミュージアム
MAP 付録P.21 D-3

松山全体を屋根のない博物館とする
フィールドミュージアム構想の中核を
担う施設。『坂の上の雲』の主人公3人
の足跡や明治時代についての展示が
行われている。

⊙建物は三角形という斬新な形。設計は安藤忠雄

☎089-915-2600 ㊟愛媛県松山市一番町
3-20 ㊐9:00〜18:30(入館は〜18:00)
㊡月曜(祝日の場合は開館、ほか臨時開館あ
り)　㊎400円 ㊋伊予鉄道・大街道電停か
ら徒歩2分 ㋟なし

⊙3〜4階には産経新
聞に掲載された1296
回分の『坂の上の雲』
を掲示している

その後の3人と日本

苦しい病床でも創作に励み続けた子規
秋山兄弟は日露戦争で大きな功績を挙げる

　大阪の師範学校で学んだ秋山好古は、のちに同郷の先輩のすすめで陸軍士官学校騎兵科に入学する。上級幹部を養成する陸軍大学校へ進んだ頃、東京に弟の眞之を呼び寄せて同居を始める。大学予備門に入り、子規とともに文学の道を目指していた眞之だったが、その後の高額な学費負担や自分の将来について思い悩んだ末、大学予備門を中退して、国費で通える海軍兵学校へ進むことを決意する。

　その頃、近代国家への道を突き進む日本に、戦争の足音が近づいていた。欧州列強のアジア進出が広がるなか、朝鮮半島の支配権をめぐって、明治27年（1894）に日清戦争が勃発。好古と眞之は初めての実戦を経験する。正岡子規も従軍記者として戦地へ赴いた。清に勝利した日本は、今度は朝鮮半島と満州を狙うロシアとの間で、明治37年（1904）に日露戦争へ突入。秋山兄弟の活躍により、大国ロシアから奇跡的な勝利を収め、世界中を驚かせた。その後、眞之は巡洋艦艦長を歴任し、海軍一筋の人生を歩む。好古は陸軍重職を歴任後、晩年は松山に戻って中学校長を務めた。正岡子規は、戦地から帰国後に結核を悪化させ、俳誌『ホトトギス』に作品を発表するなど病床で文芸活動を続けたが、34歳の若さで明治35年（1902）に生涯を閉じた。

松山の産業政策

鉄道が敷かれ、多くの産業が振興
松山に近代化の波が押し寄せる

　廃藩置県を経て愛媛県が誕生したのは明治6年（1873）。近代国家を目指す明治政府の富国強兵のスローガンのもと、愛媛県内でも殖産興業政策が図られた。養蚕業や製糸業の振興が進み、明治21年（1888）には日本初の軽便鉄道である伊予鉄道が松山〜三津間で開業。1890年代には、住友の管理する別子銅山の近代化が進み、銅の産出量を増加させた。1900年代に入ってからは、「今治タオル」で知られる今治綿ネルなどの織物業や製紙業が成長するなど、さまざまな産業が県内でしだいに発展していった。

◆東洋のマチュピチュとも呼ばれる別子銅山。現在、周辺は「マイントピア別子」として整備され、見学することができる（P.100）

松山の歴史 〜幕末・近代を中心に〜

西暦	元号	事項
1602	慶長7	関ヶ原の戦いの功績が認められ、加藤嘉明が築城（松山城⊃ P.74）を開始。
1777	安永6	この頃、陶祖、杉野丈助により砥部焼⊃ P.90の制作が始まったといわれる
1854	安政元	35年の年月をかけ、松山城を復興
1871	明治4	廃藩置県で松山藩は松山県となる
1875	8	秋山好古、藩校の明教館で学んだのち、大阪師範学校へ進む
1883	16	正岡子規、上京し共立学校へ。秋山眞之も子規の影響を受け上京する。翌年、東京大学予備門へ。この頃より俳句に傾倒しはじめる
1886	19	秋山眞之、帝国大学予備門を退学し海軍兵学校へ入学
1888	21	松山市内に伊予鉄道開業（松山〜三津）
1889	22	漱石と子規の交流が始まる
1890	23	漱石と子規、帝国大学に入学
1892	25	正岡子規、帝国大学を退学し、日本新聞社へ入社
1894	27	道後温泉本館⊃ P.86が完成する
1894	27	日清戦争が勃発
1895	28	子規、日清戦争に従軍
1895	28	夏目漱石、松山中学の英語教師として松山に赴任。病気療養のため正岡子規が帰郷。夏目漱石と愚陀佛庵⊃ P.77で生活
1897	30	松山で俳句雑誌『ホトトギス』が創刊される。のち、東京の高浜虚子に引き継がれる
1902	35	正岡子規没。満34歳
1904	37	日露戦争が勃発
1905	38	夏目漱石、『ホトトギス』誌上にて『吾輩は猫である』の連載開始
1906	39	夏目漱石、『坊っちゃん』を『ホトトギス』に発表する。翌年、教職から離れ、新聞社に入社し、職業作家となる
1916	大正5	夏目漱石、胃潰瘍のため没。満49歳
1922	11	萬翠荘⊃ P.75が完成
1924	13	秋山好古、北予中学校（現・松山北高校）の校長に就任。昭和5年（1930）春に退職、同年秋、永眠

近代俳句の祖を生んだ俳都
俳句と松山、子規ゆかりの地へ

俳句の世界に近代化をもたらした正岡子規。彼を育てた松山には、俳句を楽しむ文化がすでにあった。子規の後には多くの松山の俳人が生まれ、俳壇を担う名手を輩出した。

正岡子規と同郷の俳人たちとの交流

現在、俳句の里として知られる松山は、江戸時代から藩主・松平氏や藩士、商人までもが俳諧を楽しむ文化が育っていた。そんな空気に包まれた慶応3年（1867）の松山に、正岡子規は生まれた。

幕末以降の俳句の流れを「低俗で月並み」と批評した子規は、俳句の革新運動を新聞『日本』の紙上で展開した。客観的な写生主義を主張する子規の俳句は多大な反響を呼び、日本派（子規派）と呼ばれる子規門下の俳壇一派が生まれた。

子規の松山時代の学友で俳人の柳原極堂は、友人を支援するため、日本派の俳句雑誌『ホトトギス』を創刊した。高浜虚子は17歳のとき、地元・松山で野球に興じているときに、偶然、帰省中の子規と遭遇している。虚子はのちに子規に師事し、同郷の学友・河東碧梧桐と一緒に東京の子規庵に居候した。病気療養で松山の漱石の下宿先に子規が逗留した折には、地元の日本派俳句結社「松風会」の会員が日参。子規は同郷の門弟を指導した。

松山ゆかりの主な俳人

正岡子規 慶応3年～明治35年（1867～1902）
結核を患いながらも明治30年（1897）には雑誌『ホトトギス』の創刊に尽力。日本に野球を広めた立役者であり、2002年には野球殿堂入りした。

種田山頭火 明治15年～昭和15年（1882～1940）
五七五調の定型に縛られない自由律俳句の代表俳人。晩年は禅僧として西日本を行乞しながら句作を行い、松山市に「一草庵」を結庵。そこで生涯を終えた。

高浜虚子 明治7年～昭和34年（1874～1959）
正岡子規に師事した俳人・小説家。『ホトトギス』に和歌や散文などを加え、俳句文芸誌として発展させた。

河東碧梧桐 明治6年～昭和12年（1873～1937）
高浜虚子とともに「子規門下の双璧」と称される俳人。新傾向俳句やルビ俳句など新しい流れを試みた。

中村草田男 明治34年～昭和58年（1901～1983）
高浜虚子に師事した俳人。人間性や生活に関わる句を詠み、人間探求派と呼ばれた。俳誌『萬緑』を創刊。

松山・俳句にまつわるスポット ▶ 旅行者も街なかで俳句に親しめる

松山市立子規記念博物館
まつやましりつしききねんはくぶつかん
MAP 付録P.22 B-2

「人間正岡子規」をテーマに直筆資料や映像で子規の生涯を解説。夏目漱石と友情を育んだ愚陀佛庵の復元（1階のみ）もある。
☎089-931-5566 愛媛県松山市道後公園1-30
⏰9:00～18:00（11～4月は～17:00）観覧受付は各30分前まで 火曜（祝日の場合は翌日） 400円 伊予鉄道・道後温泉電停から徒歩5分 ありP

↑子規の俳句でお出迎え

子規堂
しきどう
MAP 付録P.5 D-2

正岡家の菩提寺、正宗寺にある記念堂。直筆原稿や遺品などを展示している。
☎089-945-0400 愛媛県松山市末広町16-3
⏰9:00～17:00（最終入館16:40） 無休 50円 伊予鉄道・松山市駅電停から徒歩4分 ありP

↑子規が幼少期を過ごした家を復元した

俳句ポストを利用する

誰でも俳句を投句できるポストで、昭和43年（1968）以降、松山市内の主要観光地など80カ所以上に設置されている。3カ月に一度開函され、特選3句・入選20句を選考。松山市のHP、愛媛新聞紙上で発表され、入選者には記念品や入選句集が贈呈される。

↑松山城長者ヶ平にある俳句ポスト

怒濤の時代を生きた男たち

瀬戸内海を縦横無尽に駆け巡った海の武士たち
水軍が活躍した時代

大小の島影が美しい穏やかな瀬戸内の海。日本の主要航路だった時代、島々を拠点に海上を支配し、わが物顔に振る舞った水軍たちがいた。

愛媛｜松山●歴史

陸とは別に瀬戸内の海上を支配した水軍
略奪や通行税徴収、警護など多彩に活動した

　水軍とは、かつて、日本の海で権勢をふるった水上武力集団だ。主に中世以降に豪族や大名に属して軍事化した海賊衆を指すが、広い意味では古代に略奪行為を行った海賊まで含まれる。

　古くから主要な水上交通路だった瀬戸内海には、平安時代にはすでに海賊が横行していたという。平安後期には、瀬戸内の島々や沿岸域を本拠に、海上で軍事力を誇示する海の武士集団・海賊衆が現れる。彼らは公権力を無視して、領域の海上権を欲しいままにした。刃向かう船には海賊同様に略奪をしたが、船の通行料を徴収して警護をしたり、交易を行ったりもした。戦時には、陸の有力者と手を組み、海上戦の兵力として活躍した。

　室町時代に入ると、海賊衆は大名の統制下に組み込まれ、戦国時代に大名の家臣団となって、軍事力や輸送力が生かされるようになった。織田信長や豊臣秀吉も海上戦に水軍を活用している。伊予で有名な水軍には、芸予諸島の村上水軍や風早郡河野（松山市北条）を本拠にした河野水軍（伊予水軍）がいる。天正16年（1588）に豊臣秀吉が発した海上賊船禁止令によって、水軍はしだいに姿を消していく。

中世に海と陸の両方で覇権を握った河野氏
源平合戦や蒙古襲来で河野水軍が活躍する

　河野氏は、中世の伊予で陸と海を広く支配した豪族の一派だ。古代末期、風早郡河野郷に本拠の高縄城を築くと、高縄半島と周辺の島々に住む海賊たちを束ねて河野水軍（伊予水軍）を統率、周辺海峡の通行権を支配した。

　源平合戦では、河野通清・通信父子は源氏側につき、海上戦に弱点を持つ源氏の強力な援軍を担った。屋島の戦いや檀ノ浦の戦いで功績を挙げ、源氏の勝利に大きく貢献した。鎌倉幕府で有力御家人となり、伊予で最大の勢力を誇るようになる。承久の乱で反幕府側に味方して衰退したものの、元寇で再び武勲を挙げて再興する。2度目の蒙古襲来となった弘安の役では、氏神である大山祇神社の大三島大明神の力を借りて敵方大将の船を見つけ出した河野通有が、見事に大将の首をとったとの伝説が残されている。南北朝期に本拠を河野郷から湯築城（松山市）に移し、伊予守護の地位も得た。

　その後は、家督相続争いがこじれ、土佐の長宗我部氏らの侵攻もあって、有力な戦国大名にはなり得なかった。天正13年（1585）の秀吉による四国平定によって所領を没収され、河野氏は滅亡する。

⬆穏やかな内海のイメージがある瀬戸内海だが、島々が点在し狭水路ができるため、写真右下のように潮の流れは非常に複雑で速い動きを見せる。写真は来島（くるしま）海峡

⬆瀬戸内海で繰り広げられた源平の戦いでも水軍の能力、海況が戦果を大きく左右した。写真は檀ノ浦の戦いを描いた『安徳天皇縁起絵図』。この戦で河野水軍は源氏側につき、勝利した＜赤間神宮蔵＞

亀老山展望公園

きろうさんてんぼうこうえん

愛媛・大島 MAP 付録P.5 F-1

世界初の3連吊り橋である来島海峡大橋が一望できる。夕景やライトアップされた夜景も見事だ。

☎0897-84-2111(今治市役所吉海支所住民サービス課) 所愛媛県今治市吉海町南浦487-4 時休料入園自由 交大島北ICから車で15分 Pあり

芸予諸島海域の安全と秩序を保った村上海賊
海の難所で操船の腕を磨き一大勢力に

　芸予諸島の海域で、南北朝から戦国時代に活躍したのが村上水軍。因島村上氏、能島村上氏、来島村上氏の3家からなり、3家が一体となって諸島全域を支配した。

　島の密集する芸予諸島には、瀬戸と呼ばれる海峡の狭い船の難所がいくつもある。村上海賊は通行料を徴収する代わりに難所の水先案内や海賊警護を担い、海の秩序を保っていた。要衝となる沿岸部に、海の関所である海城を築き、平時にはそこを拠点に物流や漁業などのさまざまな海上活動にも従事した。陸の支配者とも結束を保ち、河野氏とは主従関係にあったが、あくまで独立性を保って活動した。

　戦国期には、巧みな操船技術や海上作戦を駆使して海戦で活躍した。その後は、来島村上氏は秀吉直属の大名に取り立てられ、江戸時代も豊後森藩の大名となる。一方、能島・因島の両村上氏は毛利氏の家臣・御船手組として幕末を迎えた。芸予諸島には村上海賊ゆかりの史跡が点在し、彼らの歴史にちなんだ郷土料理として水軍鍋や法楽焼がある。村上海賊のストーリーは、2016年に文化庁の日本遺産に認定された。

大山祇神社

おおやまづみじんじゃ

愛媛・大三島 MAP 付録P.2 B-2

全国にある三島神社や大山祇神社の総本社。戦いの神としても信仰されており、多くの武将が武具を奉納し、戦勝を祈った。

☎0897-82-0032 所愛媛県今治市大三島町宮浦3327 時境内自由(宝物館8:30～16:30) 休無休 料宝物館1000円 交大三島ICから車で10分 Pなし

↑本殿と拝殿は国の重要文化財に指定されている

↑総檜造りの美しい総門。2010年に再建された

日振島と藤原純友の乱

ひぶりしま　ふじわらのすみとものらん

　宇和島沖に浮かぶ日振島は、平安中期に起きた藤原純友の乱の勃発地として知られている。名門・藤原北家出身の藤原純友は、海賊征伐の命を受け、国司として伊予に派遣された。純友は任期終了後も伊予にとどまり、鎮圧対象だったはずの海賊衆の棟梁となる。日振島を拠点に略奪行為を行い、淡路・讃岐の国府、大宰府を襲うなど朝廷に反抗したが、天慶4年(941)、小野妹古(小野妹子の子孫)らに鎮圧され命を落とした。

今治市 村上海賊ミュージアム

いまばりし むらかみかいぞくミュージアム

愛媛・大島 MAP 付録P.2 B-3

南北朝から戦国時代にかけて活躍した海賊、能島村上氏の歴史を古文書や出土品を通して紹介。屋外に村上氏使用の船の復元模型も展示。日本唯一の中世海賊をテーマとした博物館だ。

☎0897-74-1065 所愛媛県今治市宮窪町宮窪1285 時9:00～17:00(入館は～16:30) 休月曜(祝日の場合は翌平日) 料310円 交大島北ICから車で5分 Pあり

↑2階の村上家記念室では能島村上家に伝わる品を展示

水軍が活躍した時代

瀬戸内料理と全国の銘酒が
心ゆくまで楽しめる

割烹 むつの

かっぽう むつの

MAP 付録P.21 E-4

瀬戸内の旬の魚介料理と、地物の
野菜や愛媛県産肉を使った和風創
作料理の店。目にもおいしいと評
判の懐石コースは、5000円から1
万5000円の全5種を用意。ペース
に応じて料理を提供するので、時
間を気にせずゆっくりと楽しめる。
全国各地の地酒も豊富に揃う。

☎089-945-1606
所愛媛県松山市三番町1-15-7 F CIAOビル2F 営18:00
～24:00 休日曜、祝日
交伊予鉄道・勝山町電停か
ら徒歩5分 Pなし

予約	可
予算	D 7000円～

懐石コース 5000円～
瀬戸内の魚介料理をメインに、旬の
彩り豊かなメニューが並ぶ。写真は1
万円コースの一例。地ウニのすき焼
やズワイガニの土鍋ごはんなど

愛媛の食材を巧みに仕上げる

松山の美味
華やぎの食卓

鯛を中心とした瀬戸内の恵みを存分に生かした食事処。
彩り鮮やかな料理は、目で見て舌で味わって楽しめる。

↑有田焼の器でいただく地酒は格別　↑落ち着いた雰囲気の店内

落ち着きある和空間で
瀬戸内の美味を堪能

日本料理 すし丸

にほんりょうり すしまる

予約	可
予算	L 1500円～
	D 3000円～

MAP 付録P.21 D-4

瀬戸内海と宇和海で獲れる魚介をメインとした、
四季折々の日本料理を提供。正岡子規や夏目漱
石も好んで食したという松山鮓をはじめ、冬季
限定のぬく寿司、活き鯛めしなど郷土料理も楽
しめる。昭和23年(1948)創業の名店ならではの
味と雰囲気を堪能したい。

☎089-941-0447
所愛媛県松山市二番町2-3-2
営11:00～14:00(LO) 16:30～
21:00頃 休無休 交伊予鉄道・
大街道電停から徒歩4分
Pなし

→テーブルやカウンター
のほか、個室の座敷も

松山鮓 1155円
地元の小魚でとるだしを利かせた酢が
おいしさの決め手。瀬戸内の魚介や錦
糸玉子をちりばめている

瀬戸鯛めし(土鍋ごはん)
1合968円
鯛の旨みを生かしたシンプル
な味付け。炊き上がりまでは
30〜40分。夜限定で味わえる

鯛そうめん(姿身) 2000円
鯛の煮汁を別添のだしで割り、つけつゆと
していただく。県産の天然真鯛をまるごと
一尾使用した、豪華で食べ応えある一品

華やかで縁起の良い
松山名物「鯛そうめん」
郷土料理 五志喜
きょうどりょうりごしき

MAP 付録P.21 D-4

看板メニューは、約380年の
歴史に育まれた鯛そうめん。
瀬戸内の天然真鯛と、色鮮や
かな五色そうめんが織りなす
郷土伝統の味を堪能できる。
ほかにも、今治のせんざんき
や八幡浜のじゃこカツなど、
愛媛県のご当地人気メニュー
も味わえる。

↑ 座敷や個室、テーブル席を用意

☎089-933-3838
所 愛媛県松山市三番町3-5-4
営 11:00〜14:00 17:00〜22:00
休 不定休 交 伊予鉄道・大街道電
停から徒歩4分 P なし

予約	望ましい
予算	L 1500円〜 D 3000円〜

落ち着きあるレトロな空間で
愛媛の味をゆったり満喫
ごはんとお酒 なが坂
ごはんとおさけながさか

予約	可
予算	L 990円〜 D 3000円〜

MAP 付録P.20 A-3

瀬戸内の魚介や地元農家直送の野
菜など、県産食材にこだわった和
食メニューと郷土料理の店。なか
でも、注文を受けてから土鍋で炊
き上げる「瀬戸鯛めし」は県外客
にも人気。刺身を使った「南予の
鯛めし(ひゅうがめし)」もあるの
で、食べ比べも楽しみたい。

☎089-968-2601
所 愛媛県松山市宮田町5-1
営 11:30〜14:30(LO14:00)
17:00〜22:00(LO21:30)
休 無休 交 JR松山駅から徒
歩5分 P あり

↑ 落ち着いた雰囲気の店内

鍋焼うどん 800円
アルミの鍋のままアツアツで運ばれてくる。
昔ながらの甘めのつゆ。具はかまぼこ、ち
くわ、肉、油揚げ、ネギとシンプル

瀬戸内の食材を堪能できる
気取らない寿司の名店
鮨 小椋
すしおぐら

MAP 付録P.21 D-3

職人がカウンターでていねいに握
る寿司は、旨みが凝縮した瀬戸内
産の魚介とシャリのバランスが絶
妙。職人との会話も楽しめるカウ
ンター席と家族や友だち連れにお
すすめのテーブル席があり、くつ
ろぎの時間を過ごすことができる。

☎089-961-1243
所 愛媛県松山市大街道3-1-2
営 11:00〜15:00(LO14:30)
17:00〜21:00(LO20:30)
休 水曜 交 伊予鉄道・大街道
電停から徒歩3分 P なし

予約	望ましい
予算	L 1500円〜 D 3000円〜

漱石にぎり 4000円
瀬戸内の新鮮な食材を使った、シャリ
との絶妙なバランスのにぎり寿司

↑ 高級感あふれるカウンター

予約	不可
予算	L 800円〜

甘くておいしいつゆに
やわらかうどんが踊る
アサヒ

MAP 付録P.21 D-4

創業昭和22年(1947)の老舗
うどん店。松山人好みの甘い
味を今も受け継ぎ、変わらぬ
味を求めて通う常連も多い。
奥には座敷席もあり、家族連
れでも利用しやすい。

↑ 11時頃から混雑する店内

☎089-921-6470
所 愛媛県松山市湊町3-10-11
営 10:00〜15:30(売り切れ次第終
了)
休 火・水曜
交 伊予鉄道・大街道電停から徒歩8
分 P なし

↑季節のワンシーンを生菓子でみずみずしく表現。練り切りは県産のつくね芋で作っている。1個260円～

↑目と舌で楽しめる色鮮やかな季節の和菓子が数多く並ぶ。お茶席にも用いられる

↑ふわふわの卵白菓子の中にトロッと黄身クリームが入った「つるの子」1個220円

愛媛 ─ 松山●買う

老舗の名品と伝統を持ち帰って堪能する

こだわりの味みやげ

和菓子の老舗が集まる松山市内。名作にゆかりある甘味や、創業から守り続ける歴史と製法。洗練された逸品を見つけたい。

妥協しない姿勢を貫く創業約50年の和菓子店
西岡菓子舗
にしおかかしほ

MAP 付録P.21 E-2

厳選した素材を使い、餡も小豆からていねいに手作りする和菓子店。つるの子と名付けられた看板商品は、口の中でふわっととろける食感と、ほのかに甘い黄身クリームが上質な味わいを生み出す。リピーターも多く、早い時間の来店や予約がおすすめ。

☎089-925-5642 愛媛県松山市道後一万9-56 9:30～16:00 日曜、第4月曜 伊予鉄道・南町電停から徒歩5分 Pあり

創業当時からの味を守る全14種類の素朴な蒸しパン
労研饅頭たけうち本店
ろうけんまんとうたけうちほんてん

MAP 付録P.21 E-3

昭和6年(1931)創業の老舗。当時から受け継がれている酵母菌を使い、蒸し上げる蒸しパンが看板商品。甘みを抑えた素朴な味で、味付け7種、餡入り7種と全14種類が並ぶ。幅広い年齢層に好まれ、手みやげに選ぶ楽しさも。

☎089-921-8457 愛媛県松山市勝山町2-12-10 8:30～17:30(売り切れ次第終了) 水曜 伊予鉄道・警察署前電停から徒歩1分 Pあり

↑ていねいに作られた栗甘納豆詰め合わせ850円

↑金時豆が入った一番人気の「うずら豆」や塩味の黒豆入りの「黒大豆」など種類も豊富。各150円

↑大納言やお多福など甘納豆の量り売りも

↑カラフルな労研饅頭がショーケースに出揃うのは9時30分頃

↑電車通りにあるモダンなデザインの外観

100年以上愛される
松山庶民のおやつ
ひぎりやき 本店
ひぎりやき ほんてん

☎089-933-0915　所愛媛県松山市湊町5-4-1　営9:30〜18:00　休無休　交伊予鉄道・松山市駅から徒歩1分　Pなし

大正時代から地元で親しまれてきたひぎりやき。創業当時からの味を受け継いだあずき、愛媛県産の卵をたっぷり使用した甘さ控えめのクリームは外せない。さらにイチゴ味など季節限定商品や新たに進化した味も楽しめる。

↑店内で焼きたてを味わえる

↑ほんのり甘い自家製つぶ餡がたっぷり入っている。「あずき」1個140円〜

↑香ばしい香りが店内に漂う

一六タルトが看板商品
明治創業の老舗菓子舗
一六本舗 勝山本店
いちろくほんぽ かつやまほんてん

MAP 付録P.21 E-3

愛媛県でタルトといえば、餡をスポンジで巻いたもの。一六本舗のタルトは、愛媛県産のゆずを使用した爽やかな味わいが特徴。美しい「の」の字になるように熟練者が一本一本手作業で仕上げている。手間をかけた歴史あるお菓子をおみやげに。

↑松山城からもほど近い

↑広々とした明るい店内

☎089-941-0016　所愛媛県松山市勝山町2-8-1　営9:00〜19:00　休無休　交伊予鉄道・警察署前電停からすぐ　Pあり

↑ゆずの風味を効かせた上品な餡をスポンジで巻いたお菓子。「ひと切れ一六タルト柚子」1個151円〜

↑伊予柑を使用したジューシーなマドレーヌ。「いーよかんしかしない」1個151円

↑醤油としょうがの風味がほんのりと香る、松山名物の伝統餅菓子。「しょうゆ餅」1個118円

上品な甘さの餡を使用
路地裏の老舗甘味処
みよしの

☎089-932-6333　所愛媛県松山市二番町3-8-1　営10:00〜売り切れ次第終了　休火・水曜　交伊予鉄道・大街道電停から徒歩4分　Pなし

MAP 付録P.21 D-4

落ち着いた雰囲気の店内に一歩足を踏み入れると、上品な餡の香りが鼻孔をくすぐる。昭和24年(1949)に開業した老舗の甘味処。特製の餡で作る5色のおはぎの店として、松山市内はもちろん郊外からも多くの人が買いに訪れる。

↑商店街の裏に静かにたたずむ

↑店内にはテーブル席も用意

↓こし餡、つぶ餡、ごま、青のり、きなこの5種おはぎ。5個入り700円

道後温泉本館御用達の
坊っちゃん団子
うつぼ屋 本店
うつぼや ほんてん

MAP 付録P.5 D-2

昭和29年(1954)創業の老舗菓子店。看板商品の坊っちゃん団子は、道後温泉本館の3階休憩室で出される茶菓子としても有名。愛媛県産ブラッドオレンジを100％使用したゼリーなど、愛媛らしさにこだわったお菓子を取り揃えている。

↑和のしつらえが美しい本店

↑贈答用の詰め合わせも豊富

☎089-978-1611　所愛媛県松山市平田町230　営9:00〜17:00　休火曜　交伊予鉄バス・平田下車すぐ　Pあり

↑和菓子屋が作る生ロールケーキシリーズ。人気の「抹茶」1本864円

↑愛媛県産のブラッドオレンジ100％使用の果汁感あふれるゼリー。「瀬戸の夕陽」1個324円

↑抹茶、黄、小豆の餡の中に餅がたっぷり。「坊っちゃん団子」2本216円

夏目漱石も絶賛した湯の街に遊ぶ

道後温泉 どうごおんせん

傷を負った白鷺が発見した伝説があり、法興6年（596）
には聖徳太子が来浴し碑文を残したという逸話も残る。
明治以降、多くの人で賑わう一大観光地となった。

愛媛｜道後温泉●歩く・観る

街歩きのポイント

松山市の中心街から道後温泉駅ま
で電車で約20分。道後温泉本館や
駅前のアーケードは歩いて散策で
きる。車の場合は松山ICから約25
分。市営の駐車場（有料）もある。

日本最古の湯屋情緒に浸る

道後温泉本館
どうごおんせんほんかん

浴室 よくしつ

神の湯男浴室の特徴
的な湯釜は必見（右）。
霊の湯女浴室は、昭
和の浴室改修前は真
ん中で仕切られた男
女の養生場として使
われていた（下）。

国の重要文化財で、今も現役の公衆浴場
現在は保存修理工事が進行中

明治27年（1894）に改築された三層楼の建物で道後温泉の
シンボル的存在として親しまれてきた。現在は営業しながら
保存修理工事中で、霊の湯のみ入浴は可能。道後温泉の源
泉かけ流しの湯を楽しむことができる。

MAP 付録P.22 B-1

☎089-921-5141 所愛媛県松山市道後湯之町5-6 営6:00～23:00（札止
め22:30）休無休（12月に1日休業あり）料460円 交伊予鉄道・道後温
泉電停から徒歩5分 Pあり（30分100円もしくは外湯3館の入浴で1時間
無料）※保存修理工事の進捗により内容が異なる場合があります。最新
情報は道後温泉公式HPをご確認ください。

道後観光案内所 ☎089-921-3708 所愛媛県松山市道後湯之町6-8
営8:30～17:00 休無休 交伊予鉄道・道後温泉電停から徒歩1分

道後温泉別館 飛鳥乃湯泉

どうごおんせんべっかん あすかのゆ

MAP 付録P.22 B-1

飛鳥時代をテーマにした湯屋
露天風呂や特別浴室も完備

道後温泉の由緒ある歴史にちなみ、飛鳥時代の建築様式を導入。源泉かけ流しの大浴場や露天風呂、大広間休憩室を備えた館内には、愛媛の伝統工芸と最先端のアートがコラボした作品が用いられ、新たな温泉文化を発信している。

☎089-932-1126(道後温泉コンソーシアム) 所愛媛県松山市道後湯之町19-22 休無休(12月に1日休業あり) 交伊予鉄道・道後温泉電停から徒歩3分 Pあり
入浴コース(利用時間と料金)
1階浴室間6:00～23:00
(札止め22:30) 料610円
2階大広間間6:00～22:00
(札止め21:00) 料1280円
2階個室間6:00～22:00
(札止め21:00) 料1690円
2階特別浴室間6:00～22:00
(札止め20:40) 料1組2040円＋1名
1690円 ※コースにより利用できる浴室、休憩室は異なります。詳細はdogo.jp/onsen/asuka

↑浴室には、砥部焼の陶板にプロジェクションマッピングが投影

↑道後温泉本館の皇室専用浴室の又新殿を再現した特別浴室

↑道後温泉本館のシンボル「塔屋」を屋根に配した外観

道後温泉 空の散歩道

どうごおんせん そらのさんぽみち

MAP 付録P.22 B-1

道後の街並みが一望できる
足湯でひと休み

道後温泉本館の南にある小高い山・冠山の遊歩道に設けられた足湯。桜や藤、アジサイ、寒椿など四季折々の花を愛でながら、足湯を楽しむことができる。近くには、道後温泉の守り神といわれる湯神社がある。

☎089-921-5141 所愛媛県松山市道後湯之町4-30 間6:00～21:00 休無休(12月に1日休業あり) 料無料 交伊予鉄道・道後温泉電停から徒歩10分 Pあり
※道後温泉本館の保存修理工事のため、見え方が異なる場合があります

↑趣ある道後の街並みを眺めながらリラックス

↑夜は幻想的にライトアップ

道後温泉 椿の湯

どうごおんせん つばきのゆ

MAP 付録P.22 B-1

道後商店街の中心に位置する
市民に愛される公衆浴場

道後温泉本館の姉妹館で、道後温泉別館 飛鳥乃湯泉に隣接。蔵屋敷風の外観が目を引く。道後温泉本館と同じ無加温・無加水の源泉かけ流しが特徴。

☎089-935-6586 所愛媛県松山市道後湯之町19-22 間6:30～23:00(札止め22:30) 休無休(12月に1日休業あり) 料450円 交伊予鉄道・道後温泉電停から徒歩3分 Pあり

↑浴室には花こう岩を使用

↑レトロな道後温泉駅の駅舎

↑道後温泉駅の正面に設置されている坊っちゃん時計

↑道後温泉本館前から道後温泉駅前まで続く商店街、道後ハイカラ通り

明治の薫り漂う商店街を湯上がり散策

温泉街をそぞろ歩き

道後温泉 本館から続く商店街には、和食料理や雑貨の店が所狭しと並ぶ。
道後ハイカラ通りと熟田津の道を歩いて、温泉街巡りを楽しみたい。

↑すがすがしい青竹
の香りを感じるあお
ゆかご3960円

湯の町に似合う竹細工

竹屋
たけや

MAP 付録P.22 B-1

国産にこだわった、丈夫で味
わいのある竹細工を販売。繊
細な編み目が美しい湯籠や、
竹の弁当箱など、長く使える
アイテムが揃う。

☎089-921-5055 ㊏愛媛県松山市
道後湯之町6-15
㊗10:00～20:00 ㊡火・水曜
㊩伊予鉄道・道後温泉電停から徒歩
3分 ㏗なし

↑散策で立ち寄りやすい立地

道後温泉

P.87 道後温泉 椿の湯

P.87 道後温泉別館 飛鳥乃湯泉

東署

大和屋別荘 H

H 大和屋本店 P.167

S 伊織 道後湯之町店 P.89

道後温泉本館 P.86

道後温泉 空の散歩道 P.87

卍 宝厳寺

N

0 100m

道後グランド H

道後局 〒

道後ハイカラ通り

S 竹屋 P.88

湯神社 〒

松風寺 卍

熟田津の道

セキ美術館

観光案内所

坊ちゃん時計

〒 伊佐爾波神社

H メルパルク松山

道後温泉電停

S 手づくり工房 道後製陶社 P.89

H にぎたつ会館

道後公園 (湯築城跡前)電停

市内線鉄道 伊予

P.79 松山市立 ★ 子規記念博物館

道後公園

H 旅亭うめ乃や

P.111 湯築城跡 ★

今治タオルをみやげに
伊織 本店
いおり ほんてん

MAP 付録P.22 B-1

愛媛の名産品・今治タオルの取扱店。白を基調にした店内はベビー用品やウェアなどアイテム多数。やわらかさやボリュームなど実際にさわりながら買い物ができる。

☎089-913-8122 所愛媛県松山市道後湯之町20-21 ⏰9:00～21:30 無休 交伊予鉄道・道後温泉電停から徒歩3分 Pなし

⬀坊っちゃん団子をモチーフにした「ダンゴ」本店限定のピンクフェイスタオル1650円

⬀タオルはやわらかさや素材などカテゴリに分けて販売

⬀蛇口みかんジュースコーナーがあり、フリースペースで購入した数種類のみかんジュースを飲み比べできる

実用的でおしゃれな和陶器
手づくり工房 道後製陶社
てづくりこうぼう どうごせいとうしゃ

MAP 付録P.22 B-2

愛媛の民芸品・砥部焼をはじめ、県内で活躍する作家の作品を扱う。茶碗や湯呑みなど手作りの一点ものもあり、見ているだけでも楽しめる。

☎089-941-8345 所愛媛県松山市道後湯之町3-10 ⏰10:00～18:00 不定休 交伊予鉄道・道後温泉電停から徒歩2分 Pなし

⬀中田窯のティーポット1万3200円(左)、茶碗2200円(右)

⬀デザイン豊富な食器が揃う

●松山から足をのばして

↑現在は引退した、町内に現存する唯一の大登り窯（梅山窯）

優美な伝統工芸の手仕事が息づく

砥部焼の窯元を訪ねる

とべやき

県を代表する工芸の窯元では、歴史と技法を今も守り続ける。
美しい白磁や唐模様の器など、自分だけの一品を見つけたい。

↑ざらっとした感触の角布目皿
1540円。皿全体に大胆な唐草紋が描かれる

砥部焼とは？

江戸後期から伝わる愛媛県指定無形文化財

砥部では、古くは奈良時代から外山で切り出す砥石「伊予砥」の採掘が盛んであった。安永6年(1777)、その砥石屑から、白磁器の焼成に成功したのが砥部焼の始まりとされる。明治以降、「伊予ボール」の名で海外に輸出されるなど名は広まり、窯元の個性的なデザイン、手作りの良さ、使いやすさは現在も変わらず評価されている。

砥部焼の種類

地元の陶石原料を生かした4種類

精巧な技法や模様が表現された砥部焼は、白磁、染付作品、青磁、天目の4種類が国の伝統的工芸品に指定されている。

↑無色の釉薬をかけた「白磁」

↑控えめな藍色の「染付作品」

↑青磁釉を使用した「青磁」

↑鉄を含む釉薬で作る「天目」

伝統的紋様を受け継ぐ

梅山窯（梅野精陶所）

ばいざんがま（うめのせいとうしょ）

MAP 付録P.22 B-4

明治15年(1882)開窯。砥部焼を代表する唐草紋をはじめ、自然をモチーフにしたシンプルな絵付けが特徴。白磁の器に「呉須」と呼ばれる藍色の染料を使って大胆に描かれる代表的な砥部焼を制作する。歴史的価値の高い登り窯や、工房見学もできる。

☎089-962-2311 ●愛媛県伊予郡砥部町大南1441 ●8:00～17:00 ●月曜、ほか不定休 ●JR松山駅から車で40分 **P**あり

↑玉縁鉢内外唐草3080円。ぽってりとした手になじむフォルム

↑デミタスカップ唐草1897円。一筆書きで描かれた唐草紋が印象的

↑梅山窯で作られた作品が集結

↑現在も手作業で進められる成型や釉薬掛け、絵付けなど、すべての工程が見学可

砥部焼のすべてが集まる施設

砥部焼観光センター
炎の里

とべやきかんこうセンター えんのさと

 MAP 付録P.22 C-3

砥部焼の伝統的紋様である唐草紋を
ベースに、新たなデザインを提案す
る千山窯を併設。製造工程を見学で
きるほか、約70カ所の窯元の作品を
販売。月1回開催される窯元が変わる
テーブルギャラリーでは、新作がで
ることもあるので注目したい。

☎089-962-2070 所愛媛県伊予郡砥部町千
足359 営9:00～17:00 休無休 制制作体
験550円～(コースにより異なる) 交JR松
山駅から車で35分 Pあり

| 砥部焼制作体験 |

絵付け工房で自分だけの砥部焼を

建物内は、素焼きの器に絵付けができる体験コーナーも
ある。約40分で手軽に陶工気分を楽しめる。湯呑みは
550円～、茶碗1100円～のほか、カップや丸皿、一輪
挿しなども制作することができる。3週間程度で焼き上が
り、郵送も可能。完成品は旅の思い出になるのもうれしい。

↑素焼きされた器を選んでオリ
ジナルの絵付けを行う

↑器に下絵をして、デザインのイ
メージを描いていく

↑伝統的な唐草模様。焼き上が
るとやさしい藍色になる

↑多彩なカラーや絵柄の作品が数多く並ぶ

↑町内で最も多くの窯元が集まるエリアにある

◆醤油さし3080円。
上絵付けの三ツ紋唐
草(中央)、唐草(右
奥)の紋様はいずれ
も伝統的なもの

◆伝統的な紋様を現代
風にアレンジした中花
紋様の八寸玉皿4840円

| 注目ポイント |

砥部焼の技法が街のアートに

砥部町内には、坂村真民記念館から陶祖
ケ丘、砥部町陶芸創作館まで続く散策路
があり、地域の陶工たちが制作や絵付け
をした陶板が敷きつめられている。その
数は約580枚にもなり、歩道や壁など景観
は華やか。アートを楽しみながらの散策
ができる。

砥部焼の窯元を訪ねる

| 立ち寄りスポット |

砥部焼の食器類を扱うセレクトショップ

ギャラリー紫音

ギャラリー しおん

町内外を問わず約10の窯元の作
品をオーナー自身でセレクトし、
普段使いできる器を中心に販売。
長く使えるシックなものからかわ
いい器まで幅広く揃える。

MAP 付録P.22 A-4

☎089-962-7674 所愛媛県伊予郡砥
部町五本松885-13 営10:00～18:00
休火曜、第3水曜 交JR松山駅から車
で40分 Pあり

↑さんさんと日が注ぐ店内

◆窯元「すこし屋」
の小紋丸マグ2420
円。丸いフォルムと
花柄がかわいらしい

◆紺の濃淡が美しい窯元「ヨ
シュア工房」の5.5寸皿2860
円。日々の食卓を彩るお皿

旬の味や手作りランチを焼物でいただく

Cafe Restaurant jutaro

カフェレストラン ジュタロウ

砥部焼観光センター炎の里に隣
接するカフェレストラン。砥部焼
の器で味わうランチ、旬のフ
ルーツ満載のパフェやタルトも
充実している。

MAP 付録P.22 C-3

☎089-960-7338 所愛媛
県伊予郡砥部町千足359
営11:00～17:00(LO16:30)
休第2木曜 交JR松山駅か
ら車で35分 Pあり

↑やさしい光が差し込む店内

◆ランチに旬のデザートをプラスで
きる「ジュタロウランチ」1650円～

91

江戸〜明治期の繁栄ぶりを垣間見る

内子
うちこ

街歩きのポイント

散策の起点はJR内子駅。八日市・護国の町並みまで徒歩20分、そのほかの見どころも歩いてまわることができる。車の場合は、護国の町並み北側の駐車場を利用したい。

江戸後期から明治時代にかけ、木蠟の一大産地として栄えた。その面影を色濃く残す八日市・護国地区には、今も伝統的建造物が立ち並び、往時の繁栄を伝えている。

愛媛　内子●歩く・観る

↑八日市・護国の町並みは、国の重要伝統的建造物群保存地区に選定されている

八日市・護国の町並み
ようかいち・ごこくのまちなみ

MAP 付録P.23 E-1

浅黄色と白漆喰の外壁が美しい
独特の風情を醸す街区を保存

約600mの通りに、伝統的な造りの町家や豪商の屋敷などが連なる。浅黄色の土壁と白漆喰のコントラストが美しく、独特の景観を形成している。

☎0893-44-5212(八日市・護国町並保存センター)　⑰愛媛県喜多郡内子町内子　⊗JR内子駅から徒歩20分　🅿あり

↑室町時代創建の高昌寺なども見どころのひとつ。巨大な涅槃仏があることでも有名

八日市・護国エリアの見どころ

町家を復元修理

町家資料館
まちやしりょうかん

MAP 付録P.23 E-1

寛政5年(1793)に建てられた町家を復元。蔀戸や大戸を全面的に開放できる構造で、土間には生活用具を展示している。

☎0893-44-5212(八日市・護国町並保存センター)　⑰愛媛県喜多郡内子町内子3023　⊕9:00〜16:30　⊛無休　🅥無料

↑当時の商家の暮らしがしっかり伝わってくる

木蠟産業について学べる

木蠟資料館 上芳我邸
もくろうしりょうかん かみはがてい

MAP 付録P.23 E-1

製蠟で財を成した豪商・本芳我家の分家の邸宅。釜場、出店倉、物置などの木蠟生産施設が残る。製蠟用具の展示も必見。

☎0893-44-2771　⑰愛媛県喜多郡内子町内子2696　⊕9:00〜16:30　⊛無休　🅥500円

↑主屋は木蠟業最盛期の明治時代に建造された

内子町ビジターセンター A・runze　☎0893-44-3790　⑰愛媛県喜多郡内子町内子2020　⊕9:00〜17:30(10〜3月は〜16:30)　⊛木曜　⊗JR内子駅から徒歩10分

内子座

うちこざ

MAP 付録P.23 E-1

地元の人々の熱意により復活を遂げた歴史ある劇場

大正5年 (1916) に誕生した芝居小屋。回り舞台や花道、桝席などを備えた豪華な造りで、一時は取り壊しの危機にあったが、町民の熱意により復元。昭和60年 (1985) に劇場として再出発した。

☎0893-44-2840
🏠愛媛県喜多郡内子町内子2102
🕐9:00〜16:30 🈺無休 💴400円
🚉JR内子駅から徒歩10分 🅿あり

↷地元の娯楽の拠点となってきた木造2階建ての劇場。催しがない日は内部や舞台裏などを見学できる

江戸〜明治期の繁栄ぶりを垣間見る

内子の食事処&手みやげ

散策途中に立ち寄れる食事処や、伝統工芸のみやげを探したい。趣深い街並みに溶け込むように建つ、店の外観にも注目。

豪商の屋敷で味わう料理
蕎麦 つみ草料理 下芳我邸

そば つみぐさりょうり しもはがてい

明治中期に木蝋生産で栄えた本芳我家の分家として建造された邸宅を活用。地元の旬素材を使った料理を提供。

MAP 付録P.23 E-1

☎0893-44-6171 🏠愛媛県喜多郡内子町内子1946 🕐11:00〜15:00 (LO14:30)、1・2月は土・日曜、祝日のみ営業 🈺水曜 (祝日の場合は翌日)、1・2月は月〜金曜 🚉JR内子駅から徒歩10分 🅿あり

↷化学調味料不使用のそばに地野菜の天ぷらが付く野遊び弁当1590円

↷建物は国の登録有形文化財

老舗の味を気軽に楽しむ
御食事処 りんすけ

おしょくじどころ りんすけ

約130年続く老舗料亭「魚林」の敷地内にあり、料亭の味をカジュアルに提供。郷土料理や地元食材を使用した料理もある。

MAP 付録P.23 E-1

☎0893-44-2816 🏠愛媛県喜多郡内子町内子2027 🕐11:30〜14:00 🈺水曜 🚉JR内子駅から徒歩10分 🅿なし

↷八幡浜産・鯛の刺身をご飯にのせて食べるたいめし1210円

↷カウンター席があり、一人でも入りやすい。座敷席も完備

↷10匁 (約17cm) の和ろうそく1本836円

↷約45℃の蝋を素手でなすりつける作業を繰り返す

江戸時代から続く伝統工芸
大森和蝋燭屋

おおもりわろうそくや

明治期まで内子に繁栄をもたらした、ハゼの実から採取する木蝋。今も昔と変わらぬ手仕事の様子が見学できる。

MAP 付録P.23 E-1

☎0893-43-0385 🏠愛媛県喜多郡内子町内子2214 🕐9:00〜17:00 🈺火・金曜 (作業は休み、販売は営業の場合あり) 🚉JR内子駅から徒歩15分 🅿なし

100年の技術を受け継ぐ
鍛冶屋 自在鋼房

かじや じざいこうぼう

今も金槌を振り、真っ赤に焼けた鉄を叩き鋼material から形を作る。硬い鉄でありながらやわらかなぬくもりを感じる商品が魅力。

MAP 付録P.23 D-2

☎090-5911-4038 🏠愛媛県喜多郡内子町内子3572 🕐10:00〜17:00 🈺不定休 🚉JR内子駅から徒歩2分 🅿あり 🔗wrought-iron.jp/

↷「鉄を鍛えることにこだわりたい」と話す4代目

↷1つずつ手作業で生まれた作品が集まる。2階にはギャラリーも

↷金槌の当たった槌目が味わいを生む燭台3000円〜

清流・肱川沿いに開けた小京都

大洲
おおず

大洲藩6万石の城下町だった大洲は、「伊予の小京都」と呼ばれる美しい街。中心部を清らかな肱川が流れ、路地には古い家々が軒を連ねる。

街歩きのポイント

肱川橋周辺の大洲市内に明治の家並みが続く。JR伊予大洲駅から大洲へは徒歩25分ほど。駅から運行している宇和島バスも利用できる。

愛媛 | 大洲 ● 歩く・観る

⤴ 明治時代の豪商が構想10年、施工4年を費やして完成させた別荘

臥龍山荘
がりゅうさんそう

MAP 付録 P.24 C-3

**四季折々に情緒を醸し出す
匠の技を結集した建築美**

肱川流域随一の景勝地「臥龍淵」に建つ別荘。趣向を凝らした3棟の建築や庭園が素晴らしく、名工の卓越した技が見てとれる。

☎0893-24-3759　🏠愛媛県大洲市大洲411-2
🕘9:00〜17:00（最終入館16:30）　休無休　料550円
（大洲城・盤泉荘との共通券880円）　🚃JR伊予大洲駅から徒歩25分　🅿まちの駅あさもや駐車場利用

⤵ 自然の景観が息づく庭園

⤵ 細部まで計算された名建築

大洲観光総合案内所　☎0893-57-6655　🏠愛媛県大洲市大洲649-1
🕘9:00〜17:00　休無休　🚃JR伊予大洲駅から徒歩25分

おはなはん通り・明治の家並

おはなはんどおり・めいじのいえなみ

MAP 付録P.24 B-3

☎0893-57-6655（大洲観光総合案内所） **所**愛媛県大洲市大洲 **交**JR伊予大洲駅から徒歩15分 **P**あり

テレビドラマの舞台となった落ち着きのある風景が印象的

江戸や明治期の面影を残す一角。NHK朝の連続テレビ小説『おはなはん』の撮影も行われた。

↑「おはなはん通り」の名で親しまれる

↑腰板張りの蔵屋敷が連なる

大洲城

おおずじょう

MAP 付録P.24 A-3

☎0893-24-1146 **所**愛媛県大洲市大洲903 **開**天守9:00～17:00（札止め16:30） **休**無休 **料**550円（臥龍山荘との共通券880円） **交**JR伊予大洲駅から徒歩20分 **P**あり

4層4階の天守を木造復元威風堂々たる大洲のシンボル

鎌倉時代に築城、江戸時代初期頃に天守などが整備された。明治以降に多くの建物が解体されたが、4棟の櫓が現存し、2004年に天守も木造で復元された。

↑江戸時代の貴重な資料をもとに、忠実に復元された天守

季節の行事を見学

大洲の鵜飼

おおずのうかい

毎年6～9月、肱川（ひじかわ）で行われる鵜飼を屋形船から見学できる。鵜匠の熟練技は見事。

MAP 付録P.24 B-3

☎0893-57-6655 **所**愛媛県大洲市大洲649-1 **開**18:00～ **休**雨天荒天時 **料**8000円（食事付）※要予約 **交**JR伊予大洲駅から徒歩25分 **P**あり

↑眼前に繰り広げられる鵜が魚を獲る光景は迫力満点

おおず赤煉瓦館

おおずあかれんがかん

MAP 付録P.24 B-3

☎0893-24-1281 **所**愛媛県大洲市大洲60 **開**9:00～17:00 **休**無休 **料**無料 **交**JR伊予大洲駅から徒歩15分 **P**あり

文明開化の薫りを漂わせる和洋折衷の重厚な建造物

明治34年（1901）に大洲商業銀行として建造。外壁に赤レンガ、屋根に和瓦を用いた和洋折衷の造りで、風格ある外観が目を引く。

↑館内には、物産コーナーや資料室などが設けられている

清流・肱川沿いに開けた小京都

大洲の休憩処&手みやげ

商家と武家屋敷が立ち並ぶ街で、散策の休憩を。甘味と風情ある店内でゆっくり過ごしたい。

大洲の風情が感じられる
山荘画廊 臥龍茶屋

さんそうがろう がりゅうちゃや

元美術教師の店主が営む。1階は喫茶とミニギャラリー、2階にはギャラリーがあり、写真や絵画を展示。

MAP 付録P.24 B-3

☎0893-24-6663 **所**愛媛県大洲市大洲398 **開**11:00～17:00（LO16:30） **休**月曜 **交**JR伊予大洲駅から徒歩25分 **P**あり

↑季節の和菓子付き抹茶セット800円
↑前庭にある水琴窟の音色がお出迎え

やさしい甘みの志ぐれ餅
二葉屋 志保町店

ふたばや しほまちてん

昭和10年（1935）創業。志ぐれ餅は、毎朝挽く大洲産米粉が決め手。秋に販売される大洲の栗を使った栗志しぐれ餅が人気だ。

MAP 付録P.24 B-3

☎0893-23-4475 **所**愛媛県大洲市大洲275 **開**8:30～17:00 **休**無休 **交**JR伊予大洲駅から徒歩20分 **P**あり

↑イートインスペースでは志ぐれ餅と抹茶がセットで450円

↑タレには地元梶田商店の醤油を使用したみたらし団子（3本）200円

↑米粉のふかしまんじゅう福ふく（3個）450円

文化の薫り高き伊達家の城下

宇和島
うわじま

伊達10万石の城下町として花開いた宇和島。
天赦園や宇和島城など伊達家ゆかりの名所が多い。
風光明媚な景観も楽しめる。

街歩きのポイント

JR宇和島駅から市内めぐりをスタートし、新内港の海沿いを目指して移動。宇和島城まで徒歩15分だが、駅から宇和島バスを利用することもできる。

愛媛｜宇和島●歩く・観る

⬆ 優美な天守は、国内に現存する12天守のひとつ

宇和島城
うわじまじょう
MAP 付録P.23 E-4

**華麗な天守から街を一望
築城の名手が残した堅城**

慶長元〜6年(1596〜1601)、藤堂高虎が築いた城。慶長20年(1615)伊達政宗の長子・秀宗の居城となり、寛文6年(1666)頃2代宗利が現在の天守に改修した。天守は国の重要文化財。
☎0895-22-2832 ⚑愛媛県宇和島市丸之内 🕘9:00〜16:00(3〜10月は〜17:00) ㊡無休 ㊎天守200円 🚉JR宇和島駅から徒歩15分(天守まで35分) Ⓟあり

⬆ 丘の頂上にそびえる天守から、宇和島の街並みを望む

宇和島市立
伊達博物館
うわじまりつだてはくぶつかん
MAP 付録P.23 E-4

**伊達家伝来の宝物を展示
華麗なる品々に魅了される**

宇和島伊達家伝来の文化遺産約4万点のなかから豪華な武具甲冑や調度品、古文書、書画など多彩な品々を一般公開している。年4回の展示替えを行うほか、秋には特別展を開催。
☎0895-22-7776 ⚑愛媛県宇和島市御殿町9-14 🕘9:00〜17:00(最終受付16:30) ㊡火曜(祝日の場合は翌日) ㊎500円ほか 🚉JR宇和島駅から徒歩25分 Ⓟあり

⬆ 伊達家屋敷跡に建設された博物館

⬆ 宇和島城下絵図屏風(宇和島市立伊達博物館蔵)

⬆ 歴代藩主の絢爛たる甲冑も見もの

宇和島駅観光案内所 ☎0895-23-5530 ⚑愛媛県宇和島市錦町10-1 🕘土・日曜、祝日9:00〜17:00 ㊡月〜金曜 🚉JR宇和島駅構内

名勝 天赦園
めいしょう てんしゃえん
MAP 付録P.23 E-4

雅な咲き姿が水面に映える
藤の花に彩られた大名庭園

7代藩主・伊達宗紀が隠居の場所として造営。園名は、伊達政宗が詠んだ漢詩の一節「天の赦す所」に由来する。園内には6つの藤棚があり、なかでも太鼓橋式の藤棚に咲く白玉藤が見事。

☎0895-22-0056 🏠愛媛県宇和島市天赦公園 ⏰8:30〜16:30(4〜6月は〜17:00) 🈺12月第2月曜〜2月末までの月曜 💴500円(南楽園との共通券550円) 🚃JR宇和島駅から徒歩20分 🅿あり

↑国の名勝に指定されている池泉回遊式庭園。太鼓橋式の藤棚に咲く白玉藤が池に映えて美しい

↑伊達宗紀が多くの書を残した書院「春雨亭」

↑子孫繁栄の願いが込められた陰陽石

↑伊達家の家紋「竹に雀」にちなんだ竹の植栽

宇和島・西予の食事処&手みやげ

この地ならではの郷土料理や、長年作り続けたこだわりの甘味。温かい雰囲気の店で、特別な味に出会いたい。

宇和島ならではの郷土料理
ほづみ亭
ほづみてい

宇和海の新鮮な魚介類を使った割烹料理店。農林水産省選定の郷土料理百選に選ばれた、鯛の刺身にだし汁をかけて食べる宇和島鯛めし、じゃこ天や太刀魚の巻き焼きなど、地元で愛される郷土料理が揃う。

MAP 付録P.23 E-3
☎0895-22-0041 🏠愛媛県宇和島市新町2-3-8 ⏰11:00〜14:00(LO13:20) 17:00〜22:10(LO21:20) 🈺日曜(連休の場合は最終日) 🚃JR宇和島駅から徒歩6分 🅿あり

↑元旅館を改装した情緒ある店内

↑湯通しした淡白なサメを、辛子味噌でいただくフカの湯ざらし890円(手前)、酢飯の代わりにおからで作る丸ずし500円(奥)

↑鯛の焼き身と味噌、だし汁を摺り合わせた宇和島さつまめし1300円

5代目が継ぐ一子相伝の技
山田屋まんじゅう 宇和本店
やまだやまんじゅう うわほんてん

慶応3年(1867)創業、約150有余年にわたり1種類のまんじゅうにこだわり続ける。丹念に練り上げられたこし餡が薄皮に包まれ、薄紫色に透けるまんじゅうは、芸能界、歌舞伎界にもファンを有する。

MAP 付録P.6 C-1
☎0894-62-0030 🏠愛媛県西予市宇和町卯之町3-288 ⏰10:00〜17:00 🈺水曜 🚃JR卯之町駅から徒歩11分 🅿あり

↑伝統を感じさせる、品のある店内

↑本店のほか国道沿いにも店舗がある

↑宇和本店の限定マークが入った山田屋まんじゅう1458円(10個入り)

港を中心に発展した商業都市

今治 _{いまばり}

タオルと造船で知られる街。
瀬戸内しまなみ海道の愛媛県側の起点でもある。
日本最大海城のひとつ、今治城も訪れたい。

街歩きのポイント

JR今治駅を拠点に街歩きスタート。電車利用の場合、JR予讃線は本数が少ないので事前に確認を。

↑現在の水堀には海水が出入りし、クロダイなどの海の魚が回遊している

今治城
いまばりじょう

MAP 付録P.2 B-3

瀬戸内海を取り込み港も備えた大規模な平城

城作りの名手藤堂高虎が築いた日本屈指の海城。三重の広大な水堀と、海と直接つながる船入を備えていた。現在は内堀と高石垣が残り、天守・櫓・城門を再建。

☎0898-31-9233 働愛媛県今治市通町3-1-3 働9:00～17:00 休無休（臨時休業あり）料520円、学生260円 交JR今治駅からせとうちバスで9分、今治城前下車すぐ P56台

↑夜間はライトアップされる

高品質の今治タオルをゲット

街の名物、タオルをおみやげに。

タオルをアートとして展示
タオル美術館
タオルびじゅつかん

タオルとアートを融合させた美術館。有料ギャラリー内ではタオルの製造工程や企画展を見学できる。おみやげも充実しており、3階のタオルフロアではオリジナルの刺繍入れも可能。

MAP 付録P.5 F-1

☎0898-56-1515 働愛媛県今治市朝倉上甲2930 働9:30～18:00 休冬期休業あり 料無料（有料ギャラリー800円）交JR今治駅から車で25分 P あり

↑200色1800本のチーズ巻糸が並ぶ

多彩なデザインが魅力
コンテックス
タオルガーデン 今治
コンテックス タオルガーデン いまばり

織物工場を改築し、当時の雰囲気を残したタオルショップ。オリジナルブランドのコンテックスタオルは上質で個性的なアイテムが並ぶ。

MAP 付録P.5 E-1

☎0898-23-3933 働愛媛県今治市宅間甲854-1 働10:00～17:45 休月曜（祝日の場合は翌日）交JR今治駅から車で15分 P あり

↪ボリューミーなのに軽く、肌ざわりの良い逸品。「コンテックスプレミアムバスタオル」各5280円

↪吸水速乾性に優れ、重さ50gと軽く、多様なカラーが魅力の人気商品。「MOKUライトタオルM」各990円

今治駅前観光インフォメーションセンター ☎0898-36-1118
働愛媛県今治市北宝来町2丁目甲773-8 働8:00～19:00（12～2月は～18:00）休無休 交JR今治駅前

片道約7km! 一番人気の爽快コース
来島海峡大橋を渡る
くるしまかいきょうおおはし

広々とした自転車・歩行者道を走り抜ける

瀬戸内海国立公園の景勝地である来島海峡をサイクリング。
海峡を吹き抜ける爽やかな風と、優雅な多島美を満喫。

1 今治市サイクリングターミナル
サンライズ糸山
いまばりしサイクリングターミナルサンライズいとやま

MAP 付録P.5 E-1

瀬戸内しまなみ海道の四国側の拠点

来島海峡大橋のたもとにあるサイクリングターミナル。レンタサイクル施設のほか、全室オーシャンビューの宿泊施設とレストランを完備。

☎0898-41-3196 所愛媛県今治市砂場町2-8-1 時8:00～21:30（レンタサイクルは～20:00）休無休 料レンタル1日3000円～ 交今治北ICから車で7分 P200台

↑レンタサイクルは事前予約も受け付けている

レンタサイクルを借りる

中央レンタサイクルターミナルでレンタルの受付を。希望の車種を選んで手続きを済ませ、料金は前払い。サイクリングを楽しんだ後は、今治～尾道の間にあるサイクリングターミナル(10カ所)に返却できる(E-bikeは今治駅前・中央・尾道レンタ、タンデムは中央レンタのみ返却可能)。走行中はヘルメットの着用を忘れずに。電話やWEBで事前予約も可能。

3 道の駅
よしうみいきいき館
みちのえき よしうみいきいきかん

MAP 付録P.5 E-1

絶好のロケーションで豪快な料理を

特産品コーナーで買い物が楽しめるほか、食事処では、来島海峡大橋を眺めながら海鮮料理や七輪バーベキューを味わうことができる。

☎0897-84-3710 所愛媛県今治市吉海町名4520-2 時10:00～16:00（七輪バーベキューは10:00～LO15:00）休1・2月水曜 交大島南ICから車で5分 P100台

↑食事もできておみやげも買えて便利な道の駅

↑水槽に入った新鮮な魚介を1品から焼くことが可能

↑しまなみ海道で最大の規模を誇る橋。島々と橋が織りなす風景に感動

2 来島海峡大橋
くるしまかいきょうおおはし

MAP 付録P.5 E-1

全長4kmの3連吊り橋

1999年に誕生した、世界初の3連り吊橋。自転車歩行者道が設けられ、橋の上から海峡が眺められる。

☎0898-22-0909(今治地方観光協会) 所愛媛県今治市 時通行自由 料徒歩無料(自転車は2024年3月31日まで無料、車は有料) 交JR今治駅から車で20分 Pなし

大島から望む美しい瀬戸内海の景色

港を中心に発展した商業都市

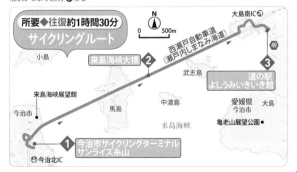

所要◆往復約1時間30分
サイクリングルート

0   500m

あかがね（銅）の街で
銅山の歴史にふれる

新居浜
にいはま

別子銅山とともに発展してきた瀬戸内海沿いの街。南には四国連峰を望む。毎年10月に行われる新居浜太鼓祭り（P.141）にはたくさんの観光客が訪れる。

↑東平貯鉱庫跡。東平を代表する遺構のひとつ。花崗岩造りの貯鉱庫で、各所から運ばれてきた鉱石を一時的に貯蔵していた。明治38年（1905）頃の完成とされる

マイントピア別子
マイントピアべっし

MAP 付録P.2 C-4

日本三大銅山のひとつ、別子銅山を知る

別子銅山は元禄4年（1691）に開坑。283年後の閉山までに約65万tの銅を産出し、経営していた住友家が財閥となる礎をつくった。その坑道は全長700km、最深部は海抜マイナス1000mにもなり、日本で人間が到達した最深部といわれている。マイントピア別子は当時の様子を楽しく学べる端出場ゾーンと、「銅山史と自然」をコンセプトにした、産業遺産を見学できる東平ゾーンの2カ所からなる。

↑旧水力発電所。当時東洋一だった596mの落差を利用して発電が行われた。現在も内部にはドイツ製の発電機や水車が残っている

↑中尾トンネル。現在も端出場駅から出発する鉱山鉄道で、観光坑道へ向かう際に通過する

東平ゾーン
☎0897-43-1801　所愛媛県新居浜市立川町654-3
時10:00～17:00　休月曜　料無料　交新居浜ICから車で35分　Pあり

端出場ゾーン
☎0897-43-1801　所愛媛県新居浜市立川町707-3
時9:00～18:00（季節により変更あり）　休無休（2月臨時休業あり）　料入場無料、各施設利用料は別途　交新居浜ICから車で15分　Pあり

巨大産業遺産の2つのエリアを巡る

道の駅マイントピア別子がある端出場ゾーンから、山間部の東平ゾーンへは車で25分ほど。幅の狭い山道なので、運転には細心の注意が必要だ。3～11月には別子を知り尽くしたガイド付きの観光バスの運行もある。平日は5名の予約から、土・日曜、祝日は1名の予約で運行してくれる。出発時刻は11時と13時。所要時間は約2時間だ。

石鎚スカイラインを利用して
石鎚山の麓に広がる景勝地、面河渓へ

東予地方の南には、古くから霊峰と呼ばれ、多くの登山客で賑わう西日本最高峰の石鎚山（標高1982m）がそびえる。麓には仁淀川の源流域となっている面河渓などの景勝地が広がり、美しい川面を眺めることができる。

面河渓 おもごけい
MAP 付録P.25 F-1
交いよ小松ICから車で2時間15分　Pあり
↑2つの遊歩道があり、渓谷沿いを散策できる

懐かしい味に出会える
おもごふるさとの駅
おもごふるさとのえき

地元産のフードやみやげが並ぶ休憩スポット。ファストフード感覚で食べられるこんにゃくや川魚は、素材の風味が感じられる。

MAP 付録P.25 F-2

☎0892-58-2440　所愛媛県上浮穴郡久万高原町相ノ木26
時9:00～15:30（季節により変更あり）　休火曜（紅葉シーズンは無休）　交松山ICから車で1時間20分　Pあり

↑あつあつできたてのこんにゃくに出会うかも
1個160円
↑風情ある軒先には懐かしさを感じる味わい深い食材が並ぶ

産直市の新鮮野菜を使用
天空の郷
レストランさんさん
てんくうのさと レストランさんさん

道の駅 天空の郷さんさん内にある農家レストラン。久万高原町で育ったみずみずしい農産物を使用した田舎料理を、バイキングスタイルで提供。

MAP 付録P.25 D-2

☎0892-21-3403　所愛媛県上浮穴郡久万高原町入野1855-6　料バイキング11:00～15:00（LO14:00）　休無休　交松山ICから車で30分　Pあり

↑久万高原町で育った野菜や果物の直売所も
↑漬物、煮物の種類が豊富。地元で昔から食べられてきた味が楽しめる

高知

❖

険しい四国山地を背に
南は太平洋に面した南国土佐。
街に満ちた力強さと天真爛漫さは
雄大な大自然を反映したかのよう。
広い県内にはエリアごとに
独自の歴史や食文化が根付き、
多彩な魅力を教えてくれる。

太平洋に
面した南国で
個性ある
風土を体感

エリアと観光のポイント

高知はこんなところです

東西に広がる高知県には自然豊かな見所が多い。
近年、足摺岬や柏島など西部が注目を浴びている。

名物カツオのたたきは
身がしまっていて絶品！

高知

高知城を有する県の中枢

高知市周辺 ➡P.104
こうちし

よさこい祭りで知られる、明るい雰囲気に満ちた県庁所在地。坂本龍馬をはじめ、板垣退助、中江兆民など多くの偉人を輩出したことでも有名。市街地に建つ高知城も見逃せない。

観光のポイント 高知城と桂浜は、市内観光の2大スポット

港町でグルメを堪能

須崎・久礼 ➡P.124
すさき・くれ

須崎市と西土佐町久礼は、海に面した港町。リアス海岸に沿って進む横浪黒潮ラインを走り南国の風を感じたい。港町では、ここでしか味わえない朝獲れの鮮魚を堪能できる。

観光のポイント ご当地グルメや街の景観も楽しみ

四国最南端の岬へ

足摺・竜串 ➡P.132
あしずり・たつくし

黒潮の飛沫が上がる足摺岬、白浜と奇岩のある竜串、ともに自然の神秘にふれられる。周囲には亜熱帯植物も見られ、ほかの地域とは一線を画す、独自の南国ムードが感じられる。

観光のポイント 自然が織りなす海辺の造形美は必見

清流が流れる穏やかな地

四万十川周辺 ➡P.128
しまんとがわ

津野町、中土佐町、四万十町、四万十市と、四万十川流域は広大。悠々たる流れと沈下橋ののどかな雰囲気をもたらし、観光客が多く訪れる絶景地。あおさのりなど、川の幸もおすすめだ。

観光のポイント 土佐の小京都・中村と、西土佐を拠点にしたい

高原に広がる大パノラマ
四国カルスト ➡ P.126
しこくカルスト

高知と愛媛の県境にある、日本三大カルストのひとつ。高原に石灰石が露出し、独特の壮大な景観を見せる。季節ごとに変わる景色は見ものだが、通行止めの可能性がある冬は要注意。

観光の ポイント 車を走らせ、緑あふれる雄大な景色を眺めたい

交通 information

主要エリア間の交通

鉄道・バス

高知市

JR高知駅

↻特急あしずりで約15分 ／ ↻JR土讃線で約20分（特急南風で約10分）

JR伊野駅

↻特急あしずりで約25分

JR後免駅

↻土佐くろしお鉄道で約40分

JR須崎駅

↻特急あしずりで約10分

安芸駅

↻土佐くろしお鉄道で約20分

JR土佐久礼駅

↻特急あしずりで約50分

奈半利駅

↻高知東部交通バスで約1時間

JR中村駅

↻高知西南交通バスで約1時間45分

室戸岬

足摺岬

車

高知市

高知自動車道経由約40分 ／ ↻県道34号経由約30分 ／ ↻国道55号経由約1時間

桂浜

横浪黒潮ライン経由約1時間

安芸

↻国道55号経由約1時間

室戸

↻国道56号経由約25分

久礼

↻高知自動車道経由約1時間15分

国道197号経由約1時間20分

中村

↻国道321号経由約50分

四国カルスト

足摺

問い合わせ先

交通
JR西日本お客様センター
☎0570-00-2486
JR四国電話案内センター
☎0570-00-4592
土佐くろしお鉄道(中村・宿毛線)
☎0880-35-4961
土佐くろしお鉄道(ごめん・なはり線)
☎0887-34-8800
とさでん交通　☎088-833-7121
NEXCO西日本(お客様センター)
☎0120-924-863
日本道路交通情報センター
☎050-3369-6666

高知はこんなところです

空海ゆかりの名所を訪問
室戸・安芸 ➡ P.136／138
むろと・あき

県東部に位置する室戸市は空海が悟りを開いた地であり、ゆかりの史跡が点在する。東部の中心都市である安芸市には、ノスタルジックな街並みが残る。ともに海のグルメも充実している。

観光の ポイント 歴史散策のあとは新鮮な海の幸に舌鼓

名城が見守る、陽気で明るい街

高知市 こうちし

♦桜の名所として有名。ライトアップされる夜の姿も美しい

坂本龍馬をはじめ数多くの志士を育んだ土佐の中枢。
市内には龍馬ゆかりのスポットだけでなく、
土佐藩を治めた山内家にちなむ史跡も多い。

街歩きのポイント

路面電車（とさでん交通）の路線が
市内を十字に走り、平日は5〜10分
間隔で運行。桂浜へは車での移動
がおすすめ。MY遊バスもあり、目的
に合わせて利用したい。

高知 ｜ 高知市 ●歩く・観る

継承する和の文化と美

高知城 こうちじょう

土佐24万石を拝領した山内一豊（やまうちかずとよ）が創建
当時の本丸御殿が完全に残る希有な城

天守 てんしゅ

初期の典型的な望楼型天守。古天守が残る城は、現在全国で12城のみ

関ヶ原の戦いで敗れた長宗我部氏に
代わり土佐に入国した山内氏が築城。
江戸時代の本丸建築群が現存する日
本唯一の城で、400年超の歴史が体感
できる。また、追手門と天守が1枚の
写真に収まる珍しい城でもある。

MAP 付録P.28 C-2

☎088-824-5701 所高知県高知市丸ノ内1-2-1
時9:00〜17:00（入館は〜16:30）休無休 料
無料（天守・懐徳館は420円）交とさでん・高知
城前電停から徒歩3分 Pあり

追手門 おうてもん

江戸時代再建の堂々たる
表門。ここから天守を望
む、絶好の写真撮影スポット

石落とし いしおとし

敵からの攻撃を防ぐ仕掛
け。現存する全国唯一の
忍び返しの鉄剣も

詰門 つめもん

本丸と二ノ丸をつなぐ門。
2階は家老たちの詰所だっ
たという

観光案内所 高知観光情報発信館「とさてらす」 ☎088-879-6400 所
高知県高知市北本町2-10-17 時8:30〜18:00 休無休 交JR高知駅前
から徒歩1分

高知城の目の前に建つ施設

高知城見学の前に立ち寄りたい

高知城の目の前に立地する、歴史ミュージアム。土佐藩主山内家ゆかりの資料約6万7000点を収蔵している。3階展示フロアでは、2カ月ごとに展示を入れ替えており、土佐藩の歴史資料や絢爛たる大名道具の数々が鑑賞できる。高知城の見どころをたっぷり紹介するオリジナル動画や展示、高知城の迫力ある姿を望む展望ロビーは必見。博物館に立ち寄ると、高知城見学がさらに楽しくなる。

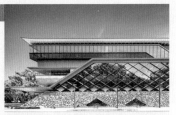

↑施設内では山内家の資料を大切に保存している

高知県立 高知城歴史博物館

こうちけんりつ こうちじょうれきしはくぶつかん

MAP 付録P.28 C-2

☎088-871-1600 所高知県高知市大手筋2-7-5 交とさでん・高知城前電停から徒歩3分 時9:00(日曜8:00)～18:00 休無休 料500円(企画展開催時は700円)、高知城とのセット券740円(企画展開催時は900円) URL kochi-johaku.jp ※展示室の開室スケジュールはHPで確認

高知市旧山内家 下屋敷長屋展示館

こうちしきゅうやまうちけ しもやしきながやてんじかん

MAP 付録P.28 C-4

江戸時代後期に建てられた 山内家の足軽の屋敷

幕末の藩主・山内容堂の下屋敷があった場所にある。桁行17間半の長屋で、当時は足軽の詰所として利用されていた。現在はホテル三翠園の外構の一部だが、本格的な武家の下屋敷長屋が残る全国でも数少ない建物として国の重要文化財に指定されている。

☎088-832-7277(高知市民権・文化財課) 所高知県高知市鷹匠町1-3-35 時7:00～17:00 休無休 料無料 交とさでん・県庁前電停から徒歩4分 Pなし

↑幕末当時の様子を今に伝える

↑和舟や高知出身の偉人たちを紹介するパネルも展示

立ち寄りスポット

高知県立文学館

こうちけんりつぶんがくかん

土佐の歴史風土が生み出した、個性豊かな高知の文学を紹介。寺田寅彦や宮尾登美子など、高知県出身者の展示も充実している。

MAP 付録P.28 C-2

☎088-822-0231 所高知県高知市丸ノ内1-1-20 時9:00～17:00(入館は～16:30) 休無休 料常設展370円ほか 交とさでん・高知城前電停から徒歩5分 Pなし

↑高知城公園内に建つ

↑名作を生み出した、数々の作家や作品を紹介

はりまや橋

はりまやばし

江戸時代に架けられていた橋を再現。純信とお馬の恋愛物語で知られ、「土佐の高知の」で始まるよさこい節のフレーズにもなっている。

MAP 付録P.29 E-3

交とさでん・はりまや橋電停から徒歩1分

↑純信とお馬のモニュメントも設置されている

戦国時代から明治初期にかけて時代を牽引

時代を開拓した土佐の豪傑

土佐国を掌握した戦国武将の**長宗我部元親**。四国平定、天下取りと元親の夢は大きく膨らむ。
江戸時代に土佐藩が置かれ、動乱の幕末に颯爽と登場した龍馬は、近代日本の夜明けを目指す。

高知 ● 高知市 ● 歴史

16世紀中頃〜後半 戦国時代の土佐を平定
長宗我部氏の土佐統一

戦国時代に頭角を現した豪族・長宗我部氏
農民兵士の活躍で群雄割拠の土佐を統一する

　地方豪族が各地に割拠した戦国時代。土佐では、守護・細川氏の衰退により、本山氏、吉良氏、長宗我部氏、津野氏などの「土佐七雄」と呼ばれる豪族たちが台頭していた。それまで細川氏の保護下で権勢をふるってきた長宗我部兼序は、後ろ盾を失ったことで、ほかの豪族たちから猛攻撃を受けた。ついに永正5年(1508)、本山氏・吉良氏らの連合軍が、兼序の本拠・岡豊城(南国市)を攻め落とす。

　兼序を継いだ国親は、永禄3年(1560)に本山氏への反撃を開始。初陣となった国親の嫡子・元親が武勲を挙げた。幼少時の元親は色白でおとなしく、姫若子とあだ名されていたが、初陣後は将来を期待されて「土佐の出来人」と呼ばれた。元親は家督を継ぐと、本山氏ら諸豪族を相次いで撃破し、天正3年(1575)に土佐を統一する。その成功の陰には、元親が組織した半農半兵の武装団「一領具足」の活躍があった。四国統一へ、さらには天下取りへと野望を抱く元親を彼らが後方で支えた。

❸土佐の戦国大名・長宗我部元親(1539〜1599)は、戦の合間に寺社の造営や復興に尽力。南学などの学問に通じ、茶道や和歌も楽しむ文化人でもあった

一領具足 ◀ 兵士となった土佐の農民

　平時は与えられた土地で農業に従事し、畔道に槍と一領(一組)しかない具足(武具)を用意し、戦となれば馬で戦地に駆けつけた。長宗我部氏の考案した半農半兵の組織は、元親の土佐支配や四国統一で大いに活躍した。

16世紀後半 三日天下に終わった元親の夢
土佐から四国を制覇

長宗我部元親がついに四国統一を果たすも
信長や秀吉の導く時代の流れに翻弄される

　長宗我部元親が土佐を制覇した頃、中央では室町幕府を倒した織田信長が各地へ勢力を伸ばしていった。四国統一を目指す元親はまず、信長と良好な関係を結び、四国取りの承諾を取り付ける。信長の妨害の心配がなくなると、四国各地へ侵攻を開始。阿波(徳島)、讃岐(香川)、伊予(愛媛)と各地の城へ次々と攻め込んだ。ところがその段になって、元親の急激な勢力拡大を危惧した信長が態度を一変。元親の四国取り了承の約束を反故にしてしまう。反発した元親に対し、信長は元親討伐の派兵命令を下したが、派兵直前の天正10年(1582)6月、本能寺の変で信長は絶命。元親への派兵は中止となる。元親はこれに乗じて四国での進軍を強化し、三好氏に代わって阿波も治めていた讃岐の十河氏、阿波(徳島)の三好氏、続いて伊予の河野氏らも屈服させ、天正13年(1585)の春、47歳にしてついに四国統一を果たす。

　元親の四国支配は、わずか半年ほどで終止符を打つ。信長亡きあとに勢力を伸ばした豊臣秀吉が、その年の6月に元親討伐の兵を四国へ送り込んできたのだ。秀吉の討伐軍12万3000に対し、元親軍は4万。多勢に無勢でかなうはずもなく、元親は重臣の説得を受け入れて降伏。秀吉から土佐一国のみを与えられ、秀吉の配下となった。

1575年頃の四国内勢力図

十河存保
讃岐　十河城
勝瑞城　淡路
三好長治
周防
湯築城
河野通直
伊予　長宗我部元親
岡豊城　阿波
土佐
安芸国虎
一条兼定

山内家とともに歩んだ土佐藩

江戸時代の土佐

山内一豊が土佐藩の初代藩主に迎えられる
財政困難な藩の改革を山内家歴代藩主が担う

◉山内但馬守盛豊の子として尾張に生まれた山内一豊（1545〜1605）。信長に父が討たれて浪人となるが、関ヶ原の戦いで活躍し、土佐24万石の領主まで上りつめた

　長宗我部元親を継いだ盛親は、関ヶ原の戦いで西軍に味方したため、徳川家康に土佐国を没収される。代わって、遠州掛川城主の山内一豊が、慶長6年（1601）に盛親の居城・浦戸城（高知市）へ入城。9万8000石の初代土佐藩主となる。本拠を浦戸から大高坂山へ移し、高知城と城下町の整備を始めた。一豊は入城の2年後に死去。妻・千代は出家して見性院と号し、2代藩主・忠義を陰で支えた。

　初期の徳川幕府は、新都づくりのために各藩に重い負担を課しており、土佐藩の財政はしだいに困窮していった。忠義は財政を立て直すべく、藩政改革（元和改革）に乗り出す。儒学者の野中兼山を奉行職に充て、高知平野の新田開発や捕鯨・林業・紙業など諸産業の育成に努め、藩政の基盤を確立する。5代豊房は儒学者・谷秦山を起用し、法整備など社会秩序や学芸を重視する文治政策を推し進めた。江戸後期には、藩士の教育にも力が注がれた。8代豊敷は、宝暦10年（1760）に藩校の教授館を設立。土佐で興隆した朱子学一派の南学を中心に学問を奨励。その風潮は有力商人らにも広まり、土佐に学問や文化の熱が高まっていった。

妻・千代　内助の功で一豊を支える

　山内一豊の妻・千代は、教養が高く、政治力にも優れ、その才を生かして夫を出世させた内助の功で知られる。一豊が織田方の浪人だった頃、持参金の10両で名馬を買わせ、夫を信長の目に留まらせたという。秀吉没後の戦乱期には、大坂で石田三成の監視下にありながら、豊臣側の情報を夫に送って家康に貢献。そうした活躍により、一豊は家康から土佐を与えられる。

長宗我部元親ゆかりの地を訪れる

雪蹊寺
せっけいじ

高知市 MAP 付録P.27 D-3

延暦年間（782〜806）創建とされる寺を元親が再興。元親の菩提寺となった。四国遍路の第33番札所だ。

☎ 088-837-2233
⑰高知県高知市長浜857-3
⑱境内自由 ⑲仏像拝観料700円
⑳JR高知駅から車で30分 Ⓟあり

◉元親の長男・信親の墓がある

若宮八幡宮
わかみやはちまんぐう

高知市 MAP 付録P.27 D-4

文治元年（1185）創建。武家の守護神として信仰された。社殿は長宗我部元親が勝虫といわれるトンボにあやかり出蜻蛉式の建築様式に改めた。

☎088-841-2464 ⑰高知県高知市長浜6600 ⑱境内自由

◉元親は出陣のたびに祈願した

土佐神社
とさじんじゃ

高知市 MAP 付録P.27 E-2

5世紀創建と伝わる古社。現社殿は、室町時代に元親が建立した入り蜻蛉様式の壮大な建物。

☎088-845-1096
⑰高知県高知市一宮しなね2-16-1
⑱境内自由（3月12日はいごもり祭のため境内進入不可）⑳JR土佐一宮駅から徒歩15分 Ⓟあり

◉重要文化財の建築物が多い境内

高知県立歴史民俗資料館
こうちけんりつれきしみんぞくしりょうかん

南国市 MAP 付録P.27 E-2

岡豊城のあった岡豊山にあり、土佐の歴史や長宗我部氏に関する資料などを展示している。

☎088-862-2211 ⑰高知県南国市岡豊町八幡1099-1 ⑨9:00〜17:00（入館は〜16:30）⑭無料 ⑲470円（企画展・特別展は別途）⑳JR高知駅から車で20分 Ⓟあり
※2024年3月28日まで臨時休館中

◉展示室中央に長宗我部軍の本陣を再現

時代を開拓した土佐の豪傑

土佐で躍動した幕末の志士たち
19世紀中頃
土佐勤王党の結成

開国かそれとも攘夷かで日本が揺れるなか
土佐に尊王攘夷派グループが結成される

　山内豊信が15代土佐藩主に就いた5年後の嘉永6年（1853）、アメリカのペリー提督が浦賀に来航し、鎖国中の日本に開国を要求した。幕府内では、12代将軍徳川家慶が死去し、家定が跡を継いだものの病弱で嗣子がないまま死去したことから世継ぎ問題が浮上。幕府の意見は二分し、混乱を極めた。大老に就いた彦根藩主井伊直弼は、朝廷の許しを得ぬままアメリカとの条約に調印。これが大きな反発を呼び、幕府の判断を批判する者を取り締まる安政の大獄を行ったことで、大老暗殺という重大事件に発展。幕府への信頼が失われていくなか、人々の心は諸外国勢の侵入を強気で拒む天皇へと傾いていくようになる。

　その頃土佐藩では、将軍継嗣問題で井伊と対立し、隠居・謹慎処分を受け、名を容堂と改めていた山内豊信が復帰。重用した吉田東洋とともに海外からの脅威に対抗するため海防強化を図りながら、弱体化していく徳川幕府を支えようと奔走する。一方、将軍ではなく天皇に国家の舵取りを願う武市半平太が土佐勤王党を結成。党員には坂本龍馬や中岡慎太郎なども含まれる。土佐藩内は天皇派と幕府派で二分され、対立を深めていく。龍馬はそんな土佐国から脱し、日本を危機から救う方法を独自に模索し始める。龍馬の脱藩後、幕府の体制強化をはかる東洋は、反東洋派と組んだ半平太の門弟に暗殺され、東洋ら幕府派は失脚。土佐藩は更なる混迷を極めていく。

武市瑞山（1829〜1865）
上士と下士の中間身分・白札の家柄。江戸で剣術修業をしていたとき、遊学中の坂本龍馬や長州藩の久坂玄瑞らと交流し、のちに土佐勤王党を結成。党の弾圧により切腹する。

山内豊信／容堂（1827〜1872）
幕府のとりなしで分家から藩主になれた恩があり、最後まで徳川家を擁護した。龍馬の武力回避の大政奉還に賛同し、幕府に建白した。容堂は隠居後の号。

（写真：「山内容堂湿板写真」
高知県立歴史民俗資料館蔵）

吉田東洋（1816〜1862）
長宗我部家重臣の子孫で、山内家とも同じ祖先といわれ、豊信（容堂）に重用された家柄。遊学中に極めた国学や漢学などの知識を藩政改革に生かし、容堂の片腕として活躍した。

（写真：高知県立高知城
歴史博物館内蔵）

新時代に向けて龍馬が東奔西走
19世紀中頃〜後半
龍馬らの脱藩とその後

藩にとどまらない広い世界を求めた龍馬が
新たな近代国家日本の扉を開ける先導役となる

　文久3年（1863）、尊攘派急先鋒の長州藩が公武合体派のクーデターにより京都を追放されると、尊攘派はしだいに弱体化した。土佐勤王党も山内容堂の弾圧を受けて活動を停滞させ、中岡慎太郎は脱藩する。一方、土佐を出た龍馬は、各地をまわったあとに江戸へ向かい、幕府軍艦奉行並の勝海舟のもとで世界の情勢や航海術を学ぶ。のちに長崎で貿易商社の亀山社中（海援隊の前身）を設立している。慶応2年（1866）には、中岡とともに薩長同盟の締結を斡旋し、倒幕への道筋をつけた。土佐藩から脱藩の罪を解かれた龍馬は、国家構想の船中八策を藩に提出。容堂はこれをもとに、将軍慶喜に大政奉還を建白する。慶応3年（1867）、王政復古の大号令で新時代の扉が開く直前の11月15日、龍馬と中岡は京都で刺客に暗殺される。その後に起きた戊辰戦争では、板垣退助率いる土佐藩兵が新政府軍として参戦した。

◯坂本龍馬（1835〜1867）は、郷士の出身。暗殺された11月15日は奇しくも龍馬の誕生日だった

（写真提供：高知県立 坂本龍馬記念館）

龍馬の夢を受け継ぐ土佐人たち
19世紀後半〜
明治維新後の土佐

明治新政府で土佐藩の重臣が要職に就く
土佐の元藩士が新時代の政財界で活躍

　戊辰戦争の功績により、板垣退助や後藤象二郎ら数名の土佐藩士は、明治新政府の要職に就いた。板垣らはのちに下野し、旧藩閥が独占する政府に対して、国会開設による民主政治を要求。のちに広まる自由民権運動の礎を築いた。明治4年（1871）、廃藩置県によって土佐は高知県となる。土佐藩士出身の岩崎弥太郎は、幕末に龍馬の海援隊も所属した長崎・土佐商会で腕をふるっていた。維新後は当時の経験を生かして海運業を営み、三菱財閥の創業者となる。龍馬が描いた近代国家や「世界の海援隊」の夢が、土佐の血を継ぐ人々によって切り拓かれていった。

かつて城も築かれていた土佐の玄関口

景勝地・桂浜と坂本龍馬

美しい海岸風景に立つ龍馬像。高台には、戦国〜安土桃山時代に土佐の本拠地となった城が築かれた。風光明媚な海岸を歩き、戦乱の時代と龍馬に思いを馳せてみよう。

戦国と龍馬の時代をたどる

高知市沿岸部の浦戸湾口に弧を描く桂浜。緑の松と五色の砂、青い海が美しい景勝地として知られる。民謡の『よさこい節』に「月の名所は桂浜」と歌われる名月の地でもある。その桂浜の東端の龍頭岬には、有名な坂本龍馬像がある。自身が夢見た世界の海を望観するかのように、太平洋を見つめて龍馬がたたずむ。桂浜を見下ろす高台には坂本龍馬記念館もあり、桂浜一帯が龍馬ファンの聖地だ。記念館の周辺には、16世紀に四国を統一した長宗我部氏の居城・浦戸城があり、江戸時代以前まで四国の中心地となっていた。城址を含めた桂浜一帯は公園として整備され、今では水族館などの施設も点在する観光地として賑わっている。

桂浜 🗺️MAP 付録P.27 F-4
☎088-841-4140(桂浜公園管理事務所) 🏠高知県高知市浦戸
🕐見学自由 🚗高知自動車道高知南ICから車で15分 🅿あり

⬆中秋の名月の時期には観月会が開かれ、さまざまなイベントが行われる

坂本龍馬像

さかもとりょうまぞう
🗺️MAP 付録P.27 F-4

昭和3年(1928)、龍馬を慕う県の青年有志らが建立。春と秋には、龍馬の目線で太平洋を眺めることができる特設展望台を設置。

⬆右手を懐に入れたポーズの理由は諸説ある

高知県立 坂本龍馬記念館

こうちけんりつ さかもとりょうまきねんかん
🗺️MAP 付録P.27 F-4

全国から坂本龍馬ファンが訪れる龍馬の殿堂。本館と新館に分かれており、新館では直筆の書簡をはじめ、一級の資料が展示されている。本館では、アニメーションや復元模型などの体験型展示で幕末史をわかりやすく紹介している。太平洋を望む屋上からの眺めも抜群。
☎088-841-0001 🏠高知県高知市浦戸城山830 🕐9:00〜17:00
🕐無休 💴企画展開催時700円(展示替え期間500円) 🚗JR高知駅から車で30分 🅿あり

⬆新館(左)と本館(右)は渡り廊下でつながる

時代を開拓した土佐の豪傑

109

土佐・高知の年譜 ～戦国時代以降～

西暦	元号	事項
1467	応仁元	応仁の乱が起こり、戦国の時代に入る
1508	永正5	長宗我部元秀の岡豊城 ➡ P.111、落城
1560	永禄3	長宗我部元親、本山氏との長浜の戦いで勝利。初陣を飾る
1568	11	元親、土佐神社 ➡ P.107を再興する
1569	12	元親、安芸国虎に勝利。安芸城落城
1575	天正3	元親、土佐統一
1582	10	本能寺の変
1585	13	春、元親が四国を統一。間もなく豊臣秀吉の四国出兵を受け、元親は降伏。元親は土佐一国のみの知行を許される
1585	13	蜂須賀家政が阿波国へ。翌年、徳島城（現・徳島中央公園 ➡ P.154）が完成
1591	19	元親、浦戸に築城
1592	文禄元	豊臣秀吉の命で、元親・盛親、朝鮮出兵
1599	慶長4	元親、京都で死去
1600	5	長宗我部盛親、関ヶ原の戦いで西軍に加勢したが、敗走。領国没収される
1600	5	山内一豊、土佐国主となる。翌年、浦戸城へ移る
1603	8	大高坂城（現・高知城 ➡ P.104）が完成し、山内一豊が移る。城の名前を河中山城と改める
1603	8	加藤嘉明、松山城 ➡ P.74を築く
1624頃	寛永元	この頃、土佐の捕鯨が盛んになる
1631	8	野中兼山、筆頭となる
1663	寛文3	野中失脚、のち死去
1690	元禄3	別子銅山（現・マイントピア別子 ➡ P.100）が発見される
1727	文政10	高知城下で大火事が発生
1760	宝暦10	山内豊敷、教授館を設立
1835	天保6	金毘羅大芝居（現・旧金毘羅大芝居（金丸座）） ➡ P.55の定小屋（現・国重文）が完成
1835	6	高知城下にて坂本龍馬誕生
1841	12	14歳の中浜万次郎、宇佐漁港から出港したのち漂流

西暦	元号	事項
1848	嘉永元	15代藩主・山内容堂（豊信）、藩政改革を始める
1852	5	中浜万次郎、アメリカより土佐に帰還
1853	6	ペリー、浦賀に来航。幕府は事態に対処するため、アメリカに関する知識が豊富な中浜万次郎を招聘
1861	文久元	武市瑞山、土佐勤王党を結成。坂本龍馬らが加盟
1862	2	坂本龍馬、吉村虎太郎ら脱藩 吉田東洋、暗殺される
1862	2	後年、植物学の父と呼ばれる牧野富太郎、佐川に生まれる。没後の昭和33年（1958）に高知県立牧野植物園 ➡ P.112が開園
1865	慶応元	武市瑞山、切腹を命じられる
1865	元	坂本龍馬らが長崎において、亀山社中（のちの海援隊）を結成
1866	2	坂本龍馬らの斡旋の末、薩長同盟成立
1867	3	坂本龍馬、中岡慎太郎、京都の近江屋で斬られる。龍馬は死去
1867	3	王政復古の大号令
1868	明治元	明治維新
1870	3	岩崎弥太郎、土佐藩職を失い、三菱商会の前身となる九十九商会を立ち上げる
1871	4	廃藩置県で高知県が誕生
1874	7	板垣退助、後藤象二郎（ともに土佐藩士）らが民撰議院設立建白書を提出
1885	18	内閣制度発足
1891	24	板垣退助、自由党の党首に
1929	昭和4	高知市生まれの浜口雄幸、7月に総理大臣に就任（～1931年3月）

➡上空から眺めた高知市街。写真中心部の水部分が浦戸湾で、その上に桂浜が見える

高知｜高知市●歴史

110

四国の名城を訪れる

数多くの城跡が残っている

戦国時代は戦場と化し、江戸時代には藩政の中心として君臨。
江戸時代から現存する日本の12天守のうち、4城が四国に集まり、お城ファンを魅了している。

宇和島城 ⇒P.96
うわじまじょう
愛媛・宇和島 **MAP** 付録P.23 E-4

慶長6年(1601)に築城の名手・藤堂高虎が築城したのち、伊達宗利が改修した壮麗な天守が残る。

大洲城 ⇒P.95
おおずじょう
愛媛・大洲 **MAP** 付録P.24 A-3

鎌倉時代に宇都宮氏が築城、藤堂高虎などが近世城郭へと改築した。平成に4層4階の天守を木造復元。

今治城 ⇒P.98
いまばりじょう
愛媛・今治 **MAP** 付録P.2 B-3

城作りの名手・藤堂高虎が江戸時代初期に瀬戸内海沿岸に築いた日本屈指の海城。広大な内堀と高石垣が残り、天守や櫓、城門などが再建されている。

湯築城跡
ゆづきじょうあと
愛媛・松山 **MAP** 付録P.22 B-2

南北朝〜戦国期の伊予国守護・河野氏の居城。二重の堀と土塁を備え、中世城郭では珍しい平山城。秀吉の四国攻めで降伏。今は道後公園・湯築城跡として復元・整備され、資料館もある。

☎089-941-1480 ㊟愛媛県松山市道後公園 ㊟入園自由、資料館9:00〜17:00 ㊡月曜 ㊰無料 ㊨伊予鉄道・道後公園電停から徒歩1分 ㋿あり

松山城 ⇒P.74
まつやまじょう
愛媛・松山 **MAP** 付録P.20 C-3

加藤嘉明が江戸初期に築城後、松平氏の居城に。黒船来航の前年に再建された天守など21の現存建築が残る。

高松城 ⇒P.37
たかまつじょう （史跡高松城跡玉藻公園）
香川・高松 **MAP** 付録P.14 C-1

16世紀末に讃岐国を治めた生駒氏が築いた海城。江戸初期以降は松平氏が居城。櫓や門が現存。

丸亀城
まるがめじょう
香川・丸亀 **MAP** 付録P.3 F-2

現存木造12天守のひとつ。あわせて60m以上になる石垣は日本一の高さを誇る。曲線を描くその勾配の美しさは、「扇の勾配」と呼ばれる。

☎0877-25-3881(丸亀城内観光案内所) ㊟香川県丸亀市一番丁 ㊟入園自由、天守9:00〜16:30(入城16:00) ㊡無休 ㊰有料 ㊨JR丸亀駅から徒歩10分 ㋿あり

（地図）
山口県／広島県／香川県／高松市／高松城／兵庫県／大阪府／今治城／丸亀城／湯築城／松山市／徳島市／徳島城／和歌山県／松山城／徳島県／愛媛県／岡豊城／大分県／大洲城／高知市／高知県／高知城／宇和島城／宮崎県

四国の名城・城跡MAP

国史跡 岡豊城跡
くにしせき おこうじょうあと
高知・南国 **MAP** 付録P.27 E-2

戦国期に四国をほぼ制覇した長宗我部氏の居城跡。城跡は発掘調査され、礎石建物跡、虎口、土塁・石積、堅堀などが見つかっており、復元・整備されている。

☎088-862-2211（高知県立歴史民俗資料館） ㊟高知県南国市岡豊町八幡1099-1 ㊟7:00〜18:00 ㊡無休 ㊰無料 ㊨JR高知駅から車で20分 ㋿あり

↑岡豊城跡三ノ段（南より）

高知城 ⇒P.104
こうちじょう
高知・高知市
MAP 付録P.28 C-2

戦国期の大高坂山城のあった地に、江戸初期に山内一豊が築城。享保12年(1727)、大火に見舞われた。18世紀再建の四重五階の天守がある。また追手門や詰門など、城を守る堅固な仕掛けにも注目だ。公園内には高さ4mの山内一豊像もある。

徳島城 ⇒P.154
とくしまじょう （徳島中央公園）
徳島・徳島市
MAP 付録P.32 C-1

戦国時代に長宗我部元親の侵攻を受け、のちに蜂須賀氏が居城した。表門を復元。庭園や石垣が残る。現在は徳島中央公園として整備されている。

植物学者が愛した緑の世界へ

高知県立牧野植物園

こうちけんりつまきのしょくぶつえん

3000種類以上の植物が彩る
起伏に富んだ植物園

⬆ 高知の自然を再現した
「土佐の植物生態園」

⬆ 温室ではオオオニバスなど
国内外の熱帯花木が一年中観
賞できる

⬇ 温室をはじめ、常設展示な
ど見どころがいっぱい

「日本植物分類学の父」といわれる牧野
富太郎博士の業績を顕彰し、開園した。
多種多様な植物が見られ、植物に関する
学び・研究の場としてのみならず、憩い
の場としても広く市民に親しまれている。

MAP 付録P.27 E-3

☎088-882-2601 🏠高知県高知市五台山4200-6
🕘9:00～17:00（最終入園16:30）🚫12月27日～1
月1日、ほかメンテナンス休園あり 💴730円 🚃
JR高知駅からMY遊バス・牧野植物園正門前下車、
徒歩1分 🅿あり

注目ポイント

園内で見られる四季折々の花を探して歩きたい

サクラ属の園芸品種

オンツツジ

ヒメノボタン

サクユリ

ジョウロウホトトギス

バイカオウレン

「草木の精」牧野富太郎博士はどんな人？

植物研究と植物知識の教育普及に尽力
日本の植物学に多大な影響を与えた偉人

文久2年（1862）、高知県佐川
町生まれ。幼少より独学で植物
学を学び、上京後は東京大学に
出入りし、植物の研究に打ち込
む。創刊した雑誌で日本国内で
初めて新種「ヤマトグサ」を発
表。94年の生涯で命名した植物
は1500を超える。

⬆ 図書室などがある本館。内
藤廣設計の建築にも注目

⬆ 教育普及にも熱心だっ
た牧野博士＜高知県立牧
野植物園提供＞

⬆ 展示館中庭
には、博士ゆか
りの植物が多く
植栽されている

⬆ 展示館では、
博士の生涯を年
代ごとに詳しく
紹介している

牧野植物園周辺の見どころ

市内を一望できる五台山を散策。桜やツツジの名所としても知られ、山頂にある展望台からは、高知の市街地や浦戸湾を望む。

国指定の文化財が多い名刹

竹林寺
ちくりんじ

MAP 付録P.27 E-3

神亀元年(724)、聖武天皇の勅願により行基が開創。本堂、仏像17体、書院が国の重要文化財指定。庭園も国の名勝に指定されている。

☎088-882-3085 所高知県高知市五台山3577 開休料拝観自由 交JR高知駅から車で15分 Pあり

⬆寛永21年(1644)造営の本堂。本尊として文殊菩薩が祀られ、文殊堂とも呼ばれる

⬅かつての塔は明治時代に倒壊。昭和55年(1980)に鎌倉時代初期の様式で再建された五重塔

山頂の展望台から絶景を望む

五台山公園
ごだいさんこうえん

MAP 付録P.27 E-3

標高146mの五台山山頂一帯に整備された公園。高知市街地や高知港、浦戸湾が見渡せる展望台があり、夜景スポットとしても知られる。

☎088-882-8143 所高知県高知市五台山 開休料入園自由 交JR高知駅から車で15分 Pあり

⬆五台山展望サービスセンター屋上にある展望台からの眺望

高知県立牧野植物園

紀貫之『土佐日記』の軌跡をたどる

高知から室戸を南下し、鳴門海峡を越え京都へ55日におよぶ旅を描いた『土佐日記』

平安時代を代表する歌人、紀貫之が国司として土佐国に渡ったのは延長8年(930)のこと。当時は流刑地のひとつであったほど、交通の便が悪い土地であった。4年間の務めを果たした紀貫之は、国府(現・高知県南国市)を発ち、大津(現・高知市大津)から舟で京に戻ったが、この行程を描いたのが「男もすなる…」の書き出しで有名な『土佐日記』だ。内容には虚構もあるとされるが、右図のようなルートをたどったと考えられている(諸説あり)。奈半利〜室戸〜甲浦付近の国道55号沿いから海岸線を眺め、紀貫之の旅に思いを馳せてみたい。

推定されるルートと主な停泊地・通過地

皿鉢料理（4名用）
1万5000円
天然鮮魚の刺身、寿司、組み物などが大皿にのった高知名物の宴会料理。高知では、自宅で宴会や祝い事を行う際、仕出しとして頼むことが多い

土佐の恵みを贅沢にいただく

豪華な一皿
郷土料理の宴

藁焼きの大胆な調理方法や皿鉢料理は高知ならでは。
名産のカツオや地元の野菜が味わえる店舗をご紹介。

⬆ 1階はテーブル席、2階は個室を完備

豊富に揃う郷土料理
土佐の恵みに舌鼓

土佐料理 司
とさりょうりつかさ

予約	不要
予算	L 2000円〜
	D 5000円〜

MAP 付録P.29 E-2

大正6年（1917）創業の老舗郷土料理店。一本釣りのカツオにこだわったたたきや刺身をはじめ、皿鉢料理など高知ならではの料理を提供する。どろめ、焼きサバ棒寿司といった土佐の珍味から、土佐黒毛和牛のしゃぶしゃぶなど、山の幸まで充実。

☎088-873-4351
🏠高知県高知市はりまや町1-2-15 🕐12:00〜21:30
日曜11:30〜21:30 🈳無休 🚃とさでん・はりまや橋
電停から徒歩3分 🅿あり

⬆ 落ち着いた店内でくつろいで

⬆ 店は、はりまや橋からすぐ

カツオの藁焼き
塩タタキ
冷凍もののカツオは一
切使わず、県内産の藁
で一気に焼き上げる

落ち着きのある店内で
創作美食と地酒を堪能
旬鮮料理 愛禅
しゅんせんりょうり あいぜん

MAP 付録P.29 E-2

「おいしい食事とおいしい酒をゆっくり楽しんでほしい」。そんな思いでオーナーが開店した、大人のための食事処。カツオのたたきはもちろん、季節の食材を用いた料理が味わえる。料理は会席コースのみで8000円から。予約制だが、空席がある場合は当日予約も可能。

☎088-861-4282
🏠高知県高知市はりまや町1-4-11
🕐17:00～23:00(L022:30) 平日の11:30
～14:00は予約制で営業 🈺水曜
🚃とさでん・はりまや橋電停から徒歩4分
🅿なし

↑オープンキッチンで
調理するたたき

↑清潔感に満ちた店内。個室(6名)が2部屋と人気のカウンター席が6席

予約	望ましい
予算	L 3000円～ / D 6000円～

↑はりまや橋のす
ぐ近くの場所に店
舗がある

カツオや居酒屋料理など
土佐の郷土料理がずらり
酔鯨亭 高知店
すいげいてい こうちてん

MAP 付録P.29 E-3

カツオのたたきのほか、ウツボの唐揚げやチャンバラ貝など高知の名物料理が豊富。1階にはカウンター席とテーブル席、2階には個室があり、蔵元「酔鯨酒造」の酒とともに、居酒屋感覚で高知のグルメが楽しめる。

↑県外から訪れる人も多い名店

☎088-882-6577
🏠高知県高知市南はりまや町1-17-
25 🕐11:30～13:30 17:00～
21:00(L020:45) 🈺月曜、日曜・
祝日のランチ、ほか不定休 🚃と
さでん・はりまや橋電停から徒歩2
分 🅿なし

↑気軽に入れる居酒屋の雰囲気で安
心。カツオはもちろん、高知ならでは
の料理をいただきたい

予約	可
予算	L 1000円～ / D 4000円～

土佐のおもてなしセット
2750円
どろめ、酒盗、チャンバラ貝、
カツオのたたき、鯨の竜田揚げ、
青さのりの天ぷらがセットに

←鯨が描かれ
たのれん(左)や
提灯(右)など、
店内には遊び心
も満載

豪華な一皿 郷土料理の宴

賑やかで親しみあふれる
雰囲気に包まれる

ひろめ市場に集う

豊かな海の幸や特産が屋台に並ぶ市場で、
食事や買い物を。
明るく活気のある店と地元の人たちが、
いつでも迎えてくれる。

さまざまなジャンルの飲食店や
ショップが立ち並ぶ雑多な屋台村

迷路のように入り組んだ施設
内に、約60店舗の和洋中の飲
食店や物販店がひしめく。好
みの料理を購入し、通路に並
べられたテーブルで食事を楽
しむフードコート形式。昼か
らお酒を楽しむ姿も見られる。
特産品も多数販売されている
ので、おみやげ探しも可。

ひろめ市場
ひろめいちば
MAP 付録P.29 D-2
☎088-822-5287
所高知県高知市帯屋町2-3-1
営10:00(日曜9:00)～23:00
休年6日程度臨時休館日あり
交JR高知駅から徒歩20分
Pあり

やいろ亭
やいろてい

ビールと天ぷらで乾杯!

定食のほか、カツオやウツ
ボの唐揚げなど一品料理も
充実。人気は、キュウリ味
付け400円。
営10:00～21:30 日曜9:00～21:
00

◆青さのりの天ぷら550円

黒潮物産
くろしおぶっさん

手作り芋けんぴがずらり

高く積み上げられたけんぴタワーが目印。定番、柚子入り、青のり入りなど種類が豊富。
☎10:00(日曜9:00)〜17:30　休水曜

→しょうが入り、塩、プレーンの芋けんぴ。3つで1000円

↑芋けんぴ一筋の社長。店頭で調理し、販売

↑土佐あかうしの塊肉ステーキ200g5000円〜

土佐あかうしとワイン Petits Verres
とさあかうしとワイン プティ ヴェール

肉の旨みを存分に味わう

土佐あかうしや、そのなかでも希少部位の土佐ルージュビーフを使用したステーキやワイン煮込みなどの料理が評判。
☎11:00〜15:00(LO14:00) 17:00〜22:00(LO21:00)

→落ち着いた雰囲気の店内はテーブル席も

黒潮水産
くろしおすいさん

鮮魚や寿司ならおまかせ

カツオのたたきや寿司が並ぶ鮮魚店。真空パックのカツオのたたきは、おみやげにぴったり。
☎8:00(日曜7:00)〜22:00

→カツオのたたき780円。焼きサバ寿司なども販売

→トロまぐろの寿司や土佐の珍味、海産物が多数揃う

約1km続く高知城下追手筋の市場。野菜や果物だけでなく、金物など幅広く販売

高知｜高知市●買う

作り手の愛情が伝わる商品を

賑わう市場でお買い物

日曜市に代表される街路市は、市民の生活に寄り添う高知らしい風土そのもの。
それに続く新しいマーケットも開催され、ぬくもりに満ちた商品を探すことができる。

手ごろな価格の
新鮮な野菜がずらり

日曜市

にちよういち

MAP 付録P.29 D-2

300年以上前に始まったという高知の街路市。なかでもいちばん大きいのが、約300の店舗が野菜や果物、加工品などを販売する日曜市だ。市場の魅力は商品が新鮮なこと、そして生産者の顔が見えること。買い物を楽しみながら、おおらかな高知の風土も併せて感じたい。

☎088-823-9375(高知市商業振興・外商支援課) ⑰高知県高知市追手筋 ⑱日曜6:00〜15:00頃※出店準備および撤収時間も含む ⑭8月10〜12日、1月1・2日 ⑳とさでん・蓮池町通電停から徒歩1分 ⑫なし

日本最大級の歴史ある街路市

トマトをはじめ、季節の野菜がずらり。2月は文旦、5月は小夏など高知特産の旬の果物も販売されていて、店によっては自宅への発送も可能だ。名物のジャコやゆず果汁もぜひ試してみて

有機しょうがを使った、喉ごしのよいジュースです

◆高知の特産品、しょうがを使ったジンジャーエール

◆おばちゃん手作りの漬物も。どれも白ご飯がすすむ味

素朴な風合いの器や調味料入れ。おみやげにどうぞ

◆陶磁器や土佐打刃物など、食べ物以外のお店も楽しみ

愛情たっぷり込めて作っています。お酒にも合いますよ

まだまだほかにも！ 高知市内の個性豊かな市場

週末開催する新しいコンセプトの青空市も魅力的

のんびり穏やか、"池公園の土曜市"

池公園の土曜市 高知オーガニックマーケット

いけこうえんのどよういち こうちオーガニックマーケット

MAP 付録P.27 E-3

市中心部から車で約20分、青空が広がる池公園で開かれる、オーガニックにこだわった市場。有機農産物や無添加の手作りケーキなど、体も心も和む逸品が並ぶ。

☎070-9139-6758 ㊟高知県高知市池 ㊐土曜8:00〜14:00(7・8月は〜12:00) ㊋MY遊バス・住吉池前下車すぐ ㋛あり

◆生産者から直接、旬の野菜が購入できる(上)

◆CASCINA IL CHICCOの野菜を味わう古代小麦のブッチェとまるごと季節野菜とお豆の重ね煮スープ

◆自然派志向の野菜が豊富に並ぶ。親子連れも多い

石畳の並木道で若手作家の作品探し

おびさんマルシェ

MAP 付録P.29 D-3

市中心部で開かれるアートの市場。若手作家による手作りの雑貨や小物、また、高知の風土を生かしたグルメも楽しめる。

☎088-871-6527 ㊟高知県高知市帯屋町 おびさんロード ㊐11:00〜日没 ※月1回開催、日程は要確認 ㋫とさでん・大橋通電停から徒歩1分 ㋛なし

◆温かみのある手作り雑貨をおみやげにしたい

◆おびさんロードに並ぶパラソルが目を引く

賑わう市場でお買い物

119

高知らしいおみやげならここ

A 土佐せれくとしょっぷ
てんこす
とさせれくとしょっぷ てんこす

MAP 付録P.29 E-3

高知の食材や加工品はもちろん、手作りの木工品や雑貨など、県全域の特産品が豊富に揃う。
☎088-855-5411
🏠高知県高知市帯屋町1-11-40 營10:00～19:00 休無休 交とさでん・はりまや橋電停から徒歩3分 Pなし

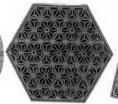
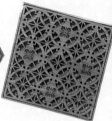

竹コースター
各1100円～
県産竹で作られたコースター。細かいデザインとやわらかい手ざわりが特徴
A 土佐せれくとしょっぷ てんこす

土佐和紙百選 各660円
さまざまな素材や色、柄で作られた100枚の土佐和紙セット
A 土佐せれくとしょっぷ
てんこす

地の名物を自分に、みやげに
土佐の銘品
お持ち帰り

地元に根付いた工芸品や甘さ控えめの和菓子。おみやげに喜ばれる逸品を探したい。

土佐柄コースター
各385円
高知ゆかりの柄がデザインされた、畳の縁を加工したコースター。鰹や土佐金魚、こいのぼり、四方竹、鳴子、鯨、やまももの7種類ある
A 土佐せれくとしょっぷ てんこす

鍛冶屋手作り、本物の土佐刃物

B 土佐刃物流通センター
とさはものりゅうつうセンター

香美 MAP 付録P.27 F-1

土佐に長く伝わる伝統工芸、土佐刃物の直販所。家庭用からレジャー用まで常時3000点と品揃えが豊富。陳列も見やすく手になじむ一品が選べる。
☎0887-52-0467
🏠高知県香美市土佐山田町上改田109 營8:30～17:00 土・日曜、祝日10:00～16:00 休臨時休業あり 交南国ICから車で10分 Pあり

くじらナイフ 各2200円
マッコウクジラやナガスクジラなど愛らしいフォルム。子どもや孫へのおみやげにおすすめ
B 土佐刃物流通センター

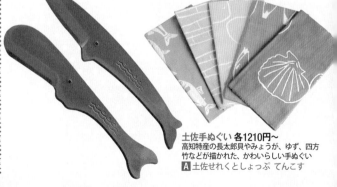

土佐手ぬぐい 各1210円～
高知特産の長太郎貝やみょうが、ゆず、四方竹などが描かれた、かわいらしい手ぬぐい
A 土佐せれくとしょっぷ てんこす

高知｜高知市●買う

ミレージャムサンド
各378円
高知名物ミレービスケットでジャムをサンドしたお菓子。個人的にプレーンのミレービスケットで実践していた人も多いという、相性抜群の組み合わせ
Ａ 土佐せれくとしょっぷ てんこす

土佐赤米袋バッグ
1210円
「もったいない」の想いから生まれた米袋のエコバッグ。赤い土佐米の模様がおしゃれで強度もバッチリ
Ａ 土佐せれくとしょっぷ てんこす

ケンビ108円（1個）
創業当時から販売している伝統商品。小麦粉と砂糖で作った、素朴な味わい
Ｃ 西川屋老舗 本店

梅不し1080円（14個入り）
見た目も味も上品な土佐銘菓。やわらかい求肥の中の赤しそがほのかに香る
Ｃ 西川屋老舗 本店

四国カルスト星空さんぽ
1016円（6個入り）
ふんわり食感のブッセケーキ。佐川町産ブルーベリーのクリームが爽やかに香る
Ｃ 西川屋老舗 本店

人のよろしさ
1242円（8個入り）
牛乳を使った白餡をもっちり生地で包んだ乳菓。商品名は山頭火の俳句に由来
Ｄ 浜幸 本店

アイスクリン4段
250円
元祖の白をはじめ、チョコや抹茶など味も豊富。選べる4段のせが人気
Ｅ 1×1=1

白花梅檀
495円（3個入り）
皮むき餡をやわらかい薯蕷生地で包んだ、上品な和菓子。お茶にもコーヒーにも合う
Ｄ 浜幸 本店

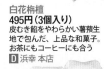

かんざし
1080円（8個入り）
高知銘菓の代名詞。甘酸っぱいゆずが香る、銀紙焼きのお菓子
Ｄ 浜幸 本店

元禄元年創業、伝統の菓子処
Ｃ 西川屋老舗 本店
にしがわやしにせ ほんてん
MAP 付録P.27 D-2

土佐藩の御用菓子司であった老舗。「ケンビ」や「梅不し」をはじめ季節の和菓子も充実。
☎088-882-1734 所高知県高知市知寄町1-7-2 営9:00～19:00 休無休 交とさでん・知寄町一丁目電停から徒歩1分 Ｐあり

はりまや橋横に建つ街の顔
Ｄ 浜幸 本店
はまこう ほんてん
MAP 付録P.29 E-3

「かんざし」で知られる菓舗。原料にこだわった、風味豊かな菓子やゼリーが揃う。
☎088-875-8151 所高知県高知市はりまや町1-1-1 営9:30～19:00 休無休 交とさでん・はりまや橋電停から徒歩1分 Ｐなし

あっさり懐かしいアイスクリン
Ｅ 1×1=1
いちかけるいちはいち
MAP 付録P.29 F-3

アイスクリンは乳脂肪分が少なくさっぱりした味わい。昔ながらの味を楽しんでみて。
☎088-882-4852 所高知県高知市南はりまや町2-3-12 営9:00～18:00 休水曜（6～8月は無休）、変更の場合あり 交とさでん・はりまや橋電停から徒歩5分 Ｐなし

土佐の銘品 お持ち帰り

高知市街から足を延ばして四国随一の清流に出会う

仁淀川と
土佐和紙の里へ

いの町

高知市街から車で約30分、いの町は、
神秘的な輝きを誇る仁淀川流域にある。
高知の伝統工芸「土佐和紙」の発祥地でもあり、
紙漉き体験もできる。

**水晶のように澄みきった清流
穏やかな流れに心癒やされて**

　西日本最高峰の石鎚山系を源流とする仁淀川。近年は「日本で一番美しい川」にも選ばれ、透き通るような流れが全国のファンを魅了している。

　仁淀川の美しさを表す言葉が「仁淀ブルー」だ。源流域に残る手つかずの原生林が清流を生み出し、さらにこの地特有のブルーがかった石が水を神秘的な青色に見せる。安居渓谷といった源流域に行けば、奇跡のブルーが体感できるはずだ。また高知市からほど近い「いの町」でも、豊かな水をたたえた風光明媚な景色が堪能できる。いの町は、古くから和紙の里として知られる街。手漉きの体験を通し、仁淀川がもたらす土佐の風土にもふれてみたい。

川沿いの見どころ

仁淀川町、越知町、佐川町、日高村、いの町、土佐市を流れる仁淀川。屋形船観光や風情ある街並みめぐりも楽しい。

屋形船仁淀川
やかたぶねによどがわ

乗船場は下流域の日高村。船内では日高村や仁淀川流域の地場産品を使った能津弁当が食べられる（3個以上、要予約）。当日はミライエキッチンの日替わり弁当も持ち込み可能。乗船時間約50分。
☎0889-24-6988　所高知県高岡郡日高村本村209-1
営1日6便運航、要予約　休荒天時　交JR伊野駅から車で25分　Pあり
MAP 付録P.26 A-2

安居渓谷
やすいけいこく

仁淀ブルーと渓谷美が楽しめる、源流域の支流安居川。紅葉シーズンも人気。
🚌JR佐川駅から車で50分
MAP 付録P.5 F-3

さかわ・酒蔵の道
さかわ・さがぐらのみち

土佐藩筆頭家老の城下町だった佐川町。歴史を感じさせる商家や酒蔵が今も残る。
🚌JR佐川駅から徒歩10分
MAP 付録P.8 A-3

土佐和紙を知る、作ってみる

高知の伝統工芸、土佐和紙の街「いの町」へ。
紙漉き職人に学び、自分だけの和紙を作りたい。

道の駅 土佐和紙工芸村
みちのえき とさわしこうげいむら
MAP 付録P.26 A-2

川を望む、仁淀川観光の拠点

仁淀川に面した大型施設。レストラン、宿泊施設、スパ、産直市などが揃う。土佐和紙手漉き体験をはじめ、はた織り体験、カヌー＆ラフト体験も可能だ。
☎088-892-1001 🏠高知県吾川郡いの町鹿敷1226 🕐施設により異なる 🗓水曜 🚃JR伊野駅から車で10分 🅿あり

⬆この地を拠点に、流域の魅力を発見してみよう

土佐和紙手漉き体験

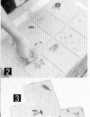
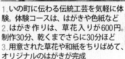

1.いの町に伝わる伝統工芸を気軽に体験。体験コースは、はがきや色紙など
2.はがき作りは、草花入りが600円。制作30分、乾くまでさらに30分ほど
3.用意された草花や和紙をちりばめて、オリジナルのはがきが完成

いの町 紙の博物館
いのちょう かみのはくぶつかん
MAP 付録P.26 B-3

土佐和紙の歴史や工程を紹介

☎088-893-0886 🏠高知県吾川郡いの町幸町110-1 🕐9:00〜17:00(体験受付は〜16:00) 🗓月曜(祝日の場合は翌日) 💴500円 🚃JR伊野駅から徒歩10分 🅿あり

土佐漆喰などを用いた高知らしい建物で、和紙に関するさまざまな展示を行う。紙漉き体験も可能。ショップでは、和紙製品や小物が揃う。

➡多彩な展示物で、土佐和紙の歴史や変遷が学べる

太平洋を望む、穏やかな漁師町

須崎・久礼
すさき・くれ

須崎市と中土佐町久礼。ともに太平洋に面した港町で、須崎はシンコ（メジカ）やウツボ、久礼はカツオと、獲れたての鮮魚が楽しめる。

街歩きのポイント

須崎〜久礼間の移動は、高知自動車道を経由し車で約25分。鉄道の場合、所要約10分。JR須崎駅およびJR土佐久礼駅周辺には観光スポットが集まり、徒歩で移動できる。

絶景も美食も満喫するドライブ

横浪黒潮ライン
よこなみくろしおライン

浦ノ内湾や太平洋を望む横浪半島のスカイライン。名産のカツオやご当地グルメに舌鼓。

高知市宇佐から須崎市へと続くおよそ19kmのドライブコース。リアス海岸の尾根伝いを走る道路は起伏が多いが、展望所からは、目の前一面に雄大な太平洋が見渡せる。

MAP 付録P.30 C-1

横浪黒潮ライン

須崎市観光協会 ☎0889-40-0315 ⑰高知県須崎市原町1-9-11
⑱8:30〜17:15 土・日曜、祝日 9:00〜12:00 13:00〜17:15
⑭無休 ⑳JR須崎駅から徒歩1分

水揚げされたばかりの新鮮な海の幸が並ぶ
港町久礼でカツオを堪能する

歴史ある市場や酒蔵など、地域に密着した漁師町の雰囲気を味わいたい。

カツオの街の商店街
久礼大正町市場
くれたいしょうまちいちば

MAP 付録P.30 C-2

明治時代中期に、漁師の奥さんたちが魚を売り出したのが始まりという。わずか40mの小さな商店街だが、活きのよい魚や干物、野菜や果物などが並び賑わう。市場周辺にはランチが楽しめる店が6店舗あり、カツオの刺身や藁焼きたたきのほか、カツオめしやカツオカレーなどが味わえる。

☎0889-59-1369
（大正町市場事務局）
📍高知県高岡郡中土佐町久礼6372-1　営休店舗により異なる　🚃JR土佐久礼駅から徒歩6分　🅿あり

↪地元庶民の台所。昔と変わらぬ活気がある

↑土佐沖で一本釣りされた、朝競りで仕入れた鮮度抜群のカツオが並ぶ。商品が揃うのはお昼前頃

→アーケード内のお店でイートインも可能。新鮮なカツオの刺身定食（左）は時期によって異なるが、おおよそ800～1000円ほど

カツオの藁焼きを体験
黒潮工房
くろしおこうぼう

MAP 付録P.30 C-2

久礼の小高い丘に建つ温泉宿泊施設「黒潮本陣」に隣接。藁の炎でカツオを一気に焼き上げる、中土佐流の藁焼きたたき作り体験がおすすめ。たたき定食や干物定食も楽しめる。

☎0889-40-1160
📍高知県高岡郡中土佐町久礼8009-11　営8:00～15:00（ランチ10:30～14:30、体験10:30～14:00）　休第2木曜　料初級コース800円～（カツオ代は別途時価）　🚃JR土佐久礼駅から徒歩20分　🅿あり

↑体験は、さばいた節を焼く初級と一本さばくところから挑戦する中級がある

県内最古の酒蔵
西岡酒造店
にしおかしゅぞうてん

MAP 付録P.30 C-2

江戸時代中期に創業。酒蔵は当時のままで、道具なども展示され酒造りの歴史にふれられる。店舗先のギャラリーはいつでも見学可。試飲も可能なので、飲み比べて好みを見つけたい。

☎0889-52-2018
📍高知県高岡郡中土佐町久礼6154　営9:00～16:00　休不定休　🚃JR土佐久礼駅から徒歩3分　🅿あり

↑約240年前の蔵をそのまま利用した趣あるたたずまい

↑純平や一本釣り、久礼など。どれも特産のカツオのたたきに合う、辛口でキレのよい味

高知のカツオ
良質なカツオは、たたきも刺身も絶品の味わい。産地の港町で食す

豪快な一本釣りが有名な高知のカツオ漁。網漁では魚同士がぶつかって身が崩れてしまうため、高知では古くから手間がかかるこの漁法が採用されてきた。春のカツオは初鰹、秋のカツオは戻り鰹といわれ、好みは人によって分かれるが、どちらも格別の味わいだ。

カツオの街として有名なのは、中土佐町久礼や黒潮町土佐賀など。国の家計調査では、1世帯あたりのカツオ消費量は高知県が群を抜いて1位。高知県民のカツオ好きがうかがえる。

高知県内でも地域によってカツオの食べ方は異なるが、ぬくぬくのまま厚めに切って薬味と食べるのが久礼流だ。

四国カルストドライブ

爽やかな天空の楽園
高原の風を感じて

愛媛県と高知県をつなぐ、東西約25kmのカルスト台地。
ドライブのメインコースは、四国カルスト縦断線。
高原の風を感じながら、雲の上のドライブを楽しもう。

↑冬は通行止めになることも

四国カルストとは？

愛媛と高知の県境、
東西25km続く高原地帯

標高1000〜1500mの高原に位置する四国カルストは、山口県の秋吉台、福岡県の平尾台と並ぶ日本三大カルストのひとつ。白い石灰岩や可憐な高原植物が見られる台地には春から秋にかけて牛の放牧が行われ、見渡す限りの大パノラマが堪能できる。

---

1 天狗高原
てんぐこうげん
MAP 付録P.25 F-4

四国カルストの最高峰

四国カルストを代表する景勝地。眼下に山々の尾根が連なり、草原には大小の石灰石が露出する。新緑や高原植物、ススキなど、四季折々の景観も楽しみ。

☎0889-55-2021（津野町観光推進課）⑰高知県高岡郡津野町芳生野乙 ✕須崎東ICから車で1時間20分 ℗あり

注目ポイント

カルストについてより深く知るなら

カルストテラス

独特の地形を持つ四国カルストや高原の動植物について学べる場所。また、ドリンク販売やレンタサイクルも。

MAP 付録P.25 F-4
☎0889-62-3371 ⑰高知県高岡郡津野町芳生野乙4921-48 ⑧9:00〜17:00 ⑭月曜（祝日の場合は開館）、臨時休館あり ✕須崎東ICから車で1時間20分 ℗あり

四国カルスト

内子町

丸石山

西予市

36

4 大野ヶ原

ポニー牧場

C カフェもみの木

383

N

0   1km

檮原町

304

---

2 五段高原
ごだんこうげん
MAP 付録P.25 F-4

牧草地に爽快な風が吹く

石灰岩が点在する牧草地に牛が放牧され、のどかな景色が見渡せる。天気が良ければ頂上から太平洋が見えることも。

☎0892-21-1192（久万高原町観光協会）⑰愛媛県上浮穴郡久万高原町ほか ✕須崎東ICから車で1時間20分 ℗あり

↺緑の草原に映える風力発電の白い風車が印象的

↑遊歩道や宿泊施設、キャンプサイト、バンガローなども整備されている

高知 — 四国カルスト●ドライブ

ドライブ途中の休憩に

地物食料を堪能
姫鶴荘
めづるそう

MAP 付録P.25 F-4

四国カルストの中心地にあるレストラン。久万高原町の食材を使用した料理が味わえる。

☎0892-55-0057 所愛媛県上浮穴郡久万高原町西谷8111 営11:00〜14:00 休火曜、11月中旬〜3月 交須崎東ICから車で1時間25分 Pあり

↪アマゴの料理は看板メニュー。アマゴのフライ定食1100円

↪眺望が楽しめる

牧場のこだわりスイーツ
カフェ もみの木
カフェ もみのき

MAP 付録P.25 D-4

↪チーズケーキ 500円

大野ヶ原高原のカフェ。添加物を使用しないなめらかな手作りチーズケーキや、搾りたての牛乳も用意。

☎0894-76-0230 所愛媛県西予市野村町大野ヶ原210 営10:30〜16:30 休不定休(冬季休業あり) 交須崎東ICから車で1時間50分 Pあり

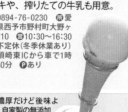

移動時間◆約3時間54分

おすすめドライブルート

ドライブのメインルートは、四国カルストを東西に走る四国カルスト縦断線。東端の天狗高原を出発し西端の大野ヶ原に抜ける台地には牧草地が広がり、爽やかな高原の風が感じられる。

須崎東IC
すさきひがし

↓ 高知自動車道、国道197号 55km／約1時間15分

1 天狗高原
てんぐこうげん

↓ 県道383号 5km／約10分

2 五段高原
ごだんこうげん

↓ 県道383号 2km／約4分

3 姫鶴平
めづるだいら

↓ 県道383号 12km／約25分

4 大野ヶ原
おおのがはら

↓ 国道197号、高知自動車道 70km／約2時間

須崎東IC
すさきひがし

高原の風を感じて

濃厚だけど後味よい、自家製の無添加アイスクリーム

松山↑

愛媛県

久万高原町

天狗高原 1

正木の森

仁淀川町

五段高原 2

五段城

カルストテラス

姫鶴平 3

地芳峠

地芳トンネル

R 姫鶴荘

高知県

津野町

---

3 姫鶴平
めづるだいら

MAP 付録P.25 E-4

空に手が届きそうな"四国の屋根"

青空と牧草地が見渡す限り広がる、四国カルストの中央地点。四国山脈が一望できる広場や、宿泊施設もある。

☎0892-21-1192(久万高原町観光協会) 所愛媛県上浮穴郡久万高原町ほか 交須崎東ICから車で1時間25分 Pあり

↪高原植物を眺めながら、のんびりと散策を

4 大野ヶ原
おおのがはら

MAP 付録P.25 D-4

動物とのふれあいを楽しむ

畜産が盛んで、牧場をはじめ乳製品を販売する店舗もある。高台にある源氏ヶ駄場からの眺めも見事。

☎0894-72-1115(西予市野村支所産業建設課) 所愛媛県西予市野村町大野ヶ原 交西予宇和ICから車で1時間50分 Pあり

↪悠々自適に過ごす牛の姿を見ることができる

ゆったりと時間が流れる癒やしの里

四万十川周辺
しまんとがわ

津野町に源を発し、ゆるやかに蛇行しながら
太平洋へ注ぐ四国最長の四万十川。
196㎞の大河には見どころがあふれている。

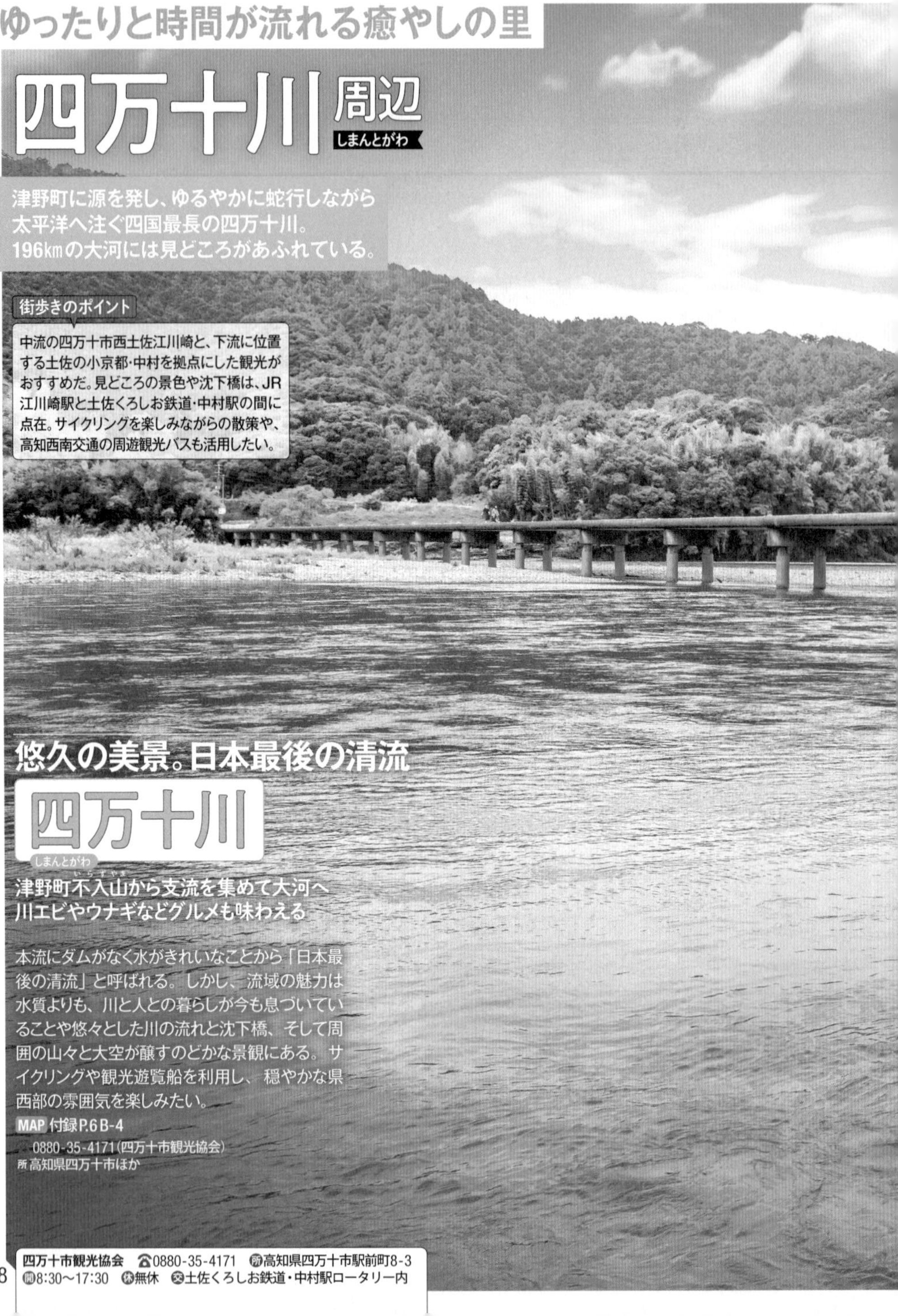

街歩きのポイント

中流の四万十市西土佐江川崎と、下流に位置する土佐の小京都・中村を拠点にした観光がおすすめだ。見どころの景色や沈下橋は、JR江川崎駅と土佐くろしお鉄道・中村駅の間に点在。サイクリングを楽しみながらの散策や、高知西南交通の周遊観光バスも活用したい。

悠久の美景。日本最後の清流
四万十川
しまんとがわ

**津野町不入山(いらずやま)から支流を集めて大河へ
川エビやウナギなどグルメも味わえる**

本流にダムがなく水がきれいなことから「日本最後の清流」と呼ばれる。しかし、流域の魅力は水質よりも、川と人との暮らしが今も息づいていることや悠々とした川の流れと沈下橋、そして周囲の山々と大空が醸すのどかな景観にある。サイクリングや観光遊覧船を利用し、穏やかな県西部の雰囲気を楽しみたい。

MAP 付録P.6 B-4
☎0880-35-4171(四万十市観光協会)
所 高知県四万十市ほか

四万十市観光協会 ☎0880-35-4171 所高知県四万十市駅前町8-3
開8:30〜17:30 休無休 交土佐くろしお鉄道・中村駅ロータリー内

佐田沈下橋 さだちんかばし

MAP 付録P.7 E-3

▼全長約290mの沈下橋。青い橋脚が印象的

四万十川のシンボルといえる48本の沈下橋。台風や豪雨が多い地域ならではの欄干のない橋で、川が増水した際、水面下に沈むよう作られている。今でも生活道路として使用され、四万十川流域のおおらかな景観と見事に調和している。

勝間沈下橋 かつまちんかばし

MAP 付録P.7 E-3

四万十川

大河の多彩な景色

爽やかな風と走るサイクリングや、水面に近い屋形船。
さまざまな場所から、思い出に残る風景を見つけたい。

自転車で川沿いをサイクリング

四万十川りんりんサイクル

しまんとがわりんりんサイクル
江川崎ほか **MAP** 付録P.7 D-2

**乗り捨て可の貸し自転車で
爽快なサイクリング**

レンタサイクルでのんびりと周遊
できる。貸出・返却のできる場
所は、ふるさと案内所、道の駅よっ
て西土佐、川の駅 カヌー館、四
万十楽舎、かわらっこ、新ロイヤ
ルホテル四万十、四万十市観光
協会の7カ所あり、自由に選択で
きる。

☎0880-52-2121(川の駅 カヌー
館) 所高知県四万十市西土佐用
井1111-11 時8:30〜17:00(前
日までに要予約) 休ターミナル
により異なる 料1日レンタル
1500円ほか 交JR江川崎駅から
車で2分 Pあり

↑ルート案内もしてくれる

↑美しい四万十川に沿ってサイクリング

↑川の駅 カヌー館のターミナル前

勝間沈下橋 P.129
かわらっこ
三里沈下橋 P.130
四万十の碧
佐田沈下橋 P.129

松野町
松丸駅 吉野生駅 真土駅 十川駅
江川崎駅 半家駅
西ヶ方駅
ふるさと案内所 川の駅 カヌー館
四万十市
四万十楽舎
宿毛市
有岡駅
平田駅 平田
宿毛和田 東宿毛駅 中村宿毛道路
宿毛駅 工業団地駅
土佐くろしお鉄道宿毛線
三原村

観光船で清流を下る

四万十の碧

しまんとのあお
中村 **MAP** 付録P.7 E-3

**屋形船に乗って
下流域の豊かな表情を堪能**

変化に富んだ川をゆく航路が自慢。
のどかな雰囲気の川沿いや、佐田
沈下橋、三里沈下橋などの絶景ポ
イントも見られる。予約をすれば、
船内で食事をいただくことも可能。

☎0880-38-2000 所高知県四万十市三里
1446 時9:00〜16:00の1時間おきに運航
休荒天時 料60分コース2000円〜 交土佐
くろしお鉄道・中村駅から車で25分 Pあり

↑屋形船で沈下橋をくぐり、気分は爽快

↑窓は開放され清流のせせらぎが間近に聞こえる

P.131
砂浜美術館 ★

P.131
場ちか R

P.167
四万十の宿

P.131
四万十川 ★
P.27/P.128

P.131
漁師の店 R
四万十屋

川の恵みが堪能できる立ち寄り店

食と空間が織りなすドラマ

味劇場ちか
あじげきじょうちか

四万十市屈指の人気店。厨房を舞台に見立てた劇場空間で、料理人が調理する過程を眺めながら食事が楽しめる。

中村 MAP 付録P.6 A-4

☎0880-34-5041 所高知県四万十市中村新町1-39-2 営17:00〜22:30(LO22:00) 休月曜、第1火曜(変動あり) 交土佐くろしお鉄道・中村駅から車で5分 Pあり

→香ばしさと旨みが口の中で広がる焼サバ姿寿司。1本2800円

清流の天然の幸を生かした老舗

川漁師の店 四万十屋
かわりょうしのみせ しまんとや

四万十川で獲れた天然鮎や川エビ、ウナギなどの川魚料理を提供。2階のテラス席では、四万十川の眺めが堪能できる。

中村 MAP 付録P.6 B-4

☎0880-36-2828 所高知県四万十市山路2494-1 営10:00〜15:00(売店9:00〜16:00) 休水曜 交土佐くろしお鉄道・中村駅から車で7分 Pあり

→風味と食感が楽しめる川エビから揚げ700円

→天然うな重5600円。炭火で素焼きしたウナギを甘辛ダレで

注目ポイント
四万十川の伝統漁法

川とともに生きてきた四万十の川漁師。船上でかがり火を振る鮎の火振り漁や、サザエの貝殻を結んだロープでゴリを追い込むゴリのガラ曳き漁、枝を川に沈める柴づけ漁など、さまざまな伝統漁法が今に受け継がれている。

ウナギ

鮎

→束ねた笹を仕掛け、川エビやウナギを獲る柴づけ漁

開放的な砂浜で過ごすひととき

砂浜美術館
すなはまびじゅつかん

黒潮町 MAP 付録P.7 E-3

4kmの砂浜がまるごと美術館

小鳥の足跡や流れ着く貝殻など、ありのままの風景や自然を「作品」として楽しむ美術館。毎年5月のGWに開催される「Tシャツアート展」など季節限定の企画展も。

☎0880-43-4915 所高知県幡多郡黒潮町入野 営休散策自由 料無料(イベント時は協力金300円) 交土佐くろしお鉄道・土佐入野駅から徒歩10分 Pあり

→全国公募の作品をプリントしたTシャツを展示

→小鳥の足跡や風が描く風紋も「作品」

→空の色も砂浜も、同じように見えて毎日違う

大河の多彩な景色

黒潮が接岸する四国の最南端

足摺・竜串
あしずり・たつくし

四国最南端に位置する土佐清水市は、
断崖に白波が砕ける足摺岬をはじめ、奇岩が点在する
竜串海岸など、自然の造形美が見られる街だ。

地球の息吹を体感

足摺岬
あしずりみさき

岬の断崖に波しぶきが上がる
迫力ある大自然を目の前に

視界270度の展望台があり、遥かに見えるアーチ状の水平線と、変化に富んだ海岸線が見渡せる。断崖に建つ灯台は日本最大の規模。

MAP 付録P.30 C-4

☎0880-82-3155(土佐清水市観光協会) 所高知県土佐清水市足摺岬 開休料散策自由 交土佐くろしお鉄道・中村駅から車で1時間5分 Pあり

高知
│
足摺・竜串 ● 歩く・観る

足摺岬観光案内所 ☎0880-88-1551 所高知県土佐清水市足摺岬1349 開土・日曜、祝日9:00〜16:00 休月〜金曜 交土佐くろしお鉄道・中村駅から車で1時間

自然がつくりあげた神秘を見に行こう

岬周辺をぶらり散策

太平洋の荒波が打ち寄せる岬周辺には、海蝕洞が多く点在する。
謎の遺跡や、偉人の足跡をたどる資料館にも足を運びたい。

↑スポットごとに、ジョン万次郎の生涯を紹介

白山洞門
はくさんどうもん
MAP 付録P.30 C-4

日本最大級の花崗岩洞門

海蝕によってできた、高さ16m幅17mの洞門。海岸に続く遊歩道で、間近まで歩いて行ける。

↑大波がつくり出した海岸のオブジェ

🚗高知県土佐清水市足摺岬　🚈土佐くろしお鉄道・中村駅から車で1時間

唐人駄場遺跡巨石群
とうじんだばいせきょせきぐん
MAP 付録P.30 C-4

巨石に秘められたミステリー
多くの謎も残る神秘的な場所

一帯からは縄文〜弥生時代にかけての石器や土器片が数多く出土。6〜7mもの巨石群にはいまだ謎が多い。

🚗高知県土佐清水市松尾　🚈土佐くろしお鉄道・中村駅から車で1時間
↑移動や研削方法は今も不明

ジョン万次郎資料館
ジョンまんじろうしりょうかん
MAP 付録P.30 B-3

ジョン万次郎ゆかりの国際交流の館

土佐清水の貧しい漁師の家に生まれた万次郎。漂流後アメリカで学び、帰国後は日本の外交に多大な貢献をした。彼の生涯をわかりやすく展示、再現している。

☎0880-82-3155(土佐清水市観光協会)　🚗高知県土佐清水市養老303　⏰8:30〜17:00(最終入館16:30)　🈺無休　💴440円　🚈土佐くろしお鉄道・中村駅から車で45分　🅿️あり

竜串海域公園と周辺の見どころ

亜熱帯的な海中景観が広がるエリア。海岸では奇岩の数々が、海中ではサンゴや鮮やかな魚類が見られ、ダイバーにも人気が高い。

↑竜串海岸には、海蝕や風蝕によってできた珍しい岩が多い

素晴らしい海中景観を観賞

竜串海域公園
たつしかいいきこうえん
MAP 付録P.30 A-3

日本で初めて海中国定公園に指定。日本一の規模を誇るシコロサンゴの群落地など、美しい海中をグラスボートで楽しみたい。

☎0880-82-3155(土佐清水市観光協会)　🚗高知県土佐清水市竜串　🈺散策自由　🚈土佐くろしお鉄道・中村駅から車で50分　🅿️あり

↑ハチの巣のような浸食の跡が特徴的

竜串湾の魚たちを知るならここ

高知県立足摺海洋館 SATOUMI
こうちけんりつあしずりかいようかんサトウミ
MAP 付録P.30 A-3

足摺の生態系を再現した展示が魅力。「足摺の原生林」コーナーから始まり、川や海を経て太平洋に至るまで、魚の生態系について学べる水族館。

☎0880-85-0635　🚗高知県土佐清水市三崎4032　⏰9:00〜17:00　🈺無休　💴1200円　🚈バス停・竜串海洋館前から徒歩1分　🅿️180台

↑竜串の海中の景観を再現した竜串湾大水槽

海の中を散歩

足摺海底館
あしずりかいていかん
MAP 付録P.30 A-3

7mのらせん階段を下りた先に、海中窓が付いた展望室がある。サンゴ礁や、自由に泳ぎ回る色とりどりの熱帯魚が観賞できる。

↑囲いのないシンプルな構造の海底館

☎0880-85-0201　🚗高知県土佐清水市三崎480　⏰9:00〜17:00(最終入館16:30)　🈺無休　💴900円　🚈土佐くろしお鉄道・中村駅から車で50分　🅿️あり

立ち寄りスポット

竜串観光汽船
たつしかんこうきせん

竜串海域公園にはグラスボートが運航しており、ガラス越しに奇勝やサンゴ、熱帯魚が観賞できる。

MAP 付録P.30 A-3

☎0880-85-0037　🚗高知県土佐清水市竜串19-10　⏰8:00〜17:00(12〜2月は〜16:00)　🈺無休　💴往復1560円　🚈土佐くろしお鉄道・中村駅から車で50分　🅿️あり

足摺岬／岬周辺をぶらり散策

133

期せずして西洋文明に飛び込んだ青年の波乱に満ちた人生

ジョン万次郎と日本の近代

少年時代に漂流を経験してアメリカへ渡り、西洋の最先端の教育を受けて帰国した万次郎。
鎖国と開国で揺れる日本にリアルな西洋事情を伝え、日本の近代化を後押しした。

14歳で漂流し、無人島生活を経験

ジョン万次郎こと中浜万次郎は、文政10年(1827)、足摺岬近くの幡多郡中浜(土佐清水市)で、漁師の家に生まれた。父を9歳で亡くし、10歳から働きに出て家計を助けた。宇佐浦(土佐市)の漁船で働いていた天保12年(1841)、14歳の万次郎は船仲間と出漁中に嵐に遭い漂流する。無人島の鳥島にたどり着いた5人に、過酷な無人島生活が待っていた。漂流から143日目、アメリカの捕鯨船ジョン・ホーランド号に発見され、奇跡的に救出される。

しかし、鎖国中の日本に外国船は近づくことができず、仮に戻ったとしても脱出とみなされれば命の保証もなく、万次郎たちの帰郷はかなわなかった。

アメリカで非凡な才能を発揮する

5人を乗せたジョン・ホーランド号は捕鯨航海をしながら5カ月後にハワイ・ホノルル港に停泊。万次郎以外の4人は下船した。船長のホイットフィールドは、少年・万次郎の利発さや人柄が気に入り、アメリカへ伴った。天保14年(1843)、母港のマサチューセッツ州ニューベッドフォードへ帰港。ジョン・ハウランド号での航海中、乗組員から親しみをこめてジョン・マンと呼ばれ始めた。船長のもとで学校へ通い、首席となる秀才ぶりを発揮し、卒業後は捕鯨船フランクリン号に乗り、航海途中で一等航海士になったといわれている。ゴールドラッシュに沸くサンフランシスコの金山で稼ぎ、帰国の準備も進めた。

ついに仲間とともに帰国の途へ

金鉱で稼いだお金で上陸用の手漕ぎボートを手に入れた万次郎は、中国行きの商船に乗り込み仲間の待つハワイへ向かう。仲間のうち1人は病死し、もう1人は地元女性と結婚してハワイにとどまることを決意。残る2人とホノルルを出航した。日本の近くにたどり着くと、用意したボートに乗り換え、薩摩藩領の琉球(沖縄)に上陸。嘉永4年(1851)、出国前14歳だった万次郎は24歳になっていた。

幕末の日本で海外事情通として活躍

帰国後は本土へ送られ、薩摩藩などから長期間の尋問を受ける。翌年、ようやく故郷の土佐へ戻り、11年ぶりに母親と再会する。土佐藩の聴取で万次郎が語った異国話は藩主・山内容堂の耳にも入り、取り調べをした絵師・河田小龍がまとめた『漂巽紀略』の写本は、多くの大名に読まれた。

嘉永5年(1862)、万次郎は土佐藩校・教授館で教授となった。万次郎は幕府の役人に取り立てられ、造船指導や英会話の教授などで活躍。開国に向けて日米和親条約の締結に尽力した。万延元年(1860)には、日米修好通商条約批准のための海外使節団の一員として咸臨丸に乗船し、アメリカを再訪する。維新後は、開成学校(現・東京大学)の教授を務め、明治31年(1898)、71歳で波乱の生涯を閉じた。

高知 ／ 足摺・竜串 ● 歴史

漂流からアメリカに上陸するまでの軌跡

カナダ
アメリカ
● ニューベッドフォード
日本
● 鳥島
太平洋
メキシコ湾
大西洋
中国
● ホノルル
※ホノルルで万次郎のみ別れて
アメリカへ
● グアム
ギルバート諸島 ●
インドネシア
ブラジル
インド洋
● フィジー
● タヒチ
オーストラリア
アルゼンチン
ニュージーランド

------ 救助後、鳥島から鳥島付近への航路
------ 鳥島付近からニューベッドフォードまでの航路

⬆ 中浜万次郎は帰国後、幕府に招聘され直参旗本として迎えられた。ペリー来航に揺れる日本にとって、彼の知識と経験は不可欠だった

ジョン万次郎 年譜

西暦	元号	事項
1827	文政10	土佐の中浜(現・高知県土佐清水市)で、漁師の次男として誕生した
1841	天保12	漁に出て遭難
1843		アメリカで英語や航海術など、幅広く学ぶ
1850		サンフランシスコの鉱山で働き帰国費用を貯める
1851	4	琉球に上陸
1852	5	11年ぶりに帰郷
1853	6	幕府に招聘される
1854	嘉永7	結婚
1860	万延元	咸臨丸(船長・勝海舟)に乗り渡米
1866	慶応2	開成館の開校に参加
1869	明治2	開成学校(現・東京大学)の教授に就任
1870	3	渡欧
1898	31	死去。71歳

ジョン万次郎と関わった人物

坂本龍馬(さかもとりょうま) 天保6年~慶応3年(1835~1867)
土佐勤王党に入る以前、土佐に帰郷した折に、万次郎の見聞した異国事情を河田小龍から伝え聞いている。

岩崎弥太郎(いわさきやたろう) 天保5年~明治18年(1835~1885)
土佐藩校・教授館で、教授の万次郎から語学や海運、造船などを学んだ。やがて、三菱財閥の創業者となる。

勝海舟(かつかいしゅう) 文政6年~明治32年(1823~1899)
日米修好通商条約批准書交換のために派遣された使節団の船・咸臨丸の艦長として万次郎とともに渡米した。

福沢諭吉(ふくざわゆきち) 天保5年~明治34年(1835~1901)
万次郎と咸臨丸に乗船。万次郎にすすめられ『ウェブスター大辞書』を持ち帰った。その8年後に慶応義塾を創設。

板垣退助(いたがきたいすけ) 天保8年~大正8年(1837~1919)
明治の自由民権運動の主導者といわれる。同郷である万次郎から少なからぬ影響を受けた。

ジョン万次郎資料館 ➲P.133
ジョンまんじろうしりょうかん
足摺 MAP 付録P.30 B-3

ジョン万次郎の生涯を、さまざまな資料を用いて展示・解説している。

鯨とともに歩む土佐の海洋文化
捕鯨の歴史とホエールウォッチング

鯨と土佐は切っても切れない関係にある。長宗我部元親は、浦戸から大坂湾へ鯨を持ち込み秀吉を驚かせた、という逸話も残るほど。

江戸時代に生まれた土佐の捕鯨

土佐湾は日本有数の鯨の生息域として知られている。土佐の捕鯨は江戸初期に始まり、モリで突く漁法から、17世紀後半に網で追い込む「網取り式」に代わって捕獲数を増やしていった。英米の遠洋式捕鯨船団が沖合で操業を始めると、土佐捕鯨はしだいに衰退する。民間捕鯨集団の鯨組が取り仕切っていたが、幕末以降は藩の管理下に置かれた。土佐で約300年続いた捕鯨は、昭和初期にその幕を閉じる。現在はホエールウォッチングが盛んに行われている。

⬆鯨を解体する作業の様子が描かれている『捕鯨絵図第四図』

ホエールウォッチング

大方ホエールウォッチング
おおかたホエールウォッチング
高知・黒潮町 MAP 付録P.7 F-3

☎0880-43-1058 所高知県幡多郡黒潮町入野227(入野漁港)
開4月末~10月中旬頃8:00、10:00、13:00、所要4時間
料乗船8000円 交土佐くろしお鉄道・土佐入野駅から徒歩20分

⬅⬆海面に姿を現した12mを超える鯨(左)。黒潮町沖に暮らす鯨やイルカを観察できる(上)

室戸 むろと

高知県の東南端に位置する室戸市は、
澄んだ青空に亜熱帯樹林と岩礁が映える南国の街だ。
空海の修行の地で、近年は海洋深層水でも知られる。

街歩きのポイント

室戸岬周辺は車移動が中心。土
佐くろしお鉄道・安芸駅から室戸
岬まで海岸沿いに車で1時間。

地平線へ続く太平洋を眺めて

室戸岬 むろとみさき

豪快な波が打ち寄せる岬
「台風銀座」の名で有名

浸食された岩礁や隆起した海岸に荒
波が打ち寄せる、日本八景のひとつ
で、恋人の聖地としても知られる。
岬には北川村出身の幕末の志士・中
岡慎太郎の像があり、その上には海
岸を見下ろす展望台が立つ。

MAP 付録P.31 F-2

☎0887-22-0574（室戸市観光協会）　⊕高
知県室戸市室戸岬町　⊗土佐くろしお鉄道・
奈半利駅から車で40分

御厨人窟 みくろど

MAP 付録P.31 F-2

若き日の空海が
悟りを開いた地

約1200年前に空海が修
行の際、住居として使
っていたと伝わる洞窟。

⬆ここから見える空と
海に感動したことが
「空海」の名前の由来と
いわれている

⊕高知県室戸市室戸岬町　⊗
土佐くろしお鉄道・奈半利駅
から車で40分

乱礁遊歩道 らんしょうゆうほどう

MAP 付録P.31 F-2

ダイナミックな奇岩や
海岸風景を観賞

室戸岬から東に約2.6km続く遊
歩道。亜熱帯植物や奇岩が見
られる。

⊕高知県室戸市室戸岬町　⊗土佐くろ
しお鉄道・奈半利駅から車で40分

➡波に削られた奇岩
に、地球の営みを実感

室戸市観光協会　☎0887-22-0574　⊕高知県室戸市室戸岬町6939-4　⊕9:00〜
17:00　⊕無休　⊗土佐くろしお鉄道・奈半利駅から車で40分

↓白亜の灯台が漁師や航海者たちの安全を守る。レンズの大きさは日本最大級で光達距離は日本一。貴重な地形を有する室戸市全域は、ユネスコ世界ジオパークに認定されている

室戸の海洋深層水を体感する

海洋深層水は、地球の両極付近の深海で生まれる。室戸には、ミネラルバランスに優れ栄養性にも富んだ海洋深層水があり、健康・美容・水産・農業など多方面に活用されており、近年注目を集めている。

シレストむろと

MAP 付録P.31 F-2

海洋深層水で健康増進

室戸海洋深層水のタラソプールや露天風呂があり、売店も併設している。

☎0887-22-6610 🏠高知県室戸市室戸岬町3795-1 🕙10:00~21:00 💴タラソプール1600円、入浴のみ600円 🈚第2・4水曜 🚃土佐くろしお鉄道・奈半利駅から車で40分 🅿あり

↑約34℃のタラソプール

↑海洋深層水の露天風呂

むろと廃校水族館

むろとはいこうすいぞくかん
MAP 付録P.9 E-4

小学校跡地を水族館に

廃校を改修し水族館へと変身。理科室なども展示スペースとして活用し、現在は50種類以上の魚を飼育。

☎0887-22-0815 🏠高知県室戸市室戸岬町533-2 🕙9:00~18:00 (10~3月は~17:00) 💴600円 🈚無休 🚃バス停むろと廃校水族館下車すぐ 🅿100台

↑屋外プールではサメやカメがのびのびと泳いでいる

道の駅 キラメッセ室戸に立ち寄り

食遊鯨の郷

しょくゆういさのごう

捕鯨の歴史を感じさせる鯨料理がおすすめ。刺身、竜田揚げ、たたき、さえずり(舌)の酢味噌和えが味わえる「鯨御膳」はボリューム満点。

MAP 付録P.31 D-1

☎0887-25-3500
🏠高知県室戸市吉良川町丙890-11 🕙10:30~19:30 🈚月曜(祝日の場合は翌日) 🚃土佐くろしお鉄道・奈半利駅から車で25分 🅿あり

↑鯨の暖簾がお出迎え

↑4種類の鯨メニューが楽しめる「鯨御膳」2600円

鯨館

くじらかん

ザトウクジラやマッコウクジラの骨格標本、捕鯨の道具などを展示。勢子舟乗船体験ができるVRや飛び出すクジラを撮影できるAR、デジタル化した古式捕鯨絵図など、室戸とクジラの歴史を楽しみながら学べる。

MAP 付録P.31 D-1

☎0887-25-3377 🏠高知県室戸市吉良川町丙890-11 🕙9:00~17:00(最終入館16:30) 🈚月曜(祝日の場合は翌日) 💴500円 🚃土佐くろしお鉄道・奈半利駅から車で25分 🅿あり

↑巨大なマッコウクジラと復元された勢子舟が見事

安芸 [あき]

田園地帯に昔ながらの建物が残る、温かな
雰囲気の安芸市。この地に栄えた文化や
歴史をたどり、いにしえに思いを馳せてみたい。

街歩きのポイント

安芸市内の散策なら、車は
野良時計の東側にある無
料駐車場を利用したい。

↑ 家に時計がなかった当時、周辺で農作業をする人がこの時計のおかげで時間を知ることができたという

野良時計

のらどけい

MAP 付録P.31 E-4

**120年の時を刻んだ櫓時計
今も市民を見守り続ける**

地元の大地主が明治の中頃、独学
で作り上げた。のどかな田園風景に
調和する、安芸を象徴する存在だ。

☎0887-34-8344(安芸観光情報センター)
所高知県安芸市土居 開休外観のみ見学自
由 交土佐くろしお鉄道・安芸駅から車で5
分 Pあり

注目ポイント

岩崎弥太郎生家が残る地

三菱グループの創業者、岩崎弥太郎は安芸
出身で、郊外に彼の生家が修復保存されて
いる。三菱マークの原型といわれる家紋に
も注目。

↑ 動乱期に
飛躍した偉
人生誕の地

土居廓中武家屋敷

どいかちゅうぶけやしき

MAP 付録P.31 E-3

**藩政期の歴史を今に伝える
生垣が印象的な街並み**

土佐藩の家老・五藤家が形成した武
家町。安芸氏代々の居城跡近くに、
うばめ樫の生垣や河原石の練り塀な
ど昔の街並みが残されている。

☎0887-34-8344(安芸観光情報センター)
所高知県安芸市土居 開休外観のみ見学自
由 交土佐くろしお鉄道・安芸駅から車で7
分 Pあり

↑ 狭い通りに面し、特徴的な生垣が見られる

野村家住宅

のむらけじゅうたく

MAP 付録P.31 E-3

**当時の建築様式が見られる
家老に仕えた上級家臣の館**

土居廓中武家屋敷のなかで唯一、
一般公開されている。江戸時代の
特徴的な武家様式が見られる間取り
で、凝った構造が興味深い。

☎0887-34-8344(安芸観光情報センター)
所高知県安芸市土居 開8:00〜17:00
休無休 交土佐くろしお鉄道・安芸駅から
車で7分 Pあり

↑ 武者隠しの壁など、武家屋敷らしい間取り

安芸観光情報センター ☎0887-34-8344　所高知県安芸市矢ノ丸1-4-32
開8:30〜17:30 休無休 交土佐くろしお鉄道・安芸駅から徒歩5分

周辺の街とスポット
AROUND AKI

↑数々のスイレンが咲く「水の庭」では、モネが最後まで栽培できなかったという青いスイレンが見られる

モネと中岡慎太郎の面影
北川村
きたがわむら

有数のゆずの産地である一方、「モネの庭」や「中岡慎太郎館・同復元生家」などの観光施設も充実。

北川村「モネの庭」マルモッタン
きたがわむら「モネのにわ」マルモッタン

MAP 付録P.9 E-3

世界に2つしかないモネの庭

印象派の画家クロード・モネの庭園を再現した庭。春から秋にかけて四季折々の花々が咲き、モネの絵画の風景を楽しむことができる。

☎0887-32-1233 ㊟高知県安芸郡北川村野友甲1100 ㊞9:00～17:00(最終入園16:30) ㊡6～10月の第1水曜、12月1日～2月末 ㊡1000円 ㊛土佐くろしお鉄道・奈半利駅から車で10分 ㊅あり

↑モネの描いた地中海の風景をイメージした「ボルディゲラの庭」

注目ポイント

庭園に咲く季節の花々を観賞しよう

チューリップ	スイレン	ルドベキア	ダリア
3～4月	5～10月	6～10月	7～10月

ゆずの香りが漂う森の里
馬路村
うまじむら

約96%が山林で、ゆずの村として知られる馬路村。ゆず加工品のほか、木工製品と温泉も人気。

馬路村ふるさとセンターまかいちょって家
うまじむらふるさとセンターまかいちょってや

MAP 付録P.9 E-2

馬路のことなら「まかせといて」

馬路村の入口にある総合観光案内所。定番のゆず製品のほか、高知県の県木「魚梁瀬杉」の木工芸品が購入できる。奥に休憩コーナーあり。

☎0887-44-2333 ㊟高知県安芸郡馬路村馬路382-1 ㊞9:00～17:00 ㊡無休 ㊛土佐くろしお鉄道・安田駅から車で30分 ㊅あり

↑ハチミツ、ゆず、水のみで作られた「ごっくん馬路村」180ml130円

↑「ぽん酢しょうゆ1000人の村」360ml 540円(左)。「馬路ずしの素」500ml 680円(右)

↑ゆずを使った商品が大充実の店内

注目ポイント

木材運搬の歴史を知る

材木を運搬するために使われたトロッコ列車を復元した「森林鉄道」や、伐り出した材木を山から運び出すときに使った水力の「インクライン」に乗車できる。いずれも運行は日曜・祝日だけなので注意。

↑森林鉄道の料金は、2周で400円

↑インクラインは往復で400円

懐かしの昔町情緒 周辺の街とスポット

139

↑チームごとに揃った、華やかな衣装で演舞を披露する。色とりどりの装いも見応えがある

熱気あふれる踊りの数々
四国三大祭りを訪れる

伝統的な祭りと舞には、力強さや繊細さ、時代を超えて継承された美が宿る。
特徴ある圧巻の演舞に魅了されたい。

南国の夏を彩る、熱気に満ちた踊り 【高知県高知市】

よさこい祭り よさこいまつり

鳴子を打ち鳴らし、大音量の音楽に合わせて派手な衣装の踊り子たちが舞う。
全国各地に広まったよさこい祭りのルーツがここにある。

踊り子たちの迫力に圧倒される
4日間のカーニバル

　高知の夏の風物詩、よさこい祭り。昭和29年(1954)に地元の有志が経済復興の足がかりにすべく企画したのが始まり。しだいに全国規模となり、大阪万博にも参加、海外でも披露されるようになった。現在のよさこい祭りは約200チーム、約1万9000人もの踊り子たちが舞い踊る。「楽曲の『よさこい鳴子踊り』のフレーズを入れること、鳴子を鳴らし前進する踊りであること」以外は自由なため、チームの衣装や音楽、踊りは個性豊か。踊り子たちの一糸乱れぬ動きは圧巻だ。

市内17カ所に点在する
バラエティに富んだ会場

　8月10・11日の祭り本番では、すべてのチームが演舞を行う。会場によって日時が異なるので、目当てのチームがあるなら事前に確認が必要だ。大型のステージに映えるパフォーマンスを行う中央公園競演場、4車線を使ってのびのびと踊る追手筋本部競演場や梅ノ辻競演場など、それぞれのステージに合わせた踊りが見られる。

↑朱色、黄色、黒の昔ながらの色使いの鳴子。軽快な音が響きわたる

(information)

開催時期と旅のプラン
毎年8月9〜12日に行われる。9日は前夜祭と花火、10・11日が本番、12日には全国大会と後夜祭が開催される。

見学場所
市内に9カ所の競演場、8カ所の演舞場がある。追手筋本部競演場にある有料の桟敷席はゆったりと見学したい人におすすめだ。

参加する方法
「あったか高知踊り子隊」「市民憲章よさこい踊り子隊」に参加すれば、チームに所属していなくてもよさこい祭りに参加することができる。申込については事前に確認を。

↑子どもを中心としたチームもある。年齢問わずに楽しく踊り、全身で表現する

問い合わせ
よさこい祭振興会 ☎088-875-1178
高知市観光協会 ☎088-823-4016

↑一糸乱れぬ「女踊り」は統一がとれた美しさで観客を魅了

↑力強く乱舞する「男踊り」は、腰を落として地面をするように踊るのが見どころ

日本三大盆踊りのひとつ 【徳島県徳島市】

阿波おどり あわおどり

お囃子の音に合わせて老若男女の踊り子たちが街中を練り歩く。
かけ声が頭から離れなくなったら、あなたも踊る阿呆の仲間入りだ。

踊る阿呆も観る阿呆も熱気の渦に巻き込む4日間

　阿波おどりは400年以上もの歴史がある伝統芸能。起源は明らかでないが、精霊踊りや念仏踊りがもとになっているという。その名のとおり旧阿波国である徳島が本場であり、現在全国各地で開催されている踊りは徳島県人会を中心に広まったものが多い。

　二拍子の「よしこの」のリズムに合わせて、女踊りは艶っぽく上品に、男踊りは大きな振りで力強くダイナミックに踊るのが基本。踊り子たちの後ろには鉦や笛、三味線などの鳴り物が続く。18時から始まる祭りは市内一帯を盛り上げる。

演舞場では祭り気分を味わい街なかでは一緒に楽しむ

　メイン会場は市内の演舞場。桟敷席があるので、ゆったりと祭りを満喫できる。無料演舞場の桟敷席は非常に混雑するので、事前の場所取りは必須。演舞場以外でも公園のステージを使ったおどり広場や、演舞場同士を結ぶおどりロードで、踊りを間近で見ることができる。飛び入り参加ができることもあるので積極的に楽しみたい。

→総おどりは迫力満点！会場が最高潮に達する

← information →

開催時期と旅のプラン
毎年8月12〜15日に行われる。夜の部は18時開演。昼には有名連がショーを披露する「選抜阿波おどり大会」も開催される。

見学場所
演舞場では桟敷席でゆったり鑑賞できる。有料演舞場のチケットはネットやコンビニで購入できるので事前に用意しておきたい。

参加する方法
「にわか連」に加わることで飛び入り参加が可能。有名連の踊り子のレッスンを受けて、演舞場での踊りに参加できる。

問い合わせ
阿波おどり未来へつなぐ実行委員会事務局
☎088-678-5181

約50台の山車が練り歩く 【愛媛県新居浜市】

新居浜太鼓祭り にいはままたいこまつり

江戸時代後期には記録上出てくるほど、歴史が深い祭り。
金糸に彩られた太鼓台が華麗で、「かきくらべ」は迫力満点。

華やかな太鼓台が街を歩く勇ましい「男祭り」

　豊作を祝う秋祭りで、勇壮華麗な太鼓台が市内を練り歩く。いちばんの見どころである「かきくらべ」は、重さ約3tの太鼓台を男衆が担ぎ上げ、力比べをするというもの。男たちの熱気が祭りを盛り上げる。

← information →

開催時期と旅のプラン
10月15〜18日に開催される。一部プログラムは有料桟敷席もある

見学場所
多喜浜駅前や河川敷公園、山根グラウンドなど各所

問い合わせ
新居浜市観光物産課 ☎0897-65-1261

↑地区により異なる勇壮華麗な太鼓台は迫力がある

よさこい祭り　阿波おどり　新居浜太鼓祭り

厳かな神事から奇祭・珍祭まで

市民参加型で一緒に楽しめる祭りや、格式ある神社の大祭など、特別な日の行事を間近で体感したい。

江戸時代から続く秋祭り
西条まつり
さいじょうまつり

スポーツの日の前日・前々日、10月14〜17日開催【愛媛県西条市】

五穀豊穣を感謝する神事で、伊曽乃神社、嘉母神社、石岡神社、飯積神社の4つの神社の例大祭が次々に行われる。奉納されるだんじり、みこし、太鼓台など屋台の数は100台を超える。

問い合わせ
☎0897-56-2605(西条市観光物産協会)　所愛媛県西条市大町798-1)、0897-52-1690(西条市役所観光振興課)　所愛媛県西条市明屋敷164)

↑神社に奉納されるだんじり

厄払いをする牛鬼は迫力満点
うわじま牛鬼まつり
うわじまうしおにまつり

7月下旬開催【愛媛県宇和島市】

鬼の顔に長い首、シュロの毛や布で覆われた牛の胴体、剣の形をした尻尾を持つ「牛鬼」十数体が街中を練り歩く。市民参加型のダンスイベントや花火大会などの催しも充実。

問い合わせ
☎0895-22-5555(うわじま牛鬼まつり実行委員会)　所愛媛県宇和島市丸之内1-3-24

↑全長5〜6mの山車、「牛鬼」が練り歩く

進化する野球拳おどりは必見
松山野球拳おどり
まつやまやきゅうけんおどり

8月中旬開催【愛媛県松山市】

昭和41年(1966)に四国四大祭りのひとつとして行われた「松山おどり」が始まり。松山発祥の野球拳をモチーフにした野球拳おどりが真夏の夜を盛り上げる。

問い合わせ
☎089-941-4111(松山野球拳おどり実行委会)　所愛媛県松山市大手町2-5-7

↑明るい衣装とエネルギーあふれる演舞は注目

五穀豊穣や豊漁を願う神事
さぬき豊浜ちょうさ祭
さぬきとよはまちょうさまつり

10月第2日曜を最終日とする3日間開催【香川県観音寺市】

20台の伝統あるちょうさを、揃いの法被を着た人々が担ぎ上げる。最終日に行われる一宮神社でのかきくらべにはすべてのちょうさが集合し、最大の見どころとなる。

問い合わせ
☎0875-23-3933(さぬき豊浜ちょうさ祭実行委員会)　所香川県観音寺市坂本町1-1-1

↑ちょうさとは太鼓台である山車のこと

785段の石段を大行列が進む
金刀比羅宮例大祭
ことひらぐうれいたいさい

10月9〜11日開催【香川県琴平町】

10月10日の「お下がり」の日は大神様が門前町へ下りられる日だという。平安絵巻のような行列の御神輿渡御が夜間に石段を下りるさまは神聖かつ美しい。

問い合わせ
☎0877-75-2121(金刀比羅宮社務所)　所香川県仲多度郡琴平町892-1

↑神輿は数百人がかりで石段を下りていく

紙の町を象徴する爽やかな行事
仁淀川紙のこいのぼり
によどがわ かみのこいのぼり

5月3〜5日開催【高知県吾川郡いの町】

いの町特産の不織布で作られた色とりどりの鯉のぼりが、清流仁淀川を泳ぐ5月の風物詩。仁淀川橋の上からは、約300匹の鯉のぼりが悠々と泳ぐ様子が眺められる。

問い合わせ
☎088-893-1115(いの町産業経済課)　所高知県吾川郡いの町、仁淀川橋周辺

↑日本有数の清流・仁淀川の人気イベント

徳島

❖

鳴門のうず潮や吉野川の奇勝など、
自然の誇り高き徳島県。
四国の東玄関口にあたり
京阪神とのゆかりも深い。
夏の風物詩・阿波おどりをはじめ、
浄瑠璃や藍染めなど
継承される文化も多彩だ。

海と山に
囲まれた自然と
文化が彩る
阿波の国

エリアと観光のポイント ❖

徳島はこんなところです

鳴門のうず潮や祖谷渓が徳島を代表する観光地。
ノスタルジックなうだつの町並みも訪れたい。

徳島を代表する特産物・
鯛は干物にしても美味

うず潮の眺めは必見

鳴門 ➡ P.146
なると

ダイナミックなうず潮で知られ
る、鳴門海峡のある地。世界
初の陶板による名画美術館
「大塚国際美術館」も人気。鯛
やワカメなど、鳴門グルメが楽
しめるレストランも多い。

| 観光の
ポイント | 鳴門海峡や大鳴門橋
は、徳島を代表する名
所 |

自然豊かな水と緑の都

徳島市周辺 ➡ P.152
とくしま

徳島県の県庁所在地。眉山や
徳島中央公園、鳴門までを往
復する撫養航路など豊かな自
然が魅力だ。毎年8月に開催
される阿波おどりのシーズンに
は、全国から多くの観光客が
訪れる。

| 観光の
ポイント | 新町川が流れる緑あ
ふれる都市をのんびり
と散策して |

平家落人の伝説が残る

祖谷 ➡ P.160
いや

手つかずの大自然が広がる秘境。祖谷
川の渓谷が続く祖谷渓、吉野川上流域
にある大歩危・小歩危ともに、奇勝が見
られる。平家の落人伝説があり、かず
ら橋などゆかりの地も多い。

| 観光の
ポイント | 緑深い山奥を訪れ、四季折々
の渓流美を楽しみたい |

歴史的なうだつの町並み
脇町 ➡ P.158
わきまち

藍商人の屋敷や蔵が立ち並ぶ「うだつの町並み」で有名。うだつとは屋根に付いた袖壁のことで、商人の財力の象徴だった。当時の繁栄が偲ばれる古き良き街並みは、散策にぴったりだ。

観光のポイント 散策は40分ほど。白壁が照明に照らされる夕刻も幻想的

大串岬

香川県

兵庫県

洲本

大坂峠 志度駅 津田東 白鳥大内 引田 鳴門海峡 神戸淡路鳴門自動車道 西淡三原 洲本市
高松東 さぬき三木 津田松東 高徳線 鳴門北 淡路島 南あわじ市 友ヶ島水道
高松自動車道 板西町 鳴門JCT 鳴門 沼島
東かがわ市 阿波市 上板町 藍住町 北島町 徳島阿波おどり空港
脇町 徳島自動車道 石井町 徳島駅 松茂町 徳島JCT 徳島南部自動車道 徳島洲洲 徳島津田
穴吹駅 徳島線 吉野川市 神山町 **徳島市周辺** 徳島駅
美馬市 佐那河内村 小松山市

徳島県
雲早山 勝浦町
上勝町 阿南市
那賀町 美波町
由岐駅
牟岐町
海陽町
馬路村 海部駅
森 北川村 甲浦駅
東洋町
室戸市

岡山 神戸
広島 瀬戸内海 香川県 淡路島 和歌山
愛媛県 **徳島県**
高知県
土佐湾

⬆かずら橋は人気の観光地。山々が染まる紅葉の時季もおすすめ

(交通information)

主要エリア間の交通

鉄道・バス

徳島市
JR徳島駅

↻JR徳島線で約1時間10分 → JR穴吹駅

↻JR鳴門線で約40分 → JR鳴門駅

特急剣山で約35分

特急剣山で約1時間15分 → JR阿波池田駅

タクシーで約10分 → **脇町**

特急南風で約20分 → JR大歩危駅

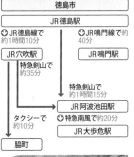

車

徳島市

↻徳島自動車道経由約50分 → **脇町**

↻徳島自動車道経由約30分 → **鳴門**

↻徳島自動車道経由約1時間20分 → **祖谷**

↻県道32号経由約1時間10分 → **奥祖谷**

問い合わせ先

交通
JR西日本お客様センター
☎0570-00-2486
JR四国電話案内センター
☎0570-00-4592
徳島バス ☎088-622-1811
四国交通 ☎0883-72-2171
NEXCO西日本（お客様センター）
☎0120-924-863
日本道路交通情報センター
☎050-3369-6666

徳島はこんなところです

145

関西圏とつながる四国の東玄関

鳴門
なると

瀬戸内海国立公園に指定された海沿いのエリアや
鳴門のうず潮は観光の要で、陸地や船上など
多くのポイントから絶景が望める。

⬇ 世界三大潮流のひとつ。最大
で直径20mにも達するという

徳島 ┃ 鳴門 ● 歩く・観る

街歩きのポイント

大鳴門橋遊歩道 渦の道や千畳敷展
望台へは、JR鳴門駅前から徳島バ
スで約25分。車の場合は、鳴門ICか
ら約15分。近隣には鳴門公園駐車
場があるので利用したい。

鳴門市観光情報センター ☎088-686-0743 所徳島県鳴門市撫養町大
桑島濬岩75-1 営8:00〜20:00 休無休 交JR鳴門駅から車で5分

大鳴門橋から眺めるダイナミックな自然の力

海峡に見る鳴門のうず潮

観潮船に乗ってうず潮を間近にし、展望台から海峡を見下ろす。
白波が立つ、迫力満点の光景が目の前に広がる。

注目ポイント

うず潮はなぜ発生するの?
瀬戸内海と太平洋(紀伊水道)を結ぶ鳴門海峡では、潮の干満差によって水位差ができる。その水位差を埋めるため、勢いよく海水が流れることで、うず潮が発生する。

うず潮はいつ見られる?
うず潮は潮の満ち引きによって発生するため、まずは潮見表をチェック。満潮・干潮時間の前後1時間半が見頃。春と秋の大潮には、巨大な渦が発生する可能性も。

おすすめスポットは?
うず潮を間近で見るなら観潮船。真上から全体を見るなら、大鳴門橋遊歩道 渦の道がおすすめ。

大鳴門橋遊歩道 渦の道
おおなるときょうゆうほどう うずのみち
MAP 付録P.33 F-1

ガラスの床の真下には鳴門海峡の豪快なうず潮

大鳴門橋の橋桁に設けられた約450mの遊歩道。中央展望室には、ガラスの床が設置され、45m下のうず潮を見ることができる。

☎088-683-6262 **所**徳島県鳴門市鳴門町土佐泊浦福池65 鳴門公園内 **時**9:00~18:00(10~2月は~17:00)、夏休み期間8:00~19:00 **休**無休(3・6・9・12月は第2月曜休) **料**510円 **交**JR鳴門駅から徳島バス・鳴門公園下車、徒歩7分 **P**あり

⬆真下にうず潮が見えるガラスの床。スリル満点の海上散歩が楽しめる

エスカヒル鳴門
エスカヒルなると
MAP 付録P.33 F-1

シースルーエスカレーターで景色を楽しみながら展望台へ

全長68m、高低差34mのエスカレーター。鳴門公園駐車場前から鳴門山山頂にあるパノラマ展望台まで一気に行くことができる。

⬆ガラス張りのエスカレーター

☎088-687-0222 **所**徳島県鳴門市鳴門町土佐泊浦福池65 鳴門公園内 **時**9:00~17:00 **休**不定休 **料**400円 **交**JR鳴門駅から徳島バス・鳴門公園下車、徒歩7分 **P**あり

⬆日本海の美しい眺望。天気が良い日は淡路島や小豆島も望める

千畳敷展望台
せんじょうじきてんぼうだい
MAP 付録P.33 F-1

大鳴門橋を背景にして記念撮影にもぴったり

鳴門公園内の展望台。目の前に鳴門海峡と大鳴門橋の景色が広がるビューポイント。周辺にはみやげ物店も。

☎088-684-1157 **所**徳島県鳴門市鳴門町土佐泊浦福池65 鳴門公園内 **時休**見学自由 **交**JR鳴門駅から徳島バス・鳴門公園下車、徒歩10分 **P**あり(有料)

⬆「日本の道100選」に選定された大鳴門橋を望む

観潮船で迫力あるうず潮に接近

大型観潮船 わんだーなると
おおがたかんちょうせん わんだーなると
MAP 付録P.33 E-1

大型船でゆったりクルージング

定員399名の大型船。1等客室と2等客室がある。揺れが少ないため、船酔いが心配な人やゆったりうず潮を見たい人に最適。

☎088-687-0101(鳴門観光汽船) **所**徳島県鳴門市鳴門町土佐泊浦大毛264-1 **時**9:00~16:20の40分ごと **休**無休 **料**1800円 **交**JR鳴門駅から徳島バス・鳴門観光港下車すぐ **P**あり

⬆海風を感じて30分間の船の旅

水中観潮船 アクアエディ
すいちゅうかんちょうせん アクアエディ
MAP 付録P.33 E-1

世界初!水中展望室がある高速艇

船底に展望室があり、海中でうず巻く潮流が見られる。見晴らしの良い展望デッキもある。

☎088-687-0101(鳴門観光汽船) **所**徳島県鳴門市鳴門町土佐泊浦大毛264-1 **時**9:15~16:15の30分ごと **休**無休 **料**2400円 **交**JR鳴門駅から徳島バス・鳴門観光港下車すぐ ※要予約(空席があれば予約なしでも乗船可)

⬆水面下1mの別世界を堪能

↑陶板名画とは、陶器の板に原画に忠実な色彩と大きさで、名画を再現したもの。スクロヴェーニ礼拝堂も現地さながらの臨場感を味わえる

◆ゴッホの花瓶入り『ヒマワリ』全7点が一度に鑑賞できる展示も注目

世界の名画に浸る午後

大塚国際美術館
おおつかこくさいびじゅつかん

世界に類を見ない陶板名画美術館
現地に行った気分で西洋名画を鑑賞する

↑レオナルド・ダ・ヴィンチの名作『モナ・リザ』の微笑みを間近で

地下3階、地上2階の広い館内に1000点余りの陶板名画が並ぶ。作品は古代壁画から現代絵画まで時代別に展示されているため、鑑賞ルートに沿って進むと西洋美術史も学べる。美術ボランティアによる定時ガイドも行われている。

MAP 付録P.33 F-1

☎088-687-3737 ⃝所徳島県鳴門市鳴門町土佐泊浦字福池65-1 ⃝営9:30～17:00（入館券の販売は～16:00）⃝休月曜（祝日の場合は翌日、1月に連続休館、そのほか特別休館あり。8月は無休）⃝料3300円 ⃝交JR鳴門駅から徳島バス・大塚国際美術館前下車、徒歩1分 ⃝Pあり

※写真は大塚国際美術館の展示作品を撮影したものです

↑鑑賞ルートは約4km。時間をかけてじっくり鑑賞したい

◆ミケランジェロが描いた『システィーナ礼拝堂天井画および壁画』を環境空間ごと再現

大谷焼の温かい手仕事

窯元の焼物作品は、匠の技と愛情が表れたぬくもりを感じるデザイン。
暮らしのなかに息づく伝統を体験し、好みの器を持ち帰りたい。

大谷焼とは？

約200年前から続く、四国を代表する陶器のひとつ。大人の身長を超える甕は、藍染めの甕にも使われている。大物陶器の制作に使う「寝ろくろ」が独特で、日本最大級の登り窯で焼き上げられる。最近は、湯呑みや茶碗など身近な実用品や、インテリア製品など数多くの製品が作られている。

伝統ある窯元で作陶体験を

大西陶器
おおにしとうき

MAP 付録P.35 F-1

工房とギャラリーが並ぶ大谷焼の窯元。建物の前には、大きな藍甕や睡蓮鉢が置かれている。釉薬をかけない特殊な焼き方により、波のような黄金模様が浮かび上がる。

☎088-689-0414 ㊟徳島県鳴門市大麻町大谷東山谷17-2 ㊙9:00～17:00 ㊡水曜 ㊞鳴門ICから車で15分 ㊟あり

↑白さが際立つ「ビールジョッキ」2750円、「湯呑み」2200円

↑大谷焼のツートンカラーが美しい「湯呑み」1650円

大谷焼陶芸体験

初心者でもOK! 陶芸に挑戦してみよう

陶芸は「作ること」と「使うこと」の両方が味わえる。自分で作った食器は愛着が湧くはずだ。800gの粘土で作陶できる「手びねりコース」、3個作ってお気に入りの2個を焼成できる「電動ろくろコース」のほか、「絵付けコース」もある（要予約）。

↑3個作って、お気に入りの2個を焼く。完成品は後日郵送

↑ていねいに指導してくれる「電動ろくろコース」3300円

↑難しいポイントも、コツを教わって挑戦してみよう

お気に入りの逸品探しはこちらでも

熟練した手びねりの技が光る

佳実窯
よしみがま

3代目の窯元が、焼き締め陶、変窯、灰釉などの技法を取り入れて、新境地の大谷焼に取り組む。茶碗、カップ、ビールジョッキ、花器のほか、独特なオブジェが魅力的。シックな色合いの大谷焼が並ぶ。

MAP 付録P.35 F-1

☎088-689-0172 ㊟徳島県鳴門市大麻町大谷東山谷45 ㊙9:00～18:00 ㊡無休 ㊞鳴門ICから車で15分 ㊟あり

↑手ごろな大きさの「カップ」3300円

↑「コーヒーカップ＆ソーサー」3300円

↑ペアで使える「夫婦湯呑み」5500円

↑紅白の模様が美しい「花瓶」5500円

↑工房の奥には、窯がいくつも並ぶ

↑湯呑みから皿まで、種類が豊富

149

↑カウンターのほか、座敷とテーブルを合わせて150席と広々としている

新鮮な魚介を求めて 遠方から訪れる客も多い
海鮮市場 魚大将
かいせんいちば さかなたいしょう

MAP 付録P.33 D-3

毎朝、大将が新鮮な魚介類を市場から仕入れている。活じめの刺身はプリプリの食感。ボリューム満点ながら値段も良心的。手書きメニューの「本日のおすすめ定食」は、種類も豊富で注文に悩むほど。

予約	望ましい
予算	L 1000円〜
	D 1000円〜

☎088-685-8750
所徳島県鳴門市瀬戸町明神弐軒家90-1 営11:00〜14:00 16:00〜22:00 休月曜(祝日の場合は翌日) 交JR鳴門駅から車で7分 Pあり

↑店頭の大きな生け簀には旬の魚が泳いでいる

旬盛り合わせ定食 1620円
日替わりで、旬の刺身を盛り合わせたボリューム満点の定食

潮の香りと風味豊かな食材に舌鼓
海の幸を味わう

市場から届く鯛やアサリを、店で手早く調理する。港の食卓でいただく、素材の持つ味わいを堪能したい。

こだわりの地場食材を 最高の状態でめしあがれ
味処 あらし
あじどころ あらし

MAP 付録P.33 D-3

店内に設けた生け簀には、主に鳴門近海や瀬戸内で獲れた活きのいい魚が泳ぐ。メニューは、その鮮度を堪能できる活き造りをはじめ、天ぷらや串揚げなど多彩。一品料理から定食まで、心のこもった料理が楽しめる。

☎088-686-0005
所徳島県鳴門市撫養町大桑島北ノ浜51-1 営11:00〜21:00(LO20:30) 休水曜 交JR鳴門駅から車で5分 Pあり

予約	不可
予算	L 1100円〜
	D 2000円〜

↑テーブル席とお座敷席があり、ゆっくりと美食が味わえる

あらし御膳 3190円
鳴門鯛の刺身、天ぷら盛り合わせ、焼き魚など豪華なラインナップ※価格変更の予定あり

地場産の新鮮な魚介類を 炭火で磯焼きしていただく
片山水産
かたやますいさん

MAP 付録P.11 D-1

粟田漁港の近く、目の前には播磨灘が広がる。店頭に並んだ生け簀には、魚や貝が数多く用意され、新鮮で豪華な海鮮料理に期待が高まる。なかでも、大アサリの貝焼きは見た目もジューシーな味わい。

☎088-682-0366
所徳島県鳴門市北灘町粟田大岸16-1 営11:00〜21:00(LO20:30) 休火曜 交JR鳴門駅から車で15分 Pあり

海鮮どんぶり 1100円
その日の旬のネタで内容が変わる、定番の海鮮丼。小鉢、味噌汁、漬物が付く

予約	可
	(19:00以降は要)
予算	L 3000円〜
	D 5000円〜

貝焼きセット 2200円
アワビ1個、サザエ2個、大アサリ2個を炭火で焼いてくれる。特製のたれが美味!

地元ブランドのアイテムを
お持ち帰り

鳴門の手みやげ

鳴門海峡のうず潮がモチーフとなった菓子や、
地元の特産物をそのままみやげにすることもできる。

↻ なると金時と鳴門地域で採れたハチミツなどを使用して焼き上げたクグロフ型のクーヘン6個入り980円

↻ 観光案内のパンフレットも充実

なると物産館

鳴門市うずしお観光協会の
直営ショップで定番商品を

なるとぶっさんかん

MAP 付録P.33 D-4

鳴門産のレンコン、ワカメ、なると金時を使った商品のほか、大谷焼や藍染商品も購入可能。「なると金時焼芋」「すだちミルク」などのオリジナルジェラートも販売。

☎088-685-2992
🏠徳島県鳴門市撫養町南浜東浜165-10 うずしお会館1F 🕐9:00～17:00 🈺無休 🚃JR鳴門駅から徒歩8分 🅿あり

↻ なると金時をベースに、バターとミルク、卵を加えたあんを黒糖生地で包んだお菓子。本物のなると金時芋の箱をモチーフにしたレトロなパッケージも大好評5個入り648円

↻ オリジナルジェラートダブル420円

↻ 鳴門わかめの茎を、タマネギやリンゴなどと一緒にペースト状にして、みそやしょうゆなどを加えた調味料400g864円

ハタダ 鳴門店

鳴門金時芋を使用した
みやげ菓子が豊富

ハタダ なるとてん

MAP 付録P.11 E-2

北海道産の希少品種小豆「しゅまり」を50％使用した「ハタダ栗タルト」は刻み栗とゆずの香り豊かなこし餡をふんわりやわらかなスポンジで巻き上げた、ハタダを代表する銘菓として人気。

☎088-686-1108
🏠徳島県鳴門市大津町矢倉六ノ越43-52 🕐9:00～19:00 🈺不定休 🚃JR鳴門駅から車で10分 🅿あり

↻ 上品な甘さの「鳴門金時ポテト」5個入り850円

↻ 刻んだ栗と香り豊かなゆず餡を使用した「ハタダ栗タルト」1本11切れ950円

↻ 鳴門金時芋の風味そのままのおいしさ「金時のさぶ」12個入り950円

豊田商店

鳴門産のみやげならhere
干物作り体験も可能

とよたしょうてん

MAP 付録P.33 E-3

地元の新鮮な魚を使った自家製の干物や、漁師直送の天然鳴門ワカメなどが充実。20種類以上の干物をその場で焼いて食べられるほか、干物作りやところ天作り体験もできる。

☎088-687-0856
🏠徳島県鳴門市鳴門町土佐泊浦高砂203-2 🕐7:00～19:00 🈺無休 🚃JR鳴門駅から車で15分 🅿あり

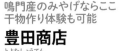

↻ 貴重な天然ワカメは130ｇ入り540円～（左）。大毛島（おおげじま）産のらっきょう甘酢漬けは540円～（下）

↻ 鯛の干物で自宅でも鯛めしが作れる。1080円～

↻ 人気のなると金時は5kg入りで3780円～

徳島市
とくしまし

徳島のシンボル眉山と美しい水辺の風景に癒やされる。
城郭遺構や名物の阿波おどりが歴史と文化を物語り、
400年の歴史を持つ重要文化財の人形浄瑠璃も必見。

街歩きのポイント

JR徳島駅から、主な観光スポットは徒歩で移動できる。郊外に行く場合、徳島市営バスの循環ルートを利用したい。眉山へは、阿波おどり会館からロープウェイが運行。

眉山
びざん

MAP 付録P.32 A-2

**眉のようになだらかな姿が
『万葉集』にも詠われた美しさ**

☎088-652-3617(眉山ロープウェイ) 所徳島県徳島市眉山町茂助ヶ原 交JR徳島駅から徒歩10分、眉山ロープウェイで6分 Pあり

古くは「眉のごと雲居に見ゆる阿波の山」と『万葉集』に詠まれ、現代でも小説や映画の舞台になった徳島のシンボル。山頂からは、市街地はもちろん天気の良い日には淡路島や紀伊半島まで一望できる。夜景の美しさも一見の価値あり。

ロープウェイで山頂へ

阿波おどり会館5階のロープウェイ山麓駅から眉山の山頂290mまで6分間の空中遊覧。

☎088-652-3617 営9:00～21:00(11～3月は～17:30) 休無休(点検による運休あり) 料往復1030円

○徳島市街の北部を流れる吉野川から眺めた眉山。どの方角から見ても眉のような形に見えるというのが名称の由来だ

徳島市観光・宿泊案内所 ☎088-622-8556 所徳島県徳島市寺島本町西1-4 営14:00～18:00 休無休 交JR徳島駅から徒歩2分

⤵ 眉山から望む街並み。晴天時には瀬戸内海も見渡せる

徳島の街並みを水路から眺める

徳島が「水都」といわれる所以がよくわかる、多くの川と美しい自然。船に揺られ、街の歴史や暮らしを感じて

吉野川をはじめ、大小138の河川が流れる徳島市。明治から昭和にかけ水運で重要な役割を果たした撫養航路や、豊かな緑や水鳥が見られるひょうたん島クルーズなど、水路から見どころを巡りたい。

⤴ 渡り鳥やカモメが間近で見られるクルーズ

⤴ 水上から眺める眉山の景色。川を生かした街づくりを行っている

撫養航路
むやこうろ
MAP 付録 P.32 B-2

かつては交通や輸送を担った歴史ある航路

明治25年(1892)、徳島〜鳴門間をつなぐ航路として開設。鉄道の開通により廃止されたが遊覧船で復活した。

☎090-3783-2084(新町川を守る会) 所徳島県徳島市南内町 両国橋 時無料 休荒天時 料保険料3000円 交JR徳島駅から徒歩10分(両国橋乗り場) Pあり
※要予約、10名以上で出航

⤴ 往復約4時間のコース

ひょうたん島クルーズ
ひょうたんじまクルーズ
MAP 付録 P.32 B-2

美しい公園やヨットハーバーを眺めて

その形から「ひょうたん島」と呼ばれる中州を一周する遊覧船。約6km、30分間のクルーズでは、22本の橋をくぐる。

☎090-3783-2084(新町川を守る会) 所徳島県徳島市南内町2-4 新町川水際公園内 時11:00〜15:40(7・8月は〜19:40) 休荒天時 料400円 交JR徳島駅から徒歩10分 Pあり

⤴ 親水公園や城山の桜も目の前

街の立ち寄りスポット

踊らにゃ損損! 阿波おどり
阿波おどり会館
あわおどりかいかん

一年を通じて阿波おどりが見学できる施設。専属連と一緒に踊ることもできる。阿波おどりミュージアムや物産観光交流プラザ「あるでよ徳島(P.157)」も併設している。
MAP 付録 P.32 B-2

☎088-611-1611 所徳島県徳島市新町橋2-20 時9:00〜21:00(施設により異なる) 休2・6・9・12月の第2水曜(祝日の場合は翌日) 料入館無料(阿波おどり鑑賞料800円〜) 交JR徳島駅から徒歩10分 Pあり

⤴阿波おどりが見学できる

⤴ 阿波おどりの歴史も3D映像で学べる

153

徳島中央公園

とくしまちゅうおうこうえん

MAP 付録P.32 C-1

徳島城跡地に造られた
緑と水が豊かな総合公園

徳島藩主・蜂須賀公の居城跡を整備し、明治39年(1906)に開設した公園。石垣や堀、庭など、江戸時代の面影が残る園内は、市民の憩いの場となっている。

☎088-621-5295(徳島市公園緑地課) 🏠徳島県徳島市徳島町城内1番外 🕐入園自由 🚉JR徳島駅から徒歩10分 🅿あり

⬆原生林が残る城山を中心に公園が広がる

⬆徳島市制100周年を記念し復元された鷲の門

徳島中央公園の見どころ

市の成り立ちや文化を知る
徳島市立徳島城博物館

とくしましりつとくしまじょうはくぶつかん

MAP 付録P.32 C-2

阿波25万石として栄えた徳島藩と蜂須賀家に関する資料を展示。大名の暮らしや城下町の様子がわかる。

⬆日本に唯一残る江戸時代の和船「千山丸」

☎088-656-2525 🕐9:30~17:00(最終入館16:30) 🈺月曜(祝日の場合は翌日) 💴300円(特別展は別途)

国指定名勝の回遊式庭園
旧徳島城表御殿庭園

きゅうとくしまじょうおもてごてんていえん

MAP 付録P.32 C-2

枯山水庭と築山泉水庭からなる回遊式庭園。武将で茶人の上田宗箇が造ったとされる。

⬆徳島特産の青石が使われている

☎088-621-5295 🕐9:00~17:00(最終入園16:30) 🈺月曜(祝日の場合は翌平日) 💴50円

民衆に愛される藩祖・蜂須賀家政

**城を造り、城下町を開き、現在の
徳島市の基礎を築いた徳島藩藩祖**

豊臣秀吉の家臣として父・蜂須賀正勝とともに多くの戦で活躍した家政は、天正13年(1585)、秀吉から阿波国を与えられ、阿波18万石の大名となった。その翌年には、城を築き、城下町の建設を進め、城下を「徳島」と名付けた。城が完成した際の祝賀行事では、民衆にも酒を振る舞い、喜んだ人々が2日にわたって踊ったことが、阿波おどりの発祥ともいわれている。

⬆経済、軍事に強い城下町をつくり上げた

人形浄瑠璃を知る

**徳島で400年続く伝統芸能。
国の指定無形民俗重要文化財の
阿波人形浄瑠璃**

人形浄瑠璃とは、三味線と太夫による語り物に合わせ人形を操る演劇。徳島では、蜂須賀家政が推奨したことで民衆に広がり、人形の頭の大型化や大振りな人形操作など、阿波独自の人形浄瑠璃に発展。お家騒動を題材にした名作『傾城阿波の鳴門順礼歌の段』は現在も盛んに上演されている。

浄瑠璃人形がずらりと並ぶ
阿波木偶人形会館

あわでこにんぎょうかいかん

MAP 付録P.35 F-1

約100体の木偶人形と資料を展示。人形頭の制作や仕掛けの説明、人形芝居のビデオ上映がある。

☎088-665-5600 🏠徳島県徳島市川内町宮島本浦226-1 🕐9:00~17:00 🈺日曜、第1・3月曜、ほか臨時休館あり 💴500円 🚉JR徳島駅から車で15分 🅿あり
⬇阿波は天狗久など人形師の名人を輩出

伝統芸能・阿波人形浄瑠璃の活動拠点
徳島県立阿波十郎兵衛屋敷

とくしまけんりつあわじゅうろべえやしき

MAP 付録P.35 F-1

阿波人形浄瑠璃の拠点施設で人形浄瑠璃芝居の上演を行う。さまざまなカラクリの人形頭や舞台道具なども展示。

☎088-665-2202 🏠徳島県徳島市川内町宮島本浦184 🕐9:30~17:00(7・8月は~18:00)、人形浄瑠璃上演は11:00~、14:00~(1・2月の平日は11:00~のみ) 🈺無休 💴410円 🚉JR徳島駅から車で15分 🅿あり
⬆昔ながらの農村舞台を模して造られた舞台で上演

阿波藍、洗練された日本情緒を感じる色

艶美な深い青に染まる

阿波藍を微生物の力で発酵させてから使う徳島県の藍染め。
無数に色を表現できる繊細な伝統工芸を肌で感じる。

「JAPAN BLUE」の阿波藍

「青は藍より出でて藍より青し」ということわざがあるように、藍染めの色は「JAPAN BLUE」として、世界に知られている。徳島は、この藍染めの原料になる「すくも」作りの本場として、伝統が引き継がれている。なかでも徳島産の「すくも」は「阿波藍」と呼ばれる貴重品である。

江戸時代から続く製法で染色

古庄藍染処
ふるしょうあいぞめどころ

MAP 付録P.35 F-1

江戸末期から代々続く藍染め工房。6代目の古庄紀治さんは「守るだけではなく伝えていきたい」と、多忙な合間を縫って、体験希望者を受け入れている。

☎088-622-3028 🏠徳島県徳島市佐古七番町9-12 ⏰10:30〜15:00 休日曜、祝日 料見学無料 交JR蔵元駅から徒歩10分 Pあり

↑藍の葉を発酵させて染料にした徳島産の「すくも」。工芸職人だけではなく、藍作りを行う人材も貴重だという

藍染め制作体験

プロと同じ藍染めの甕を使う本格体験

自然界の材料のみで藍液を作る「天然灰汁発酵建て」による藍染めは完成まで1週間かかるが、体験は1日から可能。午前と午後に1組ずつ、少人数の予約制になっている。ハンカチ1000円〜、タオル2500円〜。

↑絞り染めの手法で、一部を縛って模様を作る

↑水洗いをしたあと、2番染めと水洗いを繰り返す。1日体験はここまで

↑薄い甕から4段階に濃くしていく。完成まで1週間ほどかかる

↑1日体験のあとは、先生が仕上げて完成品を郵送してくれる

↑1番染めの甕に浸し、絞るように揉んで10分ほどおく

藍の街で伝統文化を身近に感じる

本物を求めるならここで

藍屋敷おくむら 藍住本店
あいやしきおくむら あいずみほんてん

江戸時代から藍商の歴史を継ぐ奥村商事の直営ショップ。県内外の藍染作家の作品が豊富に揃う。ハンカチや暖簾など、手ごろな日用品を購入できる。

藍住 **MAP** 付録P.35 E-1

☎088-692-8723 🏠徳島県板野郡藍住町徳命前須西179 ⏰9:30〜17:00 休火曜 交藍住ICから車で5分 Pあり

↑「小銭入れ」のほか、帽子やバッグも

↑さまざまな柄がある「コースター」

↑入手しにくい作家の作品も豊富

藍と藍染めの歴史を学ぶ

藍住町歴史館 藍の館
あいずみちょうれきしかん あいのやかた

江戸時代の藍商人だった旧奥村家の屋敷を利用した資料館。小さな人形で藍の栽培から販売まで再現したジオラマがあり、藍の文化を理解しやすい。

藍住 **MAP** 付録P.35E-1

☎088-692-6317 🏠徳島県板野郡藍住町徳命前須西172 ⏰9:00〜17:00（藍染体験は15:30〜）休火曜（祝日の場合は開館）料300円 交藍住ICから車で5分 Pあり

↑人形で再現した藍染め

↑民具や古文書、古布もある

城下町文化と阿波おどり／阿波藍

阿波和牛のステーキと
しゃぶしゃぶを味わう

ステーキハウス トクガワ

MAP 付録P.32 B-3 　☎088-652-2100

極上の阿波すだち牛(黒毛和牛)と新鮮な魚介類を、目の前の鉄板で豪快に焼いてくれる。牛肉は口の中でとろけるようにやわらかく、甘みがあって美味。牛の脂からとったガーリックオイルでソテーしてくれる。

📍徳島県徳島市鷹匠町1-35
🕐17:00～22:00(LO21:30)、ランチは完全予約制 　休日曜 　交
JR徳島駅から徒歩15分 　Pなし

予約	可(ランチは要)
予算	Ⓛ3000円～ Ⓓ5000円～ (チャージ500円)

Aディナー 6050円
黒毛和牛の牛ステーキ150gのほか、季節のオードブル、サラダ、ライスなど

↱目の前で焼いてくれる 　↱店内は50席あり、3室の個室もある

徳島の個性あふれる名物が並ぶ
ご当地グルメ

徳島産の鮮魚にこだわった店や、地元ブランド牛など、この地に根づく逸品の味わいは見逃せない。

2024年3月移転オープン!
阿波尾鶏の専門店

骨付き阿波尾鶏 一鴻
秋田町本店

ほねつきあわおどり いっこう あきたまちほんてん

MAP 付録P.32 B-2

名古屋コーチンや比内地鶏を抜いて、全国のブランド鶏のなかで出荷量1位の阿波尾鶏の専門店。名物の骨付きもも肉は、表面はパリッとして、中はジューシー。弾力のある身をぜひ味わってほしい。

☎088-623-2311
📍徳島県徳島市紺屋町5 アクティ21 1F
🕐17:00～24:00(LO23:30) 　休不定休 　交JR徳島駅から徒歩15分 　Pなし

予約	望ましい
予算	Ⓓ3000円～

↱和風モダンのトーンとインテリアは落ち着きある雰囲気

骨付き阿波尾鶏
1680円
野菜・スパイスなど17種の味付けで、熟成させた阿波尾鶏をパリッと焼き上げた逸品

徳島産の天然の魚を使用
地酒や焼酎が充実

徳島魚問屋 とゞ喝
とくしまさかなどんや とどかつ

MAP 付録P.32 B-2

阿波の食材にこだわった自慢の料理に加え、地酒や焼酎も徳島のものを厳選。名物の鯛めしに使う鳴門の鯛は、鳴門海峡の潮流で引き締まっている。食べきれずに残ったら、おむすびにして持ち帰ることができる。

☎088-625-0110
📍徳島県徳島市紺屋町13-1 とと喝ビル1-2F
🕐17:00～22:00(LO21:30) 　休日曜(祝日の場合は不定、月曜が祝日の場合は日・月曜休) 　交JR徳島駅から徒歩15分 　Pなし

予約	望ましい
予算	Ⓓ6000円～

↱落ち着いた割烹の雰囲気

鯛めしコース6600円～
2名より注文できるおすすめコース。前菜からデザートまで11品が楽しめる

伝統あるお気に入りの味を持ち帰る

徳島の手みやげ

老舗が作る芸術品のような美しさの和菓子や和三盆など、洗練された商品や食みやげは喜ばれること間違いなし。

↑製糖所の敷地内にある売店には、試食も用意されている

上品な甘みが広がり やさしい口どけの和三盆

岡田製糖所
おかだせいとうしょ

MAP 付録P.35 D-1

阿波和三盆糖は、和菓子の品のあるやさしい甘さに欠かせない原材料。現在、徳島と香川の数軒でしか生産されておらず、ここでは昔ながらの製法で職人が手作りしている。

☎088-694-2020(平日のみ)
所徳島県板野郡上板町泉谷原中筋12-1 営9:00〜12:00 13:00〜17:00 休無休 交藍住ICから車で20分 Pあり

◐◐阿波和三盆糖だけで作った「干菓子詰め合わせ」中1296円

◐阿波和三盆糖そのものを袋詰めしたもの。100g378円

県内の特産品が揃う 徳島県のアンテナショップ

あるでよ徳島
あるでよとくしま

MAP 付録P.32 B-2

「あるでよ」とは、徳島の方言で「ありますよ」の意味。眉山の麓に位置する阿波おどり会館の1階にあり、徳島の食品や菓子、酒、工芸品など県内の物産が2000点以上も並ぶ。

☎088-622-8231
所徳島県徳島市新町橋2-20 阿波おどり会館1F 営9:00〜20:00
休阿波おどり会館施設点検日
交JR徳島駅から徒歩10分 Pあり

↑徳島みやげがずらりと並ぶ

◐モチモチとした食感の栗ういろ(左)と阿波ういろ(右)各540円

◐徳島初「LED夢酵母」の日本酒、御殿桜 純米大吟醸酒1870円

◐◐黒糖風味の香ばしい生地の銘菓なると金時5個入り648円

徳島を代表する 老舗の和菓子店

菓游 茜庵
かゆう あかねあん

MAP 付録P.32 C-1

徳島名産の柑橘類、阿波和三盆糖、なると金時芋などの厳選素材を上品に使い、徳島の和菓子の流れを変えたといわれるほど。工芸品のように美しい和菓子は手みやげに最適。

☎088-625-8866
所徳島県徳島市徳島町3-44
営9:00〜18:00(喫茶は10:00〜16:30) 休無休
交JR徳島駅から徒歩8分 Pあり

◐やわらかい餅生地で小豆餡を包んだ「淡柚(あわゆう)」6個入り1404円

◐宝石のような「錦玉菓子ゆうたま」5個入り756円

◐贈答用に買い求める人も多数訪れる◐奥には茶席も用意されている

◐すだち・柚子・山桃の「和菓子職人のじゅうす」各1080円

157

藍商で栄え、「うだつ」が上がった街

脇町 わきまち

◐ 商家の軒下にずらりと並んだうだつ。
街の歴史と伝統を今に伝える

江戸時代から明治時代にかけて水運を生かした藍商で
栄えた街。うだつを上げた商家が今も残る街並みは、重要伝
統的建造物群保存地区に選ばれ、映画の撮影にも使われた。

街歩きのポイント

約430mある「うだつの町並み」
は、通りに沿って見どころやカ
フェが集まり、徒歩で移動でき
る。車は、道の駅 藍ランドうだつ
の無料駐車場が利用できる。

徳島 | 脇町 ● 歩く・観る

注目ポイント

「うだつが上がらない」のうだつとは?
屋根上や軒下に設置されたうだつは、本
来、隣家からの延焼や風雨から屋根を保
護するためのもの。しかし、造るのには相
当の費用がかかるため、富や出世の象徴
として見られるようになり、「うだつが上
がらない」という言葉の語源になった。

◐ うだつに鏝絵(こてえ)
が描かれた豪華なもの

◐ 商人たちはうだつの高
さや装飾を競い合った

美馬観光ビューロー ☎0883-53-8599 ⓐ徳島県美馬市脇町大字脇町92
⑪9:00〜18:00 ⑭無休 ⓟJR穴吹駅から車で10分

往時の藍商人の栄華を知る

MAP 付録P.34 A-1

うだつの町並みを歩く

東西約400mにわたり、白壁に黒瓦の「うだつの町並み」が続く。立派な建物や調度品からは、藍商で財を成した商人たちの暮らしぶりをうかがい知ることができる。

↑隣の家との境に設置したうだつ。その高さは富や出世を表すといわれた

藍商佐直 吉田家住宅

あいしょうさなお よしだけじゅうたく

MAP 付録P.34 A-1

脇町の豪商・吉田直兵衛の家 江戸時代の母屋など5棟が建つ

寛政4年（1792）創業の藍商。約600坪の敷地があり、母屋や質蔵が中庭を囲んで立ち並ぶ。

☎0883-53-0960 ㊟徳島県美馬市脇町大字脇町53 ㊙9:00～17:00（最終受付16:30）㊡無休 ㊪510円

↑うだつの町並みで最大かつ格調高い建築物

脇町劇場 オデオン座

わきまちげきじょう オデオンざ

MAP 付録P.34 B-1

昭和初期の本格的な芝居小屋 映画のロケ地となり再注目

昭和9年（1934）創建。戦前は芝居小屋、戦後は映画館として地域の人々に親しまれた。一度閉館したが、山田洋二監督の映画『虹をつかむ男』に登場して脚光を浴び、創建時の姿に修復された。

☎0883-52-3807 ㊟徳島県美馬市脇町猪尻西分140-1 ㊙9:00～16:30 ㊡火曜、催物があるときは見学不可 ㊪200円 ㊥脇町ICから車で5分 Ⓟあり

↑館内は回り舞台や花道など往時のままに再現

脇町の食事処&手みやげ

歴史ある街並みのなかにある郷土料理店や喫茶店で足休め。うだつの住宅になじむように建つ店に、散策の途中で立ち寄りたい。

温かい雑炊でひと休み
茶里庵
さりあん

うだつの町並みの中ほどにある甘味処。地元産のお茶を直売しており、おいしいお茶と郷土料理のそば米雑炊をいただける。

MAP 付録P.34 A-1

☎0883-53-8065 ㊟徳島県美馬市脇町大字脇町132-5脇町うだつ通り ㊙10:00～15:00 ㊡不定休 ㊥脇町ICから車で7分 Ⓟなし

↑郷土料理そば米雑炊セット1100円

創作ケーキやランチも充実
プランタン

「うだつ」の名を冠した名物ロールケーキのほか、洋菓子店ならではのせんべいも好評。

MAP 付録P.10 B-3

☎0883-53-6834 ㊟徳島県美馬市脇町拝原2743-3 ㊙8:30～21:00（平日ランチは11:00～14:00）㊡無休 ㊥脇町ICから車で5分 Ⓟあり

↑レトロな店内は、落ち着いた雰囲気

↑国産イチゴを使った「ナポレオンタルト」500円

↑そば粉や米粉、きな粉を使った「うだつロール」300円

昔ながらの素材と製法を守る
川田光栄堂 東店
かわたこうえいどう ひがしみせ

昭和22年（1947）創業、北海道産の小豆であんこをていねいに作る。四国ラグビー発祥の地にちなんだ「ラグビー饅頭」もおすすめ。

MAP 付録P.10 B-3

☎0883-53-7878 ㊟徳島県美馬市脇町猪尻若宮南108-2 ㊙9:00～18:30 ㊡水曜 ㊥脇町ICから車で5分 Ⓟあり

↑もちっとした赤飯入りのまんじゅう「脇美人」184円

↑素朴な「麦だんご」餡入り110円、餡なし98円

うだつの町並みを歩く

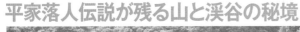

平家落人伝説が残る山と渓谷の秘境

祖谷 _{いや}

1000m級の山々と深い谷に囲まれた日本三大秘境のひとつ。
渓谷美が見事な祖谷渓と大歩危・小歩危、さらに奥地に進んで、
かずら橋と奥祖谷の4エリアに見どころが集まっている。

街歩きのポイント

JR大歩危駅周辺は飲食店や観光
案内所があり、観光の拠点に。4つ
のエリアは車で移動。奥祖谷エリ
アは東西に広く車で約1時間かか
るので計画をしっかり立てたい。

徳島 | 祖谷 ● 歩く・観る

断崖の渓谷を望む
祖谷渓 _{いやけい}

豊かな森林の広がりと深い谷が
ダイナミックな渓谷美を生み出す

祖谷川の流れが四国山地をV字に刻 MAP 付録P.34 B-2
んでできた渓谷。約10kmにわたり、☎0883-76-0877(三
数十mから数百mの切り立った岩壁 好市観光案内所)
が続く。祖谷街道で最大の難所とさ 働徳島県三好市池田
れた七曲_{ななまがり}では、渓谷に突き出た岩 町松尾 ☒JR大歩危
の上に、祖谷渓のシンボル「小便小 駅から車で25分
僧」が立っている。

こちらもおすすめ

ひの字渓谷
ひのじけいこく

祖谷渓のなかで祖谷川の
流れがひらがなの「ひ」に見
えることから名付けられた。
MAP 付録P.34 B-3
☎0883-76-0877(三好市観光案内
所)働徳島県三好市西祖谷山村田
ノ内 ☒JR大歩危駅から車で20分

↑緑の山の合間を、カー
ブを描いて流れる祖谷川

↑昔、人々が度胸試しをしたという場所。高さ200mの断崖に小便小僧が立つ

東みよし町
つるぎ
319 32 祖谷口駅
阿波川口駅
土讃線
大歩危・小歩危
エリア P.161   祖谷エリア P.160   徳島県
小歩危 ★
小歩危駅 P.161   ★祖谷渓 P.160   三好市
P.161 ★祖谷そば   奥祖谷エリア P.16
大歩危 ★ もみじ亭 ★ひの字渓谷 P.160
P.161   かずら橋エリア P.162
大歩危 ★
★落合集落 P.163
大歩危駅   ★東祖谷歴史民俗資料館 P.1
★大歩危峡   ★武家屋敷
観光遊覧船 P.161   (旧喜多家住宅) P.163
★琵琶の滝 P.162 奥祖谷二重かずら橋
★かずら橋 P.162   P.163
土佐岩原駅 ★新祖谷温泉
ホテルかずら橋 P.167 香美市
32 439
大豊町
豊永駅 高知県

三好市観光案内所 ☎0883-76-0877 働徳島県三好市池田町サラダ
160 | 1810-18 働9:00~18:00 休無休 ☒JR阿波池田駅から徒歩1分

激流が生んだ景観美

大歩危・小歩危
おおぼけ・こぼけ

2億年もの時をかけ
自然がつくり上げた大渓谷

吉野川の激流が、四国山脈の結晶片岩を削ってできた約8kmの渓谷。巨岩奇岩が5km続く大歩危、その下流に流れの速い小歩危がある。名前の由来は「大股で歩くと危ないから大歩危」「小股で歩くと危ないから小歩危」とユニーク。

MAP 付録P.34 A-3／付録P.34 A-2
☎0883-76-0877(三好市観光案内所)
🏠徳島県三好市山城町重実～上名
🚉JR大歩危駅から徒歩20分

注目ポイント
祖谷の秘境巡りに活用したい観光バスツアー

阿波池田バスターミナルから、バスで名所を巡る観光バスツアーが出ている。郷土料理の昼食付きで、祖谷の秘境を満喫できる。不定期で昭和レトロなボンネットバスの観光ツアーも開催。

↑川の碧さと白い岩肌のコントラストが美しい。春は桜、秋は紅葉で彩られる山の景色も見事

祖谷渓／大歩危・小歩危

大歩危峡観光遊覧船
おおぼけきょうかんこうゆうらんせん
MAP 付録P.34 A-4

100年以上の歴史ある遊覧船で
間近に迫る巨岩奇岩を眺める

船頭の軽妙な解説を聞きながら、吉野川を往復4km、30分かけて船で巡る。国指定天然記念物の「含礫片岩」も近くに見える。

☎0883-84-1211(レストラン大歩危まんなか)
🏠徳島県三好市山城町西宇1520 ⏰9:00～17:00(最終出航は16:30) 休無休(荒天時運休あり) 料1500円 🚉JR大歩危駅から徒歩20分
Ｐあり

↑吉野川の穏やかな流れにまかせてのんびりと

立ち寄りスポット

祖谷そばもみじ亭
いやそばもみじてい

つなぎが少なく、モソモソした独特な食感の「祖谷そば」は、そば本来の甘みが感じられる。

MAP 付録P.34 A-3

☎0883-84-1117 🏠徳島県三好市山城町西字1468-1 リバーステーションWest-West内 ⏰11:00～17:00(時期により異なる) 休無休(12～6月は水曜、祝日の場合は営業) 🚉JR大歩危駅から車で10分 Ｐあり

↑築200年以上の古民家を移築したお店。周りは木々に囲まれており、静かな空気に包まれている

↑天井も高く広々とした店内。そばのほか一品料理も充実

↑徳島名産のすだちがたっぷり入った香り高い「祖谷そば すだち」1600円

渓谷に揺れるスリル満点の吊り橋

かずら橋

かずらばし

↑木々が生い茂る山の景色に溶け込んだかずら橋

日本三大奇橋のひとつ
つる植物で編み上げた吊り橋

長さ45m、幅2m、谷からの高さ14mの
吊り橋。平家の落人により考え出された
といわれ、追っ手が迫ったとき断ち落と
せるよう、自生のシラクチカズラで編まれ
ている。国指定重要有形民俗文化財。

MAP 付録P.34 B-4

☎0883-76-0877（三好市観光案内所）**所**徳島県
三好市西祖谷山村善徳 **時**4〜6月は8:00〜18：
00、7・8月は7:30〜18:30、9〜3月は8:00〜17：
00 **休**無休 **料**550円 **交**JR大歩危駅から車で
20分 **P**あり

↻歩くたびにギシギシと音を立てて揺れる

↑橋床の隙間から川の流れが見える

↑祖谷川に架けられた野趣あふれる吊り橋

注目ポイント

かずら橋はどのように作られているの？

約6tのシラクチカ
ズラを編み連ねて
作られている。橋
の重さは両岸の大
木によって支えら
れ、安全のため3
年に一度架け替え
ている。

こちらもおすすめ

琵琶の滝

びわのたき

高さ約40mの滝。平家
の落人たちがここで都
を偲んで琵琶を奏でた
という伝説が残る。

MAP 付録P.34 B-4

☎0883-76-0877（三好市観
光案内所）**所**徳島県三好市
西祖谷山村善徳 **交**JR大歩
危駅から車で20分

↻白く細い糸のように
祖谷川に注ぎ込む滝

原生林広がる秘境を目指す
平家伝説の山里、奥祖谷へ

祖谷のかずら橋から、さらに人里離れた山深い地にある奥祖谷。
日本の原風景が残る集落や第二のかずら橋など、秘境の雰囲気がたっぷり。

落合集落
おちあいしゅうらく
MAP 付録 P.35 D-4

山の斜面に広がる集落は
どこか懐かしい日本の原風景

高低差約390mの急傾斜地に形成された集落。江戸中期から昭和初期に建てられた古民家が残り、当時の生活を今に伝える。

☎0883-76-0877(三好市観光案内所) 所徳島県三好市東祖谷落合 交JR大歩危駅から車で45分

［注目ポイント］
歴史ある武家屋敷・旧喜多家
平家の里の名主・喜多家が、宝暦13年(1763)に建てた祖谷地方で最も大きな武家屋敷。庭先に樹齢800年の鉾杉がそびえる。

↑国の重要伝統的建造物群保存地区に選定されている落合集落。昔ながらの民家や畑が点在

かずら橋／奥祖谷

奥祖谷二重かずら橋
おくいやにじゅうかずらばし
MAP 付録 P.35 F-4

祖谷の最奥地で木々に囲まれ
静かに揺れる2本の吊り橋

約800年前、平家が架設したとされる吊り橋。長さ44mの男橋と22mの女橋があり、地元では「夫婦橋」と呼ばれている。

☎0883-76-0877(三好市観光案内所) 所徳島県三好市東祖谷菅生620 営9:00~17:00 7・8月8:00~18:00 休12~3月 料550円 交JR大歩危駅から車で1時間10分 Pあり

↻歩くたびゆれる足元がスリル満点

祖谷地方に残る平家伝説

平家落人にまつわる伝説や史跡が残る

壇ノ浦の戦いで敗れた平家一門は、海に入水。しかし、壇ノ浦で亡くなったとされる平国盛も幼い安徳天皇も、実はこの地に逃れ、平家再興を願って暮らしていたと伝えられる。
祖谷には、戦いに備えて訓練に励んだ馬場や刀掛けの松、安徳天皇の火葬場跡、平国盛お手植えの鉾杉など、平家落人にまつわる伝説や史跡が多く残っている。

祖谷の暮らしを紹介する資料館
東祖谷歴史民俗資料館
ひがしいやれきしみんぞくりょうかん
MAP 付録 P.35 D-4

館内では、ビデオでわかりやすく東祖谷について解説。農具や民具、着物など、実際に使われていた生活用品や平家ゆかりの遺品が展示されている。

☎0883-88-2286 所徳島県三好市東祖谷京上14-3 営10:00~16:00 休水曜(12~2月は土・日曜、祝日) 料410円 交JR大歩危駅から車で40分 Pあり

↑秘境の暮らしを支えた道具類を展示

↑平家ゆかりの赤旗のレプリカもある

↑第31番札所の竹林寺。お遍路さんが身につける白装束には「同行二人」の文字が書かれている

↑遍路の順路を案内した地図（上）と裏面に記された遍路の心得（下）。『四国八十八ヶ所遍路道中図』作成者・制作年不明＜香川県立図書館蔵＞

弘法大師と同行二人で歩む心の救済路

四国遍路の今昔物語

たとえ一人歩きでも、お大師様がいつも一緒。だから、お遍路の旅は「同行二人」。地元の人々も、お接待の心でやさしく見守ってくれる。

修験者たちの辺地修行から始まった四国遍路
江戸時代に携帯便利な案内書が登場して流行

四国遍路とは、弘法大師の足跡をたどって四国八十八ヶ所の霊場を巡礼すること。「お遍路」ともいい、巡礼者は「お遍路さん」と呼ばれている。遍路によって人間の持つ88の煩悩が消えて悟りに至り、願いが叶うなどといわれる。

四国遍路の始まりは定かではないが、その原形となったのは、古代に四国の海岸べりで行われた辺地修行だと考えられている。往時、四国は浄土に近い特別な修行地と信じられ、多くの修験者や修行僧が海岸べり（辺地）を巡った。その修行僧の一人が、香川県出身の弘法大師（空海）だ。中世以降に弘法大師信仰が広まると、大師の聖地を巡る四国遍路が行われるようになっていく。最初のお遍路さんは、それより前の平安前期、自身の悪行を改心して弘法大師の後を追った伊予の衛門三郎とする説や、大師の入滅（835年）後に師の遺跡をめぐった弟子の真済とする説などがある。

四国遍路が一般に広まったのは江戸時代からだ。貞享4年（1687）に僧の真念が四国遍路の最初のガイドブック『四國遍禮道指南』を刊行すると遍路が盛んになり、現在に近い形態となっていった。当時は巡拝の証として、木の納め札を本堂の柱などに釘で打ち付けていたため、遍路することを「打つ」、各寺を「札所」と呼ぶようになった。

今ではさまざまな移動手段で行われる遍路
1000年続く地元の人の「お接待」にふれる

四国遍路は巡礼の道であり、歩き遍路が本来の姿だ。ただし、全行程約1400kmを完歩するには1日35km歩いても40日はかかり、しかも険しい山道が多く、容易な旅ではない。今では、ツアーバスやマイカー、電車・バスを利用する人がほとんどで、歩き遍路は全体の1割強ほど。何回かに分けて88寺をまわる「区切り打ち」をする人が多い。

まわる順番は、1番札所の霊山寺から順に数字を進め、88番の大窪寺まで行くのが基本。これを「順打ち」といい、逆に88番から1番に至るのが「逆打ち」。88寺を終えたら、再び1番寺へお礼参りをし、さらに弘法大師入定の地・高野山（和歌山県）奥の院へ参るのが習わしとされている。

遍路道を歩いていると、地元の人々の「お接待」にたびたび出会う。四国で古くから続く風習で、お遍路さんに食べ物やお金を渡したり、休憩所（接待所）や宿泊場所などを無償で提供したりする行為だ。地元の人は接待することで間接的に遍路に参加し、功徳を得られると信じている。

巡礼するときの服装は、心身を清浄にする白装束を着用し、お大師様（弘法大師）の分身とされる金剛杖を持ち、略式の袈裟である輪袈裟を首にかけるのが伝統的なスタイル。この格好で歩けば、お接待をする人への目印にもなる。

四国4県それぞれのルートに込められた意味
自然や生活を感じる沿道風景に心癒やされる

遍路道は、四国をほぼ周回するように結ばれている。ルートの約8割に舗装路が整備されている。田んぼの畦道や自然あふれる野山の道もあり、住宅街や海岸道など風景は多様だ。鎖場がある険しい山の古道を選んで歩く人もいる。

遍路道は各県ごとに、「発心の道場」（徳島県）、「修行の道場」（高知県）、「菩提の道場」（愛媛県）、「涅槃の道場」（香川県）と呼ばれている。仏教の悟りに至るまでの4つの段階を表しており、それぞれに各県のルートの特徴や気候風土も表現されている。悟りに向かって歩み始める徳島県では、各寺が近くまわりやすいルートが最初に続き、巡礼の作法やコツをここで学ぶ。12番寺の焼山寺は、一気に標高700mまで登る最初の難所。「遍路ころがし」と呼ばれるこうした難所が、全行程に何カ所かある。

次の高知県では、足摺岬や室戸岬の荒々しい海景色を眺めながらの修行の道が続く。寺と寺が離れているところが多く、37番岩本寺と38番金剛福寺との距離は約94kmもある。愛媛県は、瀬戸内海側の温暖な気候のなかを巡る癒やしのルート。51番石手寺の近くには、名湯・道後温泉が湧出。

最後の香川県は、ついに悟りへと至る道。弘法大師の生誕地・75番善通寺を経て、結びとなる結願寺・88番大窪寺に到着するのだ。

さまざまな特徴がある札所

霊山寺
りょうぜんじ

弘法大師が平安初期にこの地で修行したという寺院。境内には遍路用品を揃えた売店もある。
🚃JR板東駅から徒歩10分
徳島・鳴門
MAP 付録P.35 E-1

焼山寺
しょうさんじ

第12番札所。2番目に高い山上の札所。車道で約43km、あるいは山の古道を約16km進むとたどり着く。
🚃土成ICから車で1時間30分
徳島・神山
MAP 付録P.10 C-4

雲辺寺
うんぺんじ

最高所の標高911mにある遍路ころがしのひとつ。麓からロープウェイを利用できる。寺の住所は徳島県だが、香川県の最初のお寺。
🚃大野原ICからロープウェイ山麓駅まで15分
香川・三縄 **MAP** 付録P.3 F-4

弘法大師

宝亀5年（774）に現在の香川県善通寺市で生まれた空海は、高級官僚を目指して大学に通っていたが、道半ばで仏門への道を決意。四国の石鎚山や室戸崎（岬）など各地で修行を積み、31歳のとき留学僧として唐へ渡る。密教の高僧・恵果から奥義を授けられ、「遍照金剛」の号を得る。帰国すると真言宗の開祖となり、弘仁7年（816）に高野山金剛峰寺（和歌山）を創建。東寺（京都）に真言密教の根本道場を開いて、仏教の隆盛に努めた。香川県最大のため池・満濃池の造成を指揮した功績でも知られる。書に優れ、日本の三筆の一人に数えられる。弘法大師の名は入滅後、醍醐天皇から贈られた諡号。

四国八十八ヶ所は、弘法大師の修行地や創建寺院など、ゆかりの霊場が選ばれた

HOTELS
泊まる

快適な滞在 素敵な時間

厳選・四国の宿

瀬戸内海や太平洋沿岸、緑豊かな山あいなど、
土地の魅力あふれる宿を厳選してご紹介。
極上の景色や料理、温泉を心ゆくまで。

ホテル予約サイトの利用法

数多くの予約サイトがあり、どれを使うべきか悩んでしまうが、基本的に予約状況は共有されているため、どこのサイトで調べてもかまわない。高級な宿を探す場合には、独自の基準で上質な宿をセレクトしている「一休.com」が便利だ。宿泊するホテルを決めたら、公式ホームページやほかの予約サイトも確認しておこう。限定の特典があったり、同じような条件でももっと安いプランがあることも。

四国●泊まる

香川県・高松
夕凪の湯 HOTEL 花樹海
ゆうなぎのゆ ホテル はなじゅかい

四季の草花が囲む花の宿
峰山緑地公園の東側面に位置。瀬戸内海のパノラマを目前に四季折々の自然を感じて。

MAP 付録P.10 A-2

↑岩露天風呂付きの客室（一例）

☎087-861-5580　⊕香川県高松市西宝町3-5-10
🛏45室　🕒16:00　🕐10:00　💰1泊2食付1万7750円～
🚃JR高松駅から車で10分　🅿あり

香川県・高松
JRクレメントイン高松
ジェイアールクレメントインたかまつ

最上階に展望大浴場もある高松駅や高松港からアクセス良好。快適な空間は香川の自然や伝統が感じられるデザインに。

MAP 付録P.14 B-1

↑ツインルーム（一例）

☎087-811-1200　⊕香川県高松市浜ノ町1-3
🛏222室　🕒15:00　🕐11:00　💰1泊朝食付1万3100円～
🚃JR高松駅から徒歩1分　🅿提携駐車場利用

香川県・高松
JRホテルクレメント高松
ジェイアールホテルクレメントたかまつ

瀬戸内を望む高層ホテル
JR高松駅に近く、高松港へも徒歩5分の好立地。瀬戸内海と高松市内を一望できる。

MAP 付録P.14 B-1

↑ハリウッドデラックスツイン

☎087-811-1111　⊕香川県高松市浜ノ町1-1
🛏300室　🕒14:00　🕐12:00　💰電話にて要問い合わせ
🚃JR高松駅から徒歩1分　🅿あり

香川県・高松
リーガホテルゼスト高松
リーガホテルゼストたかまつ

高松市街の中心部に位置
中央通りに建つクラシカルモダンなシティホテル。讃岐の厳選食材を使った料理が自慢。

MAP 付録P.14 B-3

↑ゆとりのあるセミスイート

☎087-822-3555　⊕香川県高松市古新町9-1
🛏119室　🕒15:00　🕐11:00　💰1泊朝食付3万9000円～
🚃JR高松駅から徒歩10分　🅿あり

香川県・琴平
湯元こんぴら温泉 華の湯紅梅亭
ゆもとこんぴらおんせん はなのゆこうばいてい

天然温泉で旅の疲れを癒やす
和モダンの温泉旅館。趣向を凝らした15種類の風呂があり、湯めぐりが楽しめる。

MAP 付録P.16 B-1

↑花に囲まれた庭園露天風呂

☎0877-75-1111　⊕香川県仲多度郡琴平町556-1
🛏69室　🕒15:00　🕐10:00　💰1泊2食付2万6550円～
🚃JR琴平駅から徒歩5分　🅿あり

香川県・琴平
琴平花壇
ことひらかだん

文人に愛された老舗旅館
寛永4年(1627)創業。庭園に点在する数寄屋造りの離れと和モダンな宿泊棟がある。

MAP 付録P.16 C-3

↑旅館の歴史を物語る「長生殿」

☎0877-75-3232　⊕香川県仲多度郡琴平町1241-5
🛏40室　🕒15:00　🕐10:00　💰1泊2食付1万8700円～
🚃JR琴平駅から徒歩15分　🅿あり

愛媛県・松山
カンデオホテルズ 松山大街道
カンデオホテルズ まつやまおおかいどう

松山城を一望するホテル
最上階に展望露天風呂とスカイレストランがある。60品目以上の朝食ビュッフェが人気。

MAP 付録P.21 D-3

↑スーペリアソファツインの客室

☎089-913-8866　⊕愛媛県松山市大街道2-5-12
🛏215室　🕒15:00　🕐11:00　💰1泊朝食付1万1100円～
🚃伊予鉄道・大街道駅から徒歩1分　🅿近隣駐車場利用

愛媛県・道後
道後舘
どうごかん

高台の情緒ある和風旅館
黒川紀章設計の建物。多彩な風呂と地元食材を使った料理で、きめ細かなおもてなし。

MAP 付録P.22 B-1

↑瀬戸内の食材による懐石

☎089-941-7777　⊕愛媛県松山市道後多幸町7-26
🛏90室　🕒15:00　🕐10:00　💰1泊2食付2万7100円～
🚃伊予鉄道・道後温泉駅から徒歩8分　🅿あり

愛媛県・道後

大和屋本店
やまとやほんてん

慶応4年創業の老舗旅館
道後温泉まで徒歩1分。数寄屋
造りの和のしつらえと伝統の
旅館サービスが楽しめる。

MAP 付録P.22 B-1

↑大島石の一枚岩を使った湯船

☎089-935-8880　🏠愛媛県松山市道後湯之町20-8
🛏91室　🕒15:00　🕙10:00　💴1泊2食付3万4250円～
🚃伊予鉄道・道後温泉駅から徒歩5分　🅿あり

愛媛県・新居浜

オーベルジュゆらぎ

宿泊設備のあるレストラン
森林公園「ゆらぎの森」の敷地
内にある施設。フランス料理
を堪能し、宿泊もできる。

MAP 付録P.8 B-1

↑自家農園野菜のコース料理

☎0897-64-2220　🏠愛媛県新居浜市別子山122
🛏8室　🕒16:00　🕙10:00　💴1泊2食付1万3000円～
🚃新居浜ICから1時間25分　🅿あり

高知県・高知

城西館
じょうせいかん

龍馬誕生の地に建つ旅館
明治7年(1874)創業。数多く
の皇族や政界・財界の名士を
迎えてきた高知の名旅館。

MAP 付録P.28 A-3

↑高知市街の景色を望む特別室

☎088-875-0111　🏠高知県高知市上町2-5-34
🛏62室　🕒15:00　🕙10:00　💴1泊2食付1万9440円～
🚃とさでん・上町一丁目電停から徒歩1分　🅿あり

高知県・高知

高知城下の天然温泉 三翠園
こうちじょうかのてんねんおんせん さんすいえん

2020年10月に新棟完成
土佐藩主・山内家下屋敷跡。日
本庭園や充実の温泉施設など
があり、優雅に時を過ごせる。

MAP 付録P.28 C-3

↑豪快で彩り豊かな土佐の料理

☎088-822-0131　🏠高知県高知市鷹匠町1-3-35
🛏127室　🕒15:00　🕙10:00　💴1泊2食付1万6650円～
🚃とさでん・県庁前電停から徒歩3分　🅿あり

高知県・久礼

黒潮本陣
くろしおほんじん

カツオのたたきに舌鼓
太平洋を望む本館のほか、コ
テージ(別館)もある。汐湯の
露天風呂や地元食材を堪能。

MAP 付録P.30 C-2

↑太平洋が目の前に広がる宿

☎0889-52-3500　🏠高知県高岡郡中土佐町久礼8009-11
🛏11室　🕒15:00　🕙10:00　💴1泊2食付1万7750円～
🚃JR土佐久礼駅から徒歩20分　🅿あり

高知県・四万十

四万十の宿
しまんとのやど

四万十の隠れ家的温泉宿
森林に囲まれ、自然の建材で
設計された建物。四万十川の
幸や海水露天風呂が楽しめる。

MAP 付録P.7 E-3

↑リゾートのような解放感

☎0880-33-1600　🏠高知県四万十市下田3370
🛏30室　🕒15:00　🕙10:00　💴1泊2食付1万9400円～
🚃土佐くろしお鉄道・中村駅から車で15分　🅿あり

高知県・足摺

TheMana Village
ザマナ ヴィレッジ

四国最南端のリゾートへ
夕焼けを眺めながら味わうイ
タリアンや目の前で焼き上げ
る藁焼きが人気。最高の景色
と楽しむ朝食も絶品。

☎0880-88-1111　🏠高知県土佐清水市足摺岬783

↑太平洋を一望するデッキ

🛏35室　🕒15:00　🕙10:00　💴1泊2食付2万2550円～
🚃土佐くろしお鉄道・中村駅から車で1時間　🅿あり

徳島県・鳴門

鳴門潮崎温泉 ベイリゾートホテル 鳴門海月
なるとしおざきおんせん ベイリゾートホテル なるとかいげつ

鳴門海峡を望む絶景湯
雄大な海の景色がすべての客
室から見られる。鳴門海峡の
魚介を使った料理も絶品。

MAP 付録P.33 F-1

↑眺望も素晴らしい美肌の湯

☎050-3160-7333　🏠徳島県鳴門市鳴門町土佐泊浦福池65-7
🛏29室　🕒15:00　🕙10:00　💴1泊2食付1万800円～
🚃鳴門北ICから車で10分　🅿あり

徳島県・徳島

JRホテルクレメント徳島
ジェイアールホテルクレメントとくしま

徳島駅直結の便利な立地
洋室はシモンズ社製のベッド
を導入し快適な眠りを提供。
地産地消の料理もおいしい。

MAP 付録P.32 B-1

↑大きめのベッドでゆったりと

☎088-656-3111　🏠徳島県徳島市寺島本町西1-61
🛏250室　🕒14:00　🕙12:00　💴1泊朝食付1万700円～
🚃JR徳島駅直結　🅿あり

徳島県・祖谷

新祖谷温泉 ホテルかずら橋
しんいやおんせん ホテルかずらばし

平家の隠れ里で静寂時間
ケーブルカーで行く天空露天
風呂や囲炉裏を囲んでの食事
など、ここならではの体験。

MAP 付録P.34 B-4

↑野趣あふれる雲海の湯

☎0883-87-2171　🏠徳島県三好市西祖谷山村善徳33-1
🛏22室　🕒15:00　🕙10:00　💴1泊2食付2万2000円～
🚃JR大歩危駅から車で15分　🅿あり

厳選・四国の宿

四国までのアクセス方法は、出発エリアによってどの交通手段が最適かが異なる

四国主要都市へのアクセス

主要都市から四国の各県へ飛行機が発着している。近・中距離のアクセスなら鉄道の利用が便利。
京阪神エリアの高速バス利用は鉄道よりも早い場合もあるので、事前に調べておきたい。

飛行機でのアクセス

首都圏なら飛行機の利用が便利で早い

四国4都市へ東京、大阪、福岡などから直行便が出ている。格安航空会社(LCC)が就航している路線もあり便利だ。空港からはリムジンバスやレンタカーで市街地へ向かう。

高松空港へ

出発地	便名	便数	所要時間	料金
羽田空港	ANA／JAL	13便／日	1時間15分	3万4540円～
成田空港	JJP	1～3便／日	1時間35分	4990円～
那覇空港	ANA	1便／日	1時間50分	3万9300円～

松山空港へ

出発地	便名	便数	所要時間	料金
羽田空港	ANA／JAL	12便／日	1時間25分	3万6960円～
成田空港	JJP	2～3便／日	1時間40分	4990円～
伊丹空港	ANA／JAL	11便／日	50分	1万9800円～
中部国際空港	ANA	3便／日	1時間5分	2万7700円～
福岡空港	JAL	4便／日	40分	2万4090円～
鹿児島空港	JAL	1便／日	55分	2万9810円～
那覇空港	ANA	1便／日	1時間45分	3万6500円～

高知龍馬空港へ

出発地	便名	便数	所要時間	料金
羽田空港	ANA／JAL	10便／日	1時間25分	3万6850円～
伊丹空港	ANA	6便／日	45分	1万9900円～
小牧空港	FDA	1便／日	1時間5分	2万7500円～
福岡空港	JAL	2便／日	50分	2万7500円～

徳島阿波おどり空港へ

出発地	便名	便数	所要時間	料金
羽田空港	ANA／JAL	10便／日	1時間20分	3万4320円～
福岡空港	JAL	2便／日	1時間	2万8710円～

※ 2023年11月現在の情報です。
※ ANA…全日本空輸、JAL…日本航空、JJP…ジェットスター、
　 FDA…フジドリームエアラインズ

空港からの主なアクセス

空港	アクセス	行き先
高松空港	ことでんバス「高松空港リムジンバス」45分／1000円	高松駅
松山空港	伊予鉄バス「松山空港リムジンバス」15分／700円	JR松山駅前
高知龍馬空港	とさでん交通「空港連絡バス」25分／900円	高知駅
徳島阿波おどり空港	徳島バス「空港リムジンバス」30分／600円	徳島駅前

● 問い合わせ先
ANA(全日空)☎0570-029-222
JAL(日本航空)
☎0570-025-071
FDA(フジドリームエアラインズ)
☎0570-55-0489

ことでんバス☎087-821-3033
伊予鉄バス☎089-972-2511
徳島バス☎088-622-1811
とさでん交通☎088-833-7171

高速バスでのアクセス

京阪神エリアは路線が充実している

東京、名古屋、京阪神、九州から四国の各地へ夜行・高速バスが運行しており、目的地までダイレクトにアクセスできる。京阪神から徳島へ行く場合は、電車を利用するより早い。

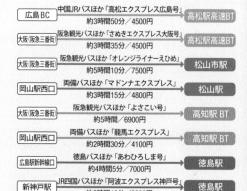

出発地	バス	行き先
広島BC	中国JRバスほか「高松エクスプレス広島号」約3時間50分／4500円	高松駅高速BT
大阪(阪急三番街)	阪急観光バスほか「さぬきエクスプレス大阪号」約3時間35分／4500円	高松駅高速BT
大阪(阪急三番街)	阪急観光バスほか「オレンジライナーえひめ」約5時間10分／7500円	松山市駅
岡山駅西口	両備バスほか「マドンナエクスプレス」約3時間15分／4800円	松山駅
大阪(阪急三番街)	阪急観光バスほか「よさこい号」約5時間／6900円	高知駅BT
岡山駅西口	両備バスほか「龍馬エクスプレス」約2時間30分／4100円	高知駅BT
広島駅新幹線口	徳島バスほか「あわひろしま号」約4時間5分／7000円	徳島駅
新神戸駅	JR四国バスほか「阿波エクスプレス神戸号」約2時間10分／3600円	徳島駅

● 問い合わせ先
中国JRバス☎0570-666-012
阪急バス☎0570-089-006
両備バス☎0570-08-5050

徳島バス☎088-622-1826
JR四国バス(徳島予約センター)
☎088-602-1090

アクセスと交通

168

鉄道でのアクセス

本州から四国へのゲートウェイは岡山駅

本数も多く、各地へ向かう際に主要駅から各地への乗り継ぎが簡単で便利なのが新幹線。岡山駅までは新幹線を利用し、そこから四国各地へ向かう快速や特急に乗り換える。

高松へ

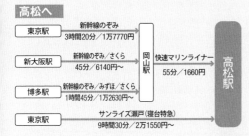

東京駅	新幹線のぞみ 3時間20分／1万7770円	岡山駅	快速マリンライナー 55分／1660円
新大阪駅	新幹線のぞみ／さくら 45分／6140円～		
博多駅	新幹線のぞみ／みずほ／さくら 1時間45分／1万2630円～		高松駅
東京駅	サンライズ瀬戸（寝台特急） 9時間30分／2万1550円～		

松山へ

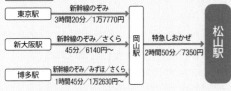

東京駅	新幹線のぞみ 3時間20分／1万7770円	岡山駅	特急しおかぜ 2時間50分／7350円
新大阪駅	新幹線のぞみ／さくら 45分／6140円～		松山駅
博多駅	新幹線のぞみ／みずほ／さくら 1時間45分／1万2630円～		

高知へ

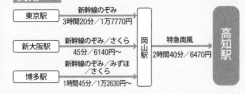

東京駅	新幹線のぞみ 3時間20分／1万7770円	岡山駅	特急南風 2時間40分／6470円
新大阪駅	新幹線のぞみ／さくら 45分／6140円～		高知駅
博多駅	新幹線のぞみ／みずほ／さくら 1時間45分／1万2630円～		

徳島へ

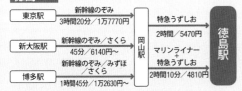

東京駅	新幹線のぞみ 3時間20分／1万7770円	岡山駅	特急うずしお 2時間／5470円
新大阪駅	新幹線のぞみ／さくら 45分／6140円～		マリンライナー 特急うずしお 徳島駅
博多駅	新幹線のぞみ／みずほ／さくら 1時間45分／1万2630円～		特急うずしお 2時間10分／4810円

●問い合わせ先

JR西日本 ☎0570-00-2486　　JR東海 ☎050-3772-3910
JR四国 ☎0570-00-4592　　JR九州 ☎0570-04-1717

※所要時間はおおよその目安です。
※料金は通常期の片道料金（指定）を掲載。夏休みや年末年始などの繁忙期は料金が異なりますので、ご確認ください。

中距離フェリーでのアクセス

九州や京阪神からのアクセスに大活躍

九州と松山を結ぶフェリーや、本州から高松にアクセスできるルートが便利。四国汽船では岡山や香川から直島などの島々を旅する際に便利なフェリーを運航している（P.60）。

関西方面から

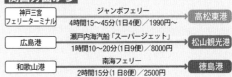

神戸三宮フェリーターミナル	ジャンボフェリー 4時間15～45分（1日4便）／1990円～	高松東港
広島港	瀬戸内海汽船「スーパージェット」 1時間10～20分（1日9便）／8000円	松山観光港
和歌山港	南海フェリー 2時間15分（1日8便）／2500円	徳島港

中国・九州方面から

柳井港（山口）	防予フェリー 2時間30分（1日10～12便）／4200円	三津浜港（愛媛）
佐賀関港（大分）	国道九四フェリー 1時間10分（1日16便）／1200円～	三崎港（愛媛）
臼杵港（大分）	九四オレンジフェリー 2時間20分（1日5～7便）／3300円～	八幡浜港（愛媛）

●問い合わせ先

ジャンボフェリー ☎087-811-6688
防予フェリー ☎0820-22-3311（山口）
南海フェリー ☎073-422-2156（和歌山）
九四オレンジフェリー ☎0972-62-5844（予約センター）
国道九四フェリー ☎097-575-1020（佐賀関）
石崎汽船 ☎089-953-1003

車でのアクセス

出発地と到着地を勘案してルートを決める

本州から四国へは、明石海峡を渡って徳島・鳴門から入る神戸淡路鳴門自動車道ルート、岡山から瀬戸大橋を渡って高松へ入る瀬戸中央自動車道ルート、広島・尾道から6つの島を結んで走る西瀬戸自動車道ルート（瀬戸内しまなみ海道）で愛媛・今治へ入る3ルートがメインとなる。

各県とも都市の名を冠した自動車道があり、特徴としては愛媛・四国中央市にある川之江JCTと川之江東JCTで交差すること。これらのJCTによって向かう県が変わってくるので注意しよう。高知に関しては上記3ルートで四国に入ったあと、いずれかの県の自動車道を経てから高知自動車道でアクセスする。四国

の県を複数観光する場合は、ドライブルートを想定してまわる順番などを前もって決めておきたい。

◐瀬戸内しまなみ海道に架かる多々羅大橋

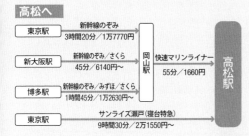

各都市間を結ぶ鉄道やバス、道路の関係性をチェック

エリア間の移動

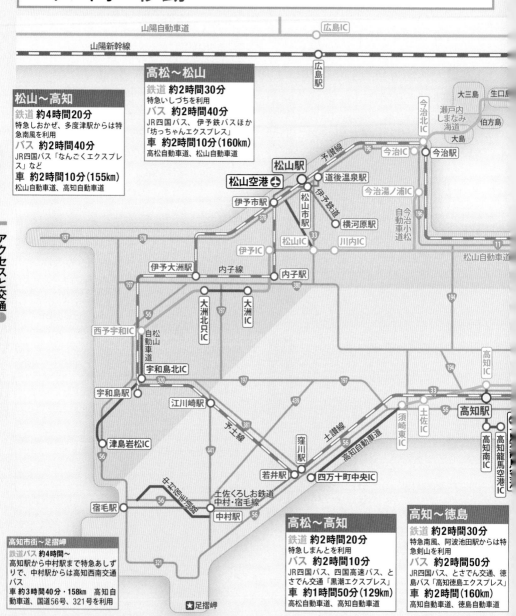

山陽自動車道

広島IC

山陽新幹線

広島駅

高松～松山
鉄道 約2時間30分
特急いしづちを利用
バス 約2時間40分
JR四国バス、伊予鉄バスほか「坊っちゃんエクスプレス」
車 約2時間10分（160km）
高松自動車道、松山自動車道

松山～高知
鉄道 約4時間20分
特急しおかぜ、多度津駅からは特急南風を利用
バス 約2時間40分
JR四国バス「なんごくエクスプレス」など
車 約2時間10分（155km）
松山自動車道、高知自動車道

大三島　生口島
瀬戸内しまなみ海道
伯方島
大島

今治北IC
今治IC
今治駅

予讃線　196

今治湯ノ浦IC

松山駅
道後温泉駅

松山空港
伊予市駅
松山市駅
伊予鉄道
横河原駅

今小自今治
動松車山道

378
378
伊予IC
松山IC
川内IC
松山自動車道
11
33

伊予大洲駅
内子線
内子駅
380

197
197

大洲北只IC
大洲IC
194

西予宇和IC
56
自松動山車道

宇和島北IC
320

197
197

宇和島駅
江川崎駅
439
194

予土線
381

津島岩松IC
441
窪川駅
土讃線
土佐IC
高知IC
高知駅

56
窪川駅
四万十町中央IC
高知自動車道
須崎東IC
56
高知南IC
高知龍馬空港IC

土佐くろしお鉄道
中村・宿毛線
56
中村駅

中土佐中央道路

宿毛駅
321

高知市街～足摺岬
鉄道バス 約4時間～
高知駅から中村駅まで特急あしずりで、中村駅からは高知西南交通バス
車 約3時間40分・158km 高知自動車道、国道56号、321号を利用

★足摺岬

高松～高知
鉄道 約2時間20分
特急しまんとを利用
バス 約2時間10分
JR四国バス、四国高速バス、とさでん交通「黒潮エクスプレス」
車 約1時間50分（129km）
高松自動車道、高知自動車道

高知～徳島
鉄道 約2時間30分
特急南風、阿波池田駅からは特急剣山を利用
バス 約2時間50分
JR四国バス、とさでん交通、徳島バス「高知徳島エクスプレス」
車 約2時間（160km）
高知自動車道、徳島自動車道

アクセスと交通

170

神戸淡路鳴門、瀬戸中央、瀬戸内しまなみ海道の自動車道が本州と四国を結ぶ玄関口となる。
都市間の移動は高速道路が便利だ。また、高速バスが頻繁に運行されており、四国各地の都市間を
ダイレクトに結ぶため、特急列車に乗るより速い場合もある。

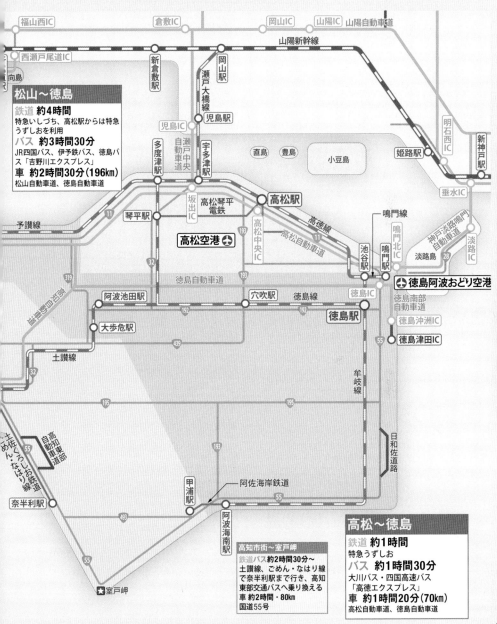

松山〜徳島

鉄道 約4時間
特急いしづち、高松駅からは特急
うしおを利用
バス 約3時間30分
JR四国バス、伊予鉄バス、徳島バス
「吉野川エクスプレス」
車 約2時間30分(196km)
松山自動車道、徳島自動車道

高知市街〜室戸岬

鉄道バス約2時間30分〜
土讃線、ごめん・なはり線
で奈半利駅まで行き、高知
東部交通バスへ乗り換える
車 約2時間・80km
国道55号

高松〜徳島

鉄道 約1時間
特急うしお
バス 約1時間30分
大川バス・四国高速バス
「高徳エクスプレス」
車 約1時間20分(70km)
高松自動車道、徳島自動車道

街や島へのアクセスはしっかり計画を
高松の交通

県内の起点となる駅はJR高松駅
「ことでん」を利用して主要観光地へ向かう
ことでんとことでんバスを使い分ける

金刀比羅宮や高松市街地観光ならば、県内の名所を網羅している高松琴平電鉄(ことでん)を活用したい。JR高松駅からことでんの高松築港駅までは歩いてすぐ。初乗りは200円、15〜30分間隔で運行している。きっぷの乗車ならば、途中下車指定駅であれば途中下車ができる(同一金額圏内は不可)。また、市街地をまわることでんバスも運行している。男木島や女木島、小豆島などへはフェリーや高速船を利用。

ことでん路線図

●1日フリーきっぷ
価格:1400円　有効期限:1日　乗り放題路線:ことでん電車全線(琴平線／志度線／長尾線)　発売場所:高松築港、瓦町、仏生山、琴電琴平、長尾、琴電志度などの有人駅

ショッピング・レインボー循環バス
JR高松駅、栗林公園、レインボーロードなど高松市街の主要箇所をまわる周遊バスで、街散策に便利。運賃は200〜250円。
高松琴平電気鉄道株式会社　☎087-863-7300

観光名所を巡る市営バスを活用したい
徳島の交通

高速・路線バスや鉄道の拠点となるのは徳島駅
鳴門や祖谷へは車を使った移動が便利
市街地は駅の2km圏内に観光名所が集中

徳島駅周辺の観光名所散策は徒歩でまわることもできる。鳴門公園観光には徳島駅、ないしは鳴門駅からの路線バスを利用する。祖谷方面へのアクセス起点は阿波池田駅。ここまで徳島から特急が1日6本運行。その後はバス。脇町へはタクシー利用が便利。
●オールフリー1日乗車券
価格:500円(210円の均一区間内)、1000円(全区間)
有効期限:1日　乗り放題路線:徳島バス・徳島市営バス
発売場所:徳島駅前営業所・鳴門営業所など

目的地に合わせて鉄道と車を選びたい
松山の交通

松山市街と道後温泉はほど近く、路面電車で
内子や宇和島へは特急列車か車でアクセス
市内観光や移動には路面電車を活用したい

松山市街の主要な観光地を結ぶ伊予鉄道の路面電車は、観光に便利だ。1乗車一律200円。松山市駅から路面電車で道後温泉へもアクセスできる。主に松山市駅やJR松山駅から各地へ伊予鉄バスが運行している。内子や宇和島へはJR特急の宇和海を利用すると便利。1時間に1本程度運行している。砥部へは松山市駅発の伊予鉄バスを利用する。

伊予鉄道路線図

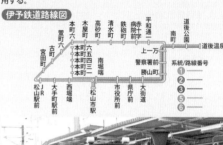

⤴松山市街はレトロな坊っちゃん列車が運行(P.75) ※2023年11月現在、運休中

●市内電車1Dayチケット(2Day・3Day・4Day)
価格:800円(2Day1100円、3Day1400円、4Day1700円)
有効期限:1日　乗り放題路線:市内電車の全区間(坊っちゃん列車は除く)　発売場所:いよてつチケットセンターほか
●ALL IYOTETSU 1Day Pass(2Day・3Day・4Day)
価格:1900円(2Day3000円、3Day3900円、4Day4800円)
有効期限:1日　乗り放題路線:郊外・市内・バス全線(坊っちゃん列車・高速・特急・伊予鉄南予バスは除く)
発売場所:いよてつチケットセンター、伊予鉄トラベルほか
●松山城らくトクセット券(2023年11月現在休止中)
価格:1900円　有効期限:2日　路線:坊っちゃん列車(1乗車)、松山城ロープウェイリフト(1往復)、松山城天守観覧(1回)、二ノ丸史跡庭園の入園(1回)
発売場所:道後温泉駅チケットセンターほか
伊予鉄道　☎089-948-3323

アクセスと交通

路面電車と観光バスをうまく組み合わせる
高知の交通

市街をまわるには、はりまや橋を中心に四方に延びる路面電車とMY遊バスをうまく活用したい

四国南部を占める広大なエリアは車が便利

高知市内は東西を走る路面電車の利用が便利。桂浜へはとさでん交通バスの桂浜行きで約35分。足摺岬や四万十方面へは土讃線・土佐くろしお鉄道を乗り継ぎ、中村駅などから高知西南交通の路線バスを利用する。牧野植物園へはMY遊バスで。ただし、市街地以外はバスの本数が少ないので、あらかじめ確認しておきたい。

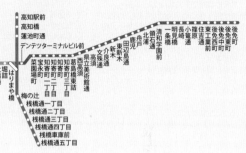

MY遊バス
高知駅発ではりまや橋、五台山、桂浜など主要観光地をぐるっとまわる。1日券1000円(桂浜券)。路面電車(200円区間)の運賃が無料になったり、観光施設の入場割引の特典もある。

●電車1日乗車券
価格:1000円でとさでん交通の全線が乗り放題(市内均一区間:介良通〜曙町東町間および高知駅前〜桟橋通五丁目間内なら1日500円で販売)。観光施設の入場割引の特典もある　有効期限:1日　発売場所:車内、はりまや橋サービスセンター、とさてらす内などで販売。

とさでん路線図

とさでん交通 ☎088-833-7111
高知西南交通 ☎0880-34-1266

四国内をまわる際に便利なきっぷ

四国フリーきっぷ
価格:1万8000円　有効期間:3日間
発売場所:JR四国の主要駅、ワープ支店、四国内の主要旅行会社ほか　区間:四国内のJR線の特急・普通列車と、土佐くろしお鉄道(窪川〜若井間)の普通列車の普通車自由席が乗り降り自由。JR四国バスの路線バス・大栃線(土佐山田〜美良布間)、久万高原線(松山〜久万高原間)も利用可。

週末乗り放題きっぷ
価格:1万2000円　有効期間:1日間
発売場所:JR四国の主要駅、ワープ支店、四国内の主要旅行会社ほか　区間:土・日曜、祝日と12月31日、1月2・3日の限定利用で特急列車の普通車自由席に乗り放題。JR四国全線(宇多津〜児島間含む)および土佐くろしお鉄道線(窪川〜若井間)の自由席が対象。JR四国バスの路線バスも一部利用できる。

ことでん・JRくるり〜んきっぷ
価格:2200円　有効期間:1日間
発売場所:JR四国の主要駅、ワープ支店、四国内の主要旅行会社、ことでんの主要駅(高松築港駅、瓦町駅、長尾駅、栗林公園駅、琴電琴平駅、琴電志度駅)ほか　区間:ことでん全線とJR四国線(志度〜高松〜琴平間)の快速・普通列車の普通車自由席が乗り降り自由。讃岐うどんの食べ歩きに便利なきっぷ。

四国再発見早トクきっぷ
価格:2400円　有効期間:1日間　発売場所:JR四国の主要駅、ワープ支店、四国内の主要旅行会社ほか　利用日の1カ月前から前日までの購入で、四国内のJR線の快速・普通列車と、土佐くろしお鉄道(窪川〜若井間)の普通列車の普通車自由席が土・日曜、祝日に乗り降り自由。JR四国バスの路線バス・大栃線(土佐山田〜美良布間)、久万高原線(松山〜久万高原間)も利用可。

四万十・宇和海フリーきっぷ
価格:5400円　有効期間:4日間
発売場所:JR四国の主要駅、ワープ支店、四国内の主要旅行会社ほか　区間:松山駅または高知駅とフリー区間までは、特急列車の自由席が利用可。フリー区間内のJR線(宇和島〜若井間)の普通列車の普通車自由席、土佐くろしお鉄道線(宿毛〜中村〜窪川間)の特急・普通列車の普通車自由席、宇和島自動車の指定区間の路線バスが乗り降り自由。

四国グリーン紀行
価格:2万3000円　有効期間:4日間
発売場所:JR四国の主要駅、ワープ支店、四国内の主要旅行会社ほか　区間:JR四国全線(宇多津〜児島間を含む)の特急列車グリーン車、土佐くろしお鉄道全線が何度でも乗り降り自由。JR四国バスの路線バス・大栃線(土佐山田〜美良布間)、久万高原線(松山〜久万高原間)も利用可。

⬆四国は観光列車も数多く走っている。写真は多度津駅〜大歩危駅間を結ぶ「四国まんなか千年ものがたり」

各県の交通

INDEX

174

STAFF

編集制作 Editors
(株)K&Bパブリッシャーズ

取材・執筆・撮影 Writers & Photographers
伊藤麻衣子　新井由己　北村由起　岡公美　佐川美穂
高田真由美　長山歩　小川智美　中村雅和
釣井泰輔　境大輔　佐伯和志　吉川道成
(株)アイクコーポレーション

執筆協力 Writers
遠藤優子　加藤由佳子　森合紀子　田中美和

編集協力 Editors
(株)ジェオ

本文・表紙デザイン Cover & Editorial Design
(株)K&Bパブリッシャーズ

表紙写真 Cover Photo
PIXTA

地図制作 Maps
トラベラ・ドットネット(株)
DIG.Factory

写真協力 Photographs
関係各市町村観光課・観光協会
関係諸施設
PIXTA

総合プロデューサー Total Producer
河村季里

TAC出版担当 Producer
君塚太

TAC出版海外版権担当 Copyright Export
野崎博和

エグゼクティヴ・プロデューサー
Executive Producer
猪野樹

おとな旅(たび) プレミアム
四国(しこく) 第4版

2024年2月5日　初版　第1刷発行

著　　者　TAC出版編集部(しゅっぱんへんしゅうぶ)
発 行 者　多 田 敏 男
発 行 所　TAC株式会社　出版事業部
　　　　　(TAC出版)
〒101-8383 東京都千代田区神田三崎町3-2-18
電話　03(5276)9492(営業)
FAX　03(5276)9674
https://shuppan.tac-school.co.jp
印　　刷　株式会社　光邦
製　　本　東京美術紙工協業組合

ISBN978-4-300-10987-8
N.D.C291

本書に掲載した地図の作成に当たっては，国土地理院発行の数値地図(国土基本情報)電子国土基本図(地図情報)，数値地図(国土基本情報)電子国土基本図(地名情報)及び数値地図(国土基本情報20万)を調整しました。